说 旌 德

政协旌德县委员会　编

方光华　编著

合肥工业大学出版社

《说旌德》编辑委员会

序

弘扬旌德优秀文化，
建设长三角休闲养生后花园

习近平总书记指出："中华优秀传统文化是中华民族的文化根脉，其蕴含的思想观念、人文精神、道德规范，不仅是我们中国人思想和精神的内核，对解决人类问题也有重要价值。要把优秀传统文化的精神标识提炼出来、展示出来，把优秀传统文化中具有当代价值、世界意义的文化精髓提炼出来、展示出来。"

旌德县的历史，准确地说从公元763年开篇，至今已有一千两百多年。而旌德这块土地上的人类文明却可以上溯到七八千年前。20世纪在三溪营盘山、俞村苎坞里、云乐梅村遗址发现的石斧和陶片等，记录着先人们在这块土地上劳作的故事。

旌德地处徽宣文化交错地，是一块文化交融的沃土。加之，太平天国以后，旌德人口日趋多元，外来移民文化与崇文重教的传统文化相互影响，形成旌德徽宣文化浸染而又独具特色的地方文化，造就了旌德包容开放的性格。

旌德宣文化韵味独特。

旌德自唐代建县以来，积淀起厚重的人文历史。这么一块仅904.8平方千米的土地上，从唐贞元癸未科（803年）到清光绪甲辰科（1904年），共考取文武进士 143 人（其中文进士 116 人），这是对旌德崇文重教的最好注解。南唐状元舒雅，撰著《农书》的元代农学家、时任旌德县尹的王祯，清代经史学家江藩以及近代以来的一代词媛吕碧城、民俗学家江绍原、革命烈士江上青、数学泰斗江泽涵、经济学家朱剑农……这些如雷贯耳的名字，都与这一块土地联系在一起。他们的聪明才智，诠释了旌德的人杰地灵。

依赖于这块土地上生长的粮食、茶叶、木材、宣石砚，依赖于上通宣宁、下达苏杭的古道，依赖于三溪徽水古渡，旌德人走南闯北，创造了辉煌的经商历史。旌德会馆至今仍是扬州城保留下来的最早的会馆，扬州著名的盐商建筑汪氏小苑，其主人汪竹铭就是出自旌德的大盐商。清代旌德江氏一族设质库（典当）于外埠者 60 余家。可以说，徽商的辉煌，少不了旌德商人那份沉甸甸的业绩。

江村、庙首、朱旺村、乔亭、仕川等均是别具特色的中国传统村落。宗族文化、天人合一的理念在"四水归堂"的建筑中得到清晰演绎。元代时旌德的木活字印刷术、明清时期驰誉大江南北的旌德刻工以及流传于斯的目连戏等，丰富了宣文化的内涵。

旌德是天然的养生福地。

"山清水秀，一个来了就不想走的地方。"这是到旌德的游客，给旌德下的评语。旌德地表构成是"六分山，一分田，三分道路、庄园和水面"，对古人而言，在这样的地理环境下生活要付出比别处更多的艰辛；但在现代人眼里，这些无疑是非常好的人居环境。在旌德，不要说去路西、悠然谷、泥鳅坞民宿住十天半月，就是在县城宾馆或者乡村农家住上一段时间，都能体验到"桐子松花屋数椽，豆棚篱落淡炊烟。冬锄香芋春抽笋，秋采红菱夏赏莲"的情趣。

旌德是长三角休闲后花园。

以黄山风景区为目的地，无论你是自驾或是乘京福高铁，旌德都是最佳中转站。旌德到黄山车程仅半小时，从食住娱而言，旌德比黄山风景区显得从容自在。更重要的是行走于旌德，人们还会获得柳暗花明又一村的喜悦。旌德，散发着明清气息的古村落，多了一份堪比西递宏村的静谧；

小桥流水的乡间小道使人恍入桃源胜境，随处可见的农家乐亦可使来客尽兴品尝风味独特的山珍野味。旌德还珍藏着一个个壮烈而传奇的红色故事，足以让你热血沸腾。2016年在"国际慢城2016中国年会"上，旌德县旌阳镇成为中国第六个"国际慢城"，20余千米绿道把山光水色带到你的身边，把历史和人文带入你的视野，草木芳菲，涤荡凡尘浊气。旌德的马家溪森林公园、云上梯田、岭上花海、凫山杜鹃、乡村天路等自然景观，移步换景间让人神清气爽。

做客旌德，保准你找到如仙似梦的感觉。

旌德县政协多年来一直重视地方历史文化的挖掘、整理工作，出版了系列历史文化图书。今年，又将新近的研究成果整理成书出版发行，相信这些成果对弘扬旌德优秀地方文化、传承旌德红色文化、宣传旌德旅游文化、振兴旌德乡村文化有着积极的促进作用！

目 录

说旌德

旌德的前世今生

旌德这块土地，在七八千年前，就有人类活动了。这是 1965 年和 1986 年在三溪乡营盘山、云乐乡梅村、俞村乡苎坞里等地出土的新石器时代晚期石斧、陶片告诉我们的。

夏、商、周三个朝代，旌德这个地方属九州中的扬州；春秋战国前后属吴、越、楚国。公元前 221 年，秦朝统一六国，把全国分为 36 郡，旌德属鄣郡。两汉时，旌德属泾县。三国时，丹阳郡设安吴县，旌德属之，设治于三溪古城。到了西晋太康二年（281 年），旌德这地方就开始归属宣城郡了。隋开皇九年（589 年），旌德地随安吴县再次并入泾县。

唐武德三年（620 年）设宣州总管府，再建安吴县，县治依旧在今天的三溪古城村。武德八年（625 年）安吴县再归泾县。唐天宝十一载（752 年），划泾县西南 14 乡置太平县，旌德地属太平县。11 年后的宝应二年（763 年）二月，因厚儒王万敌起义，朝廷又划太平县东北境麻城等 9 乡设立旌德县，属宣州管辖。县名"旌德"，取东晋权臣桓温"旌德礼贤，化道之所先"句首二字，意思是表扬有道德的人，尊敬贤能的人，这是教育人首先要做到的。《元和郡县志》载："宣城郡，领县十。宣城一、南陵二、泾县三、当涂四、溧阳五、溧水六、宁国七、广德八、太平九、旌德十。"《新唐书·地理志》载，宣城郡领县八，无溧阳、溧水。

宋代旌德县属江南路、江南东路宣州。南宋乾道二年（1166 年）属江南东路宁国府。《宋史·地理志》载："县六：宣城望一、南陵望二、宁国紧三、旌德紧四、太平中五、泾紧六。"

元至元十四年（1277 年）旌德县属江浙行省江东建康道宁国路。明洪武元年（1368 年）旌德县属南京直隶宁国府，洪武十三年（1380 年）属京师直隶宁国府，永乐元年（1403 年）属南京直隶宁国府。《明史·地理志》载：领县六，宣城倚郭一、南陵府西二、泾府西南三、宁国府东南四、旌德府南五、太平府西南六。

清顺治二年（1645 年），旌德县属江南布政使司宁国府，顺治十八年（1661 年）属江南左布政使司宁国府，康熙六年（1667 年）属安徽布政使司宁国府。乾隆《宁国府志》载："顺治二年改隶江南省，其称宁国府。统六县如故：宣城一中、南陵二中、泾县三中、宁国四中、旌德五中、太平六中。"

民国元年（1912 年）元月，废府留县，旌德县直属安徽省管辖；民国三年（1914 年）6 月属安徽省芜湖道；民国二十一年（1932 年）6 月，行首席县长制，旌德县属宣城首席县长所辖，同年 10 月成立行政督察区，旌德县属安徽省第九行政督察区。民国二十七年（1938 年）旌德改属第十行政督察区，同年 10 月，旌德县直属皖南区署；民国二十九年（1940 年）8 月改属第七行政督察区。

1949 年 4 月 24 日，旌德县城解放，同年 5 月 13 日旌德县划属皖南行署徽州专区。1952 年 8 月 7 日，皖南行署撤销，旌德县属安徽省徽州专区。1956 年 1 月 12 日，旌德随徽州专区并入芜湖专区。1959 年 1 月，旌德、绩溪两县合并办公，3 月 22 日，国务院第 86 次会议决定将旌德并入绩溪县。1961 年 4 月 1 日，旌德、绩溪二县分开办公，12 月 15 日国务院第 114 次会议决定复置旌德县。1961 年 4 月 13 日，徽州、芜湖两专区分开，旌德县仍属徽州专区。

1988 年 1 月 1 日，旌德县划属宣城地区（2001 年 1 月 1 日撤地区为宣城市）。

综上所述，旌德县从 763 年建县至 1912 年废府留县的 1149 年，均属宣州（宁国）府管辖，在徽州的时光坐标中仅 1949 年至 1987 年短短的 38 年。

旌德别名小识

据明嘉靖《宁国府志》、清乾隆《江南通志》以及《广舆记》诸书记载，旌德县又有"旌阳""旌川""淳源""梅溪""沙城"等别名。今天知道的人不多，这里普及一下，供有兴趣者一阅。

先来看别名"旌阳"。旌德县地名由来，唐《元和郡县志》载："本太平之地，以县界阔远，永泰初土贼王万敌据险作乱，诏讨平之，奏分太平置旌德县。"《太平寰宇记》说："冀其邑从此被化，故以旌德为县名。"由此可以看出，"旌"从县名而来，"阳"是指山的南面、水的北面，即受光向阳的一面，从村镇而言，为宜居之地。"旌阳"在县治祖山西山之南，徽水之北，故取此名。绩溪华阳、屯溪黎阳、休宁海阳、宁国宁阳等得名大致如此。

别名"旌川"，"川"即河流，字面意思是旌德的河，独指徽水河。古代旌德人把母亲河徽水河作为县之别名，可见古代旌德人对徽水河哺育的感恩之情。

再看别名"淳源"和"梅溪"。这两名来源于徽水河的别名。徽水河，旧称淳溪。明嘉靖《宁国府志》载："旌德依山为县，盘踞县治者曰黄龙岗，徽水贯焉。水出徽岭之阴，北流数里受青潭，北迳县市，有徽之名。"清嘉庆《旌德县志》云："又迤北里许，与邑之东溪合流北去，又名淳溪。"徽水虽流量不大，舟楫不通，但"川谷深沉"，"岩岩者环转不绝，潺潺者绕流不息",浮光耀金,仿佛梅花片片,故得"梅溪"之雅名。

最后看从古县名沿袭来的别名"沙城"。清嘉庆《旌德县志》在注解安吴县时有一详细说明:"(安吴县)旧志云,在今县北三十五里,地名古城,即安吴遗址。今泾县蓝山南有安吴市、安吴渡。考安吴,自隋时已并入泾。唐又析泾置太平,析太平置旌德,则幅员相接,亦又可知。今三溪韩家村,与古城近,有土名官仓边、官塘,犹安吴旧迹云。又郡志《图考》:安吴在泾之西南,即旌德境也。省志,安吴故城在泾县西南五十里,落星潭东,俗称沙城。《南畿志》:安吴在旌德三溪镇。乾隆府志,引泾县旧志云:唐天宝十一载,以泾地僻远,郡难统率,郡守李和请析龙门乡置太平县。宝应元年,析沙城乡置旌德县。按今邑之西北十七八里都为沙城乡,即三溪地界,则安吴县址在旌。而安吴市、安吴渡犹属泾境也。"有此一据,以后的《中国古今地名大辞典》才这样注解:"旌德北三十五里有古城,俗呼沙城,即古安吴城,或谓唐初所改制也。""沙城"之名的本义,想必与徽水河在古城大面积淤沙有关。

取县之别名"旌阳"为城关镇之名,那是民国以后的事了。民国以前,旌德县城内以徽水为界划为二坊:河西为进坊,河东为招坊。民国废都坊,设保甲,称之为"旌阳镇",下设6个保(市心、江夏、里仁、维新、招贤、集贤)。新中国成立初期,旌阳镇划属城厢区,1956年改为城关镇。

说到这里,顺便多说一嘴,旌德的导游在介绍县城"三桥锁翠"景观时通常会对客人说:这是古"旌阳十景"之一。这个"十景"当然是指旌德县范围内十个著名景观,而非局限于现在的城关"旌阳镇"。至于古"旌阳十景"有哪十景?那是下一篇文章的话题了。

旌德人根脉何方

早在七八千年前，旌德这块土地上就有人类活动了。秦汉之时，旌德仍属人烟稀少的荒服之域。汉武帝元封年间（前110—前105），闽浙一带的东越人经黟、歙北迁时，大批流入境内栖息繁衍。东越人古称"南蛮"，旌德今天还有"蛮王尖""蛮王墩"等地名存在。后经西汉末年王莽之乱、西晋永嘉南渡、唐末黄巢起义和明清易代等几次社会大动荡，北方汉人为逃避战乱、赋役，纷纷南迁。辗转迁居旌德的既有名宗大族，也有零星流民。据旌德地区现存家谱记载，江氏先祖韶、刘氏先祖义通，于隋唐时迁入旌德。方氏先祖纮、吕氏先祖从庆、鲍氏先祖祯、俞氏先祖纵等，唐时由北迁歙县转入旌德。汪氏先祖，五代末期由歙县迁居旌德新建。喻氏先祖义，宋淳熙年间（1174—1189）自歙县迁旌德仕川。韩氏先祖太乙，明初因避外夷之乱迁居旌北。中原大族的定居繁衍，使旌德人口渐趋兴旺。

如今，旌德人口数一直在15万上下浮动。那么历史上旌德人口又是怎样的一条发展曲线呢？让我们来看一组数据：

南宋乾道初（1165年），全县24116人。

明永乐十年（1412年），全县30774人。

明万历七年（1579年），全县19981人。

也就是说，从宋到明的大部分时间内，旌德人口均在3万左右或以下。

清康熙五十一年（1712年），朝廷规定，"滋生人丁，永不加赋"。雍正时期，继续推行"摊丁入亩"政策。加上乾隆年间奖励垦种，鼓励开发，致使有大片荒坡闲地的旌德人口不断增长，闽、赣、浙及池州、安庆等地的"棚民"（据《清史稿·食货志一》，棚民之称，起源于江西、浙江、福建三省。各山县内，向有民人搭棚居住，艺麻种箐，开炉煽铁，造纸制菇为业）纷纷流入旌德境内，租山垦种。嘉庆年间，入境人数更多。流民入境后，多聚族而居，自成村落，繁衍子孙，故人口激增。

清乾隆十四年（1749年），旌德人口为293459人；嘉庆元年（1796年），人口增至367262人。江村江姓一族除外出扬州、北京等地经商者外，仅县内就有8万余人，约占当时全县人口的五分之一。到了道光五年（1825年），全县人口增至447357人；咸丰三年（1853年），达到最高峰50万人。当时，城乡房舍鳞次栉比，县城几无空地。西门外有幢"铜门屋"，内住100多户；近郊宋姓、汪姓居民都在千户以上；庙首、江村、三溪、大礼村、乔亭、朱旺村等均为千户大村，连仕川深山区也有"千灶万丁"之称。

太平天国运动期间，地处宁国府的旌德作为天京的外围屏障，成为太平军与清军往来拉锯的战场之一。从咸丰六年（1856年）至同治二年（1863年），太平军四占旌德县城，清军及地方团练与太平军之间的战争持续多年，加上连年旱涝瘟疫，旌德田园荒芜、人民流亡、饿殍陈野，人口数急剧下降。至同治三年（1864年），人口锐减到不足3万。大村十室九空，小村空无一人，"壮丁存者不及十分之二，老弱妇女百不存一"。同治四年（1865年）后，形势渐趋稳定，外流者陆续返乡。

太平天国运动后旌德许多地方出现人口"真空"或"半真空"状态，大量土地闲置以至抛荒，房舍多有空置，为外地移民预留了空间。

当时，任两江总督的曾国藩，因"皖南诸郡户口凋敝，而广德一州尤甚，于是募民开垦以实其地"，"奏迁豫省之民挈眷口、给牛种以往"。此后，曾国藩和安徽巡抚又发布文告，鼓励河南、湖北等地农民前来皖南垦荒。文告大意是：

你们离开你们贫瘠之土，到这里肥沃之地来吧！让这些田地、这些房屋成为你们的不动产吧！头几年，你们可免交公粮，到了规定时期，你们再和其他人民同样地向朝廷纳税，共享同样利益。只要你们奉公守法，我

们一致保护你们。（法·史式徽《江南传教史》第 2 卷，上海译文出版社 1983 年，第 217 页）

正是在这样一种背景下，近代皖南地区（包括旌德县）出现了一场大规模的移民浪潮。

这一波移民，从同治六、七年开始直至光绪二十六年（1900 年）。江西、湖北及安徽宿松、太湖、无为、巢县、庐江等地的移民迁徙旌德，旌德人口缓慢回升。光绪三十年（1904 年），全县人口为 39266 人。

旌德山多地少，唐、宋以来，大姓小族多聚族而居，"人烟凑集，城乡皆聚族而居，近来生齿愈繁，大族人丁至有万余，其次不下数千，即最少亦三二百人"。在这样的地方，宗族势力强大，外来移民很难插足，即使"他姓有迁入者，则受其欺侮排斥"（《青弋江流域概况》）。移民的分布自然受到这个因素的影响，当时旌德移民，多选择人口少的偏僻山区落户生活，尽量与土著居民减少生活生产方面的摩擦。

湖北移民在旌德境内，以与宁国为邻的云乐乡为多，俞村乡上口村为数同样不少。安庆移民在旌德西乡为多，白地乡高甲、马岭村，庙首乡祥云村的小村落等大多为移民居住。安庆、庐州等地移民多分布在城关、双河乡及俞村乡的乌岭沟等地。此外，还有湖南、山东和河南的移民。

从同治三年（1864 年）与光绪三十年（1904 年）的人口数据比较分析，可估算移民数应该有五六千人。

移民的迁入，为太平天国运动后旌德的生产恢复和发展带来了必不可少的劳动力，促进了地方经济社会的发展。

1949 年，旌德全县人口为 55409 人。

新中国成立后，旌德县大的移民活动主要有 3 次，依次为江淮地区灾民、无为移民和新安江水库移民。

据《旌德县志》载，1954 年旌德县接收安置江淮地区灾民 5143 人。

无为移民是旌德县有史以来数量最大的一次。1958 年 2 月，芜湖地委决定分两批从无为县迁移 40000 人到旌德县"支援山区、开发山区、建设社会主义新山区"。《旌德县志》记为："1958 年，接收安置无为移民 40000 余人。" 1957 年旌德县总人口为 74059 人，到 1958 年增至 90109 人。毫无疑问，无为移民占了净增量的绝大部分。

20 世纪 50 年代末至 60 年代初，根据国家统一安排，旌德县接收了浙江淳安和安徽歙县的新安江水库移民 3034 人。移民安置在各乡镇，其中白地、兴隆最多。

此外，还有新中国成立初期部队的南下干部、20 世纪六七十年代上海小三线建设者、下放知青以及分配来旌工作的大中专毕业生等。

从古至今，从五湖四海到旌德生根落户者最后都拥有了一个共同的名字——旌德人，是他们团结奋斗共同创造了旌德的辉煌历史和当代成就，相信他们还将创造出旌德灿烂的明天。

旌德"廿二都","都"在哪里

如今，上了年岁的旌德人有时嘴中还会蹦出"去八都"，或说"老家十二都"这些话来。外地人或本地的"90后""00后"往往听得一头雾水。

那么"都"究竟是什么意思？旌德"廿二都"又起于何时？

简单地说，"都"是我国古代县以下的地方基层组织。"都"之名始于元代，相当于"乡"。

那么，元以前地方基层组织又叫什么呢？

秦汉时是乡、亭制，乡有乡吏，亭有亭长。隋唐时，县以下也设乡，乡下设里。乡有乡官，里有里正。任职者都有秩禄（工资）。到了宋代，乡里保甲等职均由民间摊派，没工资没编制了。元代改乡为都，改里为图，与江南的"团"、广东的"堡"、秦巴地区的"寨"等类似。统辖关系，有的称乡、都、图或乡、都、里三级；有的称都、图、里、甲或乡、保、村、里四级，说法不一。都、图（里）、保、社、甲等构成了元朝社会的基本乡里组织。

都有都正，图有图正，职责是什么呢？一是管理土地，二是赈灾救济。

里、甲的职责又有哪些呢？一是管理人户，二是催办赋役。

明洪武十四年（1381年），全国统一里甲编制，"以一百一十户为里。一里之中推丁粮多者十人为长，余百户为十甲，甲凡十人。岁役里长一人，甲首十人，管摄一里之事"（《明太祖实录》卷135）。

这样一说，细心的读者会问：古代的村是不是基层组织呢？

准确的答案：明清时期的村不属于基层组织，相当于现在的社区，是人户聚居地名的载体。

绕了一圈，再回来说旌德"廿二都"这个问题。

旌德于唐宝应二年（763年）建县，北宋元丰年间（1078—1085）划分为7个乡，分别是进贤乡、招贤乡、柳山乡、太平乡、沙城乡、上泾乡、分庶乡。南宋乾道二年（1166年）知县齐庆胄将"沙城乡"改名"兴仁乡"，将"分庶乡"改名"通贵乡"。以后又按全县"山川形势，自南而北，自北而西"编为2坊、22都、44图。

从宋代到清代，旌德的都坊情况是这样的：

北宋时，进贤乡辖进坊、一都、二都、三都、四都。

进坊（三图）。范围：县城淳溪河（徽水河）以西。辖区主要地名：除街道外，有县前、学门前、西门里、西关外、营坎上、栖真弄、程家坦等。

一都（一图）。范围：连绩溪界，城南10余里不等。辖区主要地名：隐龙、白沙、将军庙、板树下等。

二都（一图）。范围：一都之北，附郭之乡。辖区主要地名：葛湾里、张家坞、瑶田等。

三都（一图）。范围：二都之西，城西南10余里不等。辖区主要地名：高坦、落袍潭等。

四都（一图）。范围：三都之北，城西北10余里不等。辖区主要地名：大川里、新桥头、文村等。

招贤乡辖招坊、五都、六都、七都、八都、九都、十都。

招坊（二图）。范围：县城淳溪河以东。辖区主要地名：羊婆巷、书院坦、梓山脚、尚文坊、笃祐巷、东山冈、书升巷、火巷等。

五都（一图）。范围：四都之东，城东10余里不等。辖区主要地名：南村、杨村、鸥川、霞溪等。

六都（一图）。范围：五都之东，城东10余里不等。辖区主要地名：板桥村、篁嘉桥、高山等。

七都（一图）。范围：六都之西北，城东北 20 里不等。辖区主要地名：梅家、赵川等。

八都（一图）。范围：七都之东，城东北 20～30 里不等。辖区主要地名：俞村、尚村等。

九都（一图）。范围：八都之东北，城东北 30 里不等。辖区主要地名：鲍村等。

十都（二图）。范围：九都之西，城东 30 余里不等。辖区主要地名：芳川、凫阳村等。

柳山乡辖十一都、十二都、十三都。

十一都（二图）。范围：十都之北，城东北 40 里不等。辖区主要地名：张家村、小岭下、许村、洪村等。

十二都（二图）。范围：十一都之西，城东北 20 里不等。辖区主要地名：乔亭、东阳、西阳、凰仪村、胡村、芳坑、鸟窠村、蔡家、大溪畔等。

十三都（二图）。范围：十二都之南，城北 10～20 余里不等。辖区主要地名：华坦、凫溪、西里村、盘瑶、漆川等。

太平乡辖十四都、十五都、十六都。

十四都（一图）。范围：十三都之西，城北 20 余里不等。辖区主要地名：汤村等。

十五都（一图）。范围：十四都之西南，城西北 20 余里不等。辖区主要地名：朱旺村、赵家、戴家等。

十六都（一图）。范围：十五都之西，城西北 20 余里不等。辖区主要地名：新建、大显里等。

沙城乡辖十七都、十八都。

十七都（二图）。范围：十六都之北，城西北 30 里不等。辖区主要地名：三溪、礼方、模坦、高溪滩、汤村、椰坑、水西、板塘冲、纪家山、杨村等。

十八都（六图）。范围：十七都之西，城西北 50 里不等。辖区主要地名：孙村、礼村、郎村、陈村、月村、留村、义村、鲍塘、新殿、东固里、相公殿、牌楼、清溪、桃冈、马家冲、丁香树等。

上泾乡辖十九都、二十都。

十九都（三图）。范围：十八都之南，城西南 30～40 里不等。辖区主要地名：罗川坦、厚儒里等。

二十都（四图）。范围：十九都之西，城西北 40 里不等。辖区主要地名：庙首、东山、瑶台、和村、丰溪等。

分庶乡辖廿一都、廿二都。

廿一都（二图）。范围：二十都之西，城西北 50 余里不等。辖区主要地名：江村、板桥等。

廿二都（二图）。范围：廿一都之西，城西南 70 里不等。辖区主要地名：下洋、玉水、洪溪等。

明代时，旌德按都坊编东、西、南三个区。

东区：辖招坊之一图、二图，进坊之二图，五都至十五都。

西区：辖进坊之一图、三图，三都、四都、十六都至十八都。

南区：辖一都、二都、十九都至廿二都。

到了清嘉庆年间，划全县为东、西、南、北四乡，统 2 坊、22 都、44 图、135 里、483 保、4836 甲。

东乡：统招坊、五都至十一都，计 11 图、20 里、121 保、1210 甲。

南乡：统一都、二都、十九都之一图，计 3 图、15 里、67 保、670 甲。

西乡：统进坊，三都，十六都，十八都，十九都之二图、三图，二十都至廿二都，计 21 图、50 里、166 保、1666 甲。

北乡：统四都、十二都至十五都、十七都，计 9 图、50 里、129 保、

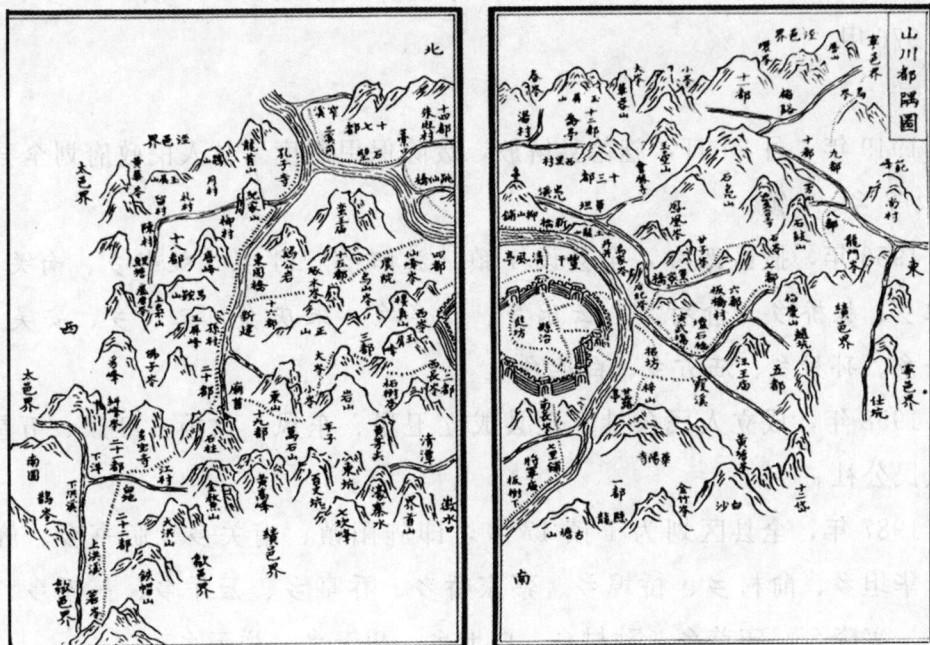

嘉庆《旌德县志》山川都隅图

1290 甲。

同时，除县城外，全县还有庙首、礼村、江村、乔亭、杨树下（今杨墅）5 个集市和三溪镇。

到了嘉庆二十年（1815 年），全县除县城外，市镇发展到 15 个，分别是：三溪镇、庙首镇、孙村镇、白地镇、下洋镇、新建镇、礼村镇、郎村镇、月村镇、杨树镇、俞村镇、滑渡镇、板树镇、乔亭镇、江村镇。

民国时期，废都、坊、图、里，兴区、乡（镇）、保、甲制度。存在 700 多年的都图制终于画上句号。

到此本篇文章本该结束，但为了便于读者了解以后的区划变化，便把"婆娘的裹脚布"再拉长一点。

民国十九年（1930 年）前，旌德分 6 个自治区；民国二十年，缩编为 4 个区、58 个乡镇、116 保、1208 甲。

民国二十八年（1939 年），推行"区、乡、保、甲"四级新政，全县分为第一、第二、第三区，辖旌阳镇、将军乡、篁嘉乡、俞村乡、乔安乡、

永乐乡、三溪乡、兴仁乡、玉屏乡、丰溪乡、分庶乡等 1 镇、10 乡、101
保、976 甲。

1949 年 4 月 24 日，旌德县解放，废除保甲制度。县人民政府划全县为
3 区、7 乡、1 镇。

1956 年，撤区改乡，全县设 1 镇（旌阳镇）14 乡（版书乡、南关乡、
华坦乡、板桥乡、俞村乡、云乐乡、乔亭乡、朱庆乡、三溪乡、安吴乡、
兴隆乡、孙村乡、庙首乡、白地乡）。

1958 年，成立人民公社，全县成立卫星、东风、火箭、红旗、五星 5
个人民公社。

1987 年，全县区划为 1 镇 17 乡，即旌阳镇、南关乡、版书乡、旌桥
乡、华坦乡、俞村乡、桥埠乡、蔡家桥乡、乔亭乡、云乐乡、三溪乡、双
河乡、兴隆乡、庙首乡、孙村乡、白地乡、碧云乡、祥云乡。

以后又经历乡镇撤并及乡改镇，目前全县设 10 个镇 68 个村居，10 个
镇分别是旌阳镇、版书镇、蔡家桥镇、孙村镇、庙首镇、白地镇、三溪镇、
兴隆镇、云乐镇、俞村镇。

旌德古县城长啥样

旌德，唐宝应二年（763 年）建县，530 年后始建城门，800 年后始筑城墙。到这时，旌德城才有了城样。

元元贞元年（1295 年），东平（今山东东平）人王祯（1271—1368），以承事郎（文散官名。为文官第二十三阶，正八品）身份任旌德县尹，始建县城四门，即后来的上东门、南门、大西门、北门。元至正十八年（1358 年），红巾军李文忠部攻克旌德县城；至正二十八年（1368 年）红巾军旧部再度入旌，城门毁于战火。明弘治十年（1497 年），知县姚贞（湖州旧县归安人、进士）重筑南北城门。

从元朝末年始，倭寇不断侵犯我国沿海地区，并逐步深入内地，明嘉靖年间（1522—1566）最为泛滥。嘉靖三十四年（1555 年）七月，60 余名散倭从杭州西掠，经淳安、歙县、绩溪入旌德骚扰，县典史蔡尧率兵于将军庙抵御。战后，徽宁兵备道（嘉靖三十四年设）和宁国府下令旌德知县姜从周修筑城墙。从嘉靖三十四年至四十三年，历经刘帮献、李调元、刘鹄翔三任知县，近 10 年时间，城墙修建工作均未启动，其间倭寇不断袭扰周边地区。嘉靖四十三年（1564 年），宁国府知府沈志言（海宁人、进士、以刑部郎中上任）、旌德县知县赵在（景州人、监生）遵令造城。历时 2 年多，于嘉靖四十五年（1566 年）九月竣工。城池三面临山一面临水，西倚栖真（西山），南临梓岫（梓山），北障柳山，东濒淳溪（徽水）。设城门 7

座，东边 3 座，即迎和门（通和门）、中和门、义济门。西边 2 座，即大有门（庆丰门）、永丰门。南门 1 座，即阜民门。北门 1 座，即迎恩门。设城楼 7 座，警铺 12 处。

明万历三十五年（1607 年），知县郑景濂在上东门南增设水关门（济民门），与淳溪河相通。

清顺治八年（1651 年）夏，旌德县连降大雨，山洪暴发，迎和门、义济门因临近徽水河，受河水冲刷，墙基损毁严重，于顺治十三年（1656 年）塌陷。顺治十四年（1657 年），知县王融（安邑人）修复。康熙八年（1669 年），知县李士竑（云梦人、进士），雍正八年（1730 年）知县纪咸（文安人、举人）相继重修。乾隆二十八年（1763 年），知县张善长（山东莱阳人、举人），详请捐修县城，对倒塌处进行重建，对损毁地进行修复。城面城里，均用麻石叠砌，通高一丈，顶厚一丈，底厚一丈三尺。女墙（指建在城墙顶部内外沿上的薄型挡墙）垛口，长如城，全用砖砌，高五尺，厚一尺五寸。修造城楼 7 座，东西南北四门，每座 5 间；中东、下东、小西三门，每座 3 间。历时 7 个多月，耗银 5395 两。

咸丰十年（1860 年）九月初九，太平军赖文鸿部第三次攻占旌德县城，驻兵一年半之久。同治元年（1862 年）四月初一，清廷浙江臬司张运兰从徽州率兵来旌德，用炮火轰塌城墙十余丈，占领县城；战后，对城墙进行了全面修葺。同治十二年（1873 年）七月，大风毁坏城垣数十丈，后修复。新中国成立初期，旌德城墙依然完好。

由此可见，造城池不是为了好看，而是为了防匪。城好城损，直接关系到百姓的生命财产安全。

旌德城坊有街巷 21 处。民国以前，城内以淳溪河为界划为二坊：河西（城内）为进坊。县衙前及南门内为南街，大东门内为市心街，中稍往南为土街（又名隐梅坊），往北至中东门为球场街，又北为江夏街，下东门内为道府前，北门内为里仁街，西门内为西街，小西门内为里巷。河东（城外）为招坊。大东门外过淳源桥为上市街（又名尚文坊），中东门外过驾虹桥为中市街，往南为十字街，往北为集贤街（又名集庆坊），下东门外过黄济桥为殿前。栖真巷在县治东，笃祜巷在上市街东，东巷在中市街东，书升巷

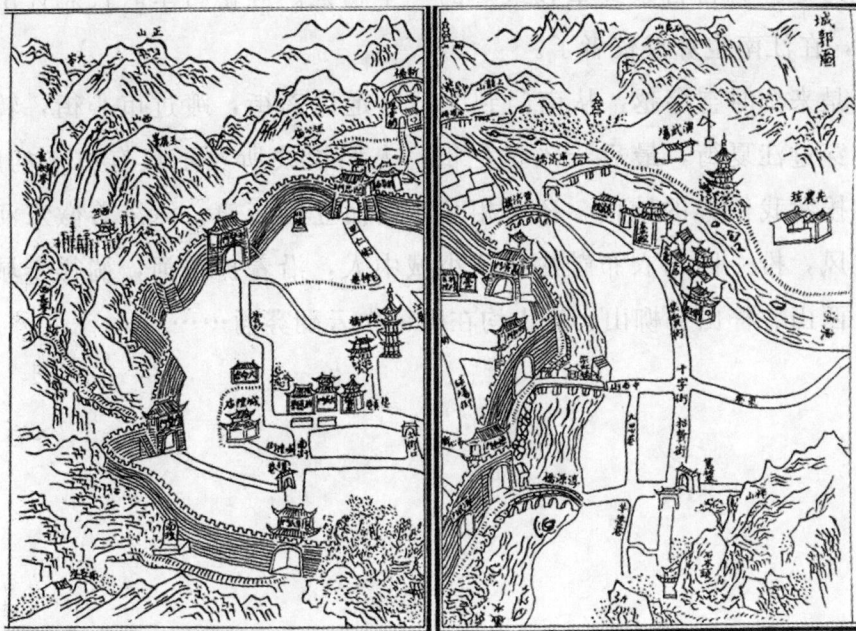

清嘉庆《旌德县志》城郭图

在十字街东，九思巷在驾虹桥东南，蕿草巷在江夏街西，阳陂巷在上市街南。这些街道大都长不足1千米，宽不过3米。麻石街面坑坑洼洼，长年累月被独轮车碾磨，一条凹槽顺街蜿蜒。

据清嘉庆《旌德县志》载，分布在县城街道上的牌坊计22座，分别是北门外状元坊（为舒雅立）、尚书坊（为汪齐立）、少师坊（为汪澥立）、北河总理坊（为汪浤立）4座；招坊开科名儒坊（为汪胤立）、父子登科坊（为王瑄、王矩立）、紫极重恩坊（为汪志昂立）3座；县衙前父子登科坊（为姚裕、姚光显、姚光启立）、父子进士坊（为江汉、江文敏立）2座；球场街擢秀坊（为张蹈德立）、孝子坊（为张道荣立）、同誉臬崇坊（为汪若极立）3座；土街鸿胪坊（为周舜蘷立）、宪台坊（为江文敏立）、进士坊（为汪坚立）、宪台坊（为江廷寄立）4座；文庙前泽布京华坊（为郭建邦立）；尚文坊登第坊（为王瑄立）；里仁街三朝执法坊（为周希旦立）；张祠前三朝侍臣坊（为张邦极立）；饶祠前气作山河坊（为饶鼐立）；南长岭升平人瑞坊（为宋振猷立）。

纵观这22座牌坊，除了1座孝子坊和1座人瑞坊，其余均是科第坊，可以说这是旌德自古崇文重教最好的一个物证。旌德科举时代总计出进士143人，在江南也算佼佼者了。

　　若是来个时空穿越，从南门到北门，走过南街，踱过市心街，转到球场街，穿过江夏街，最后步入里仁街，人们视线所及不仅有林立的牌坊，更有你挨我我依你的铺面，还有相互摩面而立的店旗；沐浴着徽水河上的古朴之风，扮一回葛衣布鞋的明清小城中人，沿着护城河，徜徉于城墙马道中，西山、梓山、柳山、凫山均在眼帘中云翻雾涌……

时光深处的"旌阳十景"

古代的旌德人，特别是乡绅、贤达或官宦、文人，对于生活之地的美景投注了赏识的目光与情愫，诉诸笔端，或诗或画，形成了诗画村落景观的文化现象。记述村落景观的诗作，诸如"四景""八景""十景"，流传于方志或谱牒中。

今天就时光深处的"旌阳十景"作一介绍。这个"旌阳十景"应理解为"旌德十景"，"旌阳"为旌德之别名。之所以说时光深处的"旌阳十景"，一是因其得名久远，二是今人大多不晓。

根据笔者目前掌握的资料，"旌阳十景"全本出于清顺治十三年（1656年）至顺治十六年（1659年）知县王融的笔下。王融，山西安邑人，副榜（科举考试中除正式录取外，另取若干名时所用的副加榜示，也称备榜）。王融版"旌阳十景"分别是："资福钟声""白鹿饮泉""窦仙丹井""黄高峰洞""玉壶遗踪""西山栖真""石柱暮云""凫山龙潭""石壁对峙""三溪汇流"。结合王融的"旌阳十景"诗，对十景所在地理位置略作介绍。

资福钟声

峻峭摩天碧，梵宫接梓峰。

老僧翻页叶，征客苦秋蛩。

树月流斜影，山风送夜钟。

流连人境外，回首白云封。

此景在县南梓山上。资福寺，初名东岳庙，南宋绍兴年间（1131—1162）建，明嘉靖年间（1522—1566）重建。庙前有千佛楼，楼旁有地藏殿、十王殿。位置大概与今天的观音庙相当。

白鹿饮泉

子明已乘白鹿去，此地空余白鹿泉。

白鹿去兮不复返，清泉犹见水涓涓。

城头碧草连春树，户外青山霭暮烟。

汲得一瓯烹紫雀，聊同单父理吴弦。

清嘉庆《旌德县志·山川》载："在县西二十步。汲以烹茶，味极香美。旧传有白鹿饮此，故名。"《江南通志》在为"黄龙冈"作注时进一步说明了鹿饮泉的方位："黄龙冈在旌德县，依冈势为县治，左有鹿饮泉。"从文字描述来看，应在今梓山宾馆附近。可惜，此景现已沧海变桑田了。

窦仙丹井

野老流风远，相沿说窦仙。

宝炉不复炼，旧迹尚依然。

玉液澄霞水，金沙涌碧泉。

但留丹井在，何须觅丹田。

清嘉庆《旌德县志·山川》"高家岭"条载："在县东。有窦子明丹井，相传井在塘中，水涸则见。人有壅之者，越数月，复如故。每夏雨后，闻异香焉。"

黄高峰洞

岩峣峰峻听啼鸦，古洞清幽望眼赊。

泉水流来疑上竺，磬声彻处讽南华。

狮岩落照开丹嶂，珠壁斜晖龙赤霞。

借问谢公习静墅，数椽惟有衲为家。

清嘉庆《旌德县志·山川》载黄高峰："在县西南四十里。山势凌云拔起，最为高耸。上有登仙桥、珠沙石壁、狮子岩、龙栖洞诸胜。山下流泉曲水，林木荫翳。世传胡丘士、谢元晦辈隐居于此。"如今黄高峰已成为外来游客的打卡点，他们眼中的风光比王融笔下更为丰富了。

玉壶遗踪

凫阳耸汉势崔嵬，溺溺熏风拂面来。

那得昔人仙酒液，空留往迹玉壶台。

庆和将业今何在，独觉先生去不回。

随喜徘徊凭吊古，夕阳烟暮绕苍苔。

清嘉庆《旌德县志·山川》载玉壶山："在县东十五里，凫山之阳，相传为滕丞相故居。"同是这本志书在"古迹"中列了含有神话色彩的"滕丞相故居"，文字如下：

（滕丞相故居）即十三都会胜寺。宋太史袭明《凫山事始记略》云："余过会胜寺有僧义聪，年八十二，问其事之从始，则曰：梁代丞相滕庆和居是山。时有独觉先生者，托馆舍三载。一日思去，因与滕登山，指石叱之，石为分裂，中有酒壶，把而饮。滕并及其族人，无长少，均与之饮酒，亦不竭。滕异之，曰：先生奇士也！愧不能早辨识。及行，握手语曰：尔后必贵。因问以再见之期。先生指凫山之阳曰：吾居也，可于彼相见。后，于山阳见古庙像如先生焉。未几，滕以白衣入仕，为镇国大将军，卒相梁。寻，舍宅为寺。"今石上犹有酒壶遗迹，时人谓之玉壶台。亦邑之胜概也。按此石出酒，事属可疑，犹曰仙人幻术也。

编辑县志时也是当传说记下的，于是还有这样一段解释的文字：

及考《梁书》及五代《梁史》，并无滕庆和其人，岂有为朝廷相而史遗其名氏者哉！顾查《江南通志》及《宁国府志》，皆云梁滕庆和舍宅为寺，则因非县志一家之私言也。宜存之以备览。

此景在华坦村被列为八景之一，名为"冰壶胜迹"，同样有诗：

石裂壶中泻玉泉，知非凡味饮流涎。

滕君化作飞仙去，半壁留形万古传。

西山栖真

西山缥缈接晴空，客子登临四望雄。

俯视吴宫江渚外，遥瞻宋阙暮秋中。

谁从丹炼子明药，惟有诗传太白风。

亦欲栖真何处栖，浩然长啸意无穷。

清嘉庆《旌德县志·山川》"栖真山"条载："县治之祖山也，即西山。《方舆志》云：窦子明炼丹处。《神仙传》云：窦子明为陵阳令，避刘聪乱，弃官寻山采药，结庐于此，后仙去。……又栖真在城西五里。"今天的西山古亭古道倒是古风依存，窦仙的炼丹处早就被柴草收藏了。

石柱暮云

相传灵洗昔曾盟，双柱亭亭削不成。

歃血台边落日夕，栖鸟枝上暮云平。

荒原隐隐归樵唱，崎径森森返笛声。

此际漫言烟路晚，山间皓月正明明。

清嘉庆《旌德县志·山川》载："石柱山，县西四十里，在庙首镇东。梁程灵洗率兵讨侯景，赴武帝之难，誓众于此。上有歃血台。山顶两石相对，峙立石柱。"如今石柱山仍在庙首立着，石柱依然可观，皎洁的月光一直在等着有缘人。

凫山龙潭

我非仙令蔷仙凫，旷览凫山似画图。

自谪仙人归汉表，于今祠宇逼天衢。

清嘉庆《旌德县志·山川》载："凫山，在县东二十里。其阳有凫山殿，窦子明像在焉。旧传子明炼丹栖真山，丹成，骑青凫入此山，云山中多仙迹。"作注"凫山殿"时又说："山有门、井、龙潭、马迹在焉，即陵阳主簿窦子明放白龙处"。凫山龙潭，今天或许就隐没在竹林深处。

石壁对峙

巍巍千仞绝人烟，路转羊肠小径穿。

一水环流翻碧浪，两峰对峙薄青天。

胡公题字霞光灿，周子哦诗雪句传。

险道奇崖不异蜀，怅无双凫挟飞仙。

清嘉庆《旌德县志·山川》载："石壁山，一名文山。距县二十五里，两山对峙，一水中分，迂回曲折，长六七里许。旧路在半山，悬岩千丈。"此景南湾依稀可见，可能雄奇略减。

三溪汇流

溪源滚滚望悠哉，四野苍茫隐雾开。

日映波光石漱玉，风生浪激鱼惊雷。

万山转接逼星拱，三水潆环抱郭来。

我亦临流发浩叹，成民却渐济川才。

清嘉庆《旌德县志·山川》载："三溪，在县北三十里，徽水下流也。以麟溪、玉溪俱至此合，故名。按三溪受绩之徽水北流，经龙首山下，入于泾之窄溪，为旌川锁钥。"三溪仍在，景色常新。

"旌阳十景"三百年前或许不止王融一个版本，因为这也是仁者见仁智者见智的事。比王融晚一百年的清代邑人、乾隆十六年（1751年）进士吕光亨亦写有"旌阳十景"诗，可惜仅存3首，抄录如下：

三桥锁翠

胜地足招邀，春晴物色饶。

烟光分两岸，城阙接三桥。

乍可离尘俗，谁从避市嚣。

数声莺语滑，暗柳绿条条。

石壁对峙

壁立高千仞，嵯峨竟依空。

两崖相对出，一水自中通。

车马歌危磴，波涛斗巨礁。

当关安虎旅，气势若为雄。

栖真积雪

列岫横西岭，玲珑叠玉屏。

严风增薄暮，冷色上寒庭。

谁宿丹炉火，重翻梵宇经。

曷来歌白雪，试更问仙灵。

　　吕光亨的"三桥锁翠"景，王融版"旌阳"十景诗没有涉及。推测起来，大概是王融时代的淳源桥、架虹桥、黄济桥和那一抹惹眼的绿色还没长成吧？

旌德有仙山

——凫山文化臆想

旌德地处万山丛中，岗峦环绕，川谷潆洄，天生就是一个适合神仙居住的地方。

不管是方志还是民间传说，第一个在旌德留下仙踪的是窦子明。

窦子明成仙地——凫山

对于窦子明到旌德炼丹成仙，县、府志从来都认真负责地予以记载。当然，少不了给仙释立传，清嘉庆《旌德县志》上的文字是：

窦伯玉 字子明，沛国人。父康玉，世业儒。子明与弟伯乐，字子安，好道。值刘聪之变，不肯阿附，子安入四明，子明归江左。晋元帝嘉其义，拜陵阳宰。后弃官入西山，结庵居焉。一日，遇隐者献药百种，遂与居七都之凫山白龙潭炼丹。一方有病者，即提药囊至其家，无不全活。晋太康八年中元节，乘白龙上升。邑人即所居立祠以祀，称为凫山之神，祈求皆应。

清嘉庆《宁国府志》为窦子明在旌德的仙踪圈了两座山，一是县治祖山栖真山，再则是成仙地凫山。

栖真山，在县西五里，昔窦子明曾居此山，其坛迹存焉。长孙迈所述

《神仙传》，子明既来江左，晋元帝嘉之，拜陵阳宰。在县三年，民服德化，后弃官寻访名山，搜采奇药，至徽水之阳，结庵西山，炼丹高岭焉。

凫山，一名石凫山，在县东南二十里。有白龙潭、梅溪出焉，有巨人迹、马蹄石、捣药臼，俗传陵阳子明二女化青凫随父仙去，故名。又云子明初炼丹于栖真山顶，后游凫山，遇一隐者相与为友，俱仙去。

旌德仙山——凫山（曹积宏 摄）

栖真山，又名西山，高 600 米。凫山，主峰高 1087 米。前者是县治祖山，后者是旌德县东最高峰。让窦仙光临这两座山，情理相宜，用心良苦。

"一人得道，鸡犬升天"的传说在旌德民间有这样一个版本：

西晋太康年间，五胡乱华，晋室南渡，寄居江左。相传沛（今江苏沛县）人窦子明因避乱出游长江中下游东南一带，后就任陵阳（皖南之地）主簿，因愤世嫉俗，不久弃官，与妻费氏及一对幼女来到旌德栖真山采药炼丹。他们住在山顶石窟中，旁辟晒药坪，砌有炼丹灶。窦子明每天披星戴月，在山崖洞边挖草药。回家后，唤妻女用水洗净，在晒药坪上晒干，放进药臼里捣烂，用丹井之水冲浸拌匀，溶成药汤，燃麒麟松枝煮药炼丹。不知炼了多少时日，终于炼成了仙丹。此时，山顶瑞气浮动，空中祥云飘拂，有一青凫翩然而降，驮上窦子明及其妻女，乘着瑞气，从山顶飘摇上升，飞入县城东面一座高耸入云的大山。窦子明和妻女入山后，垦山辟地，饲鸡养犬，耕樵度日。他们看到山下有很多贫病交加的穷人，十分怜悯，乃终年累月攀崖跨涧，为贫病之人采药送药。忽一日，子明在山溪边寻药，遇一白发隐者，遂相与为友，后一道羽化升天。不日，其二女亦一个抱鸡，一个携犬，骑青兕升天，正是"一人得道，鸡犬升天"。

上述所有资料求证的就一个意思：窦子明是在凫山成仙的。山不在高，有仙则名。因和果俱全了。

葛洪认为归隐山林是一件很庄重、很神秘的事情，"名山为合药之所"，是炼丹的首选之地，为道之士"莫不缥缈绝迹幽隐山林"。远离俗人俗世，才具备成仙的条件。

据传，唐代诗人李白亦曾到过旌德地，听了窦子明炼丹成仙的传说，羡慕不已。后来，他在游览宣城敬亭山时，还念念不忘，一心想跟窦子明炼丹成仙。有《登敬亭山南望怀古赠窦主簿》诗为证：

> 敬亭一回首，目尽天南端。
>
> 仙者五六人，常闻此游盘。
>
> 溪流琴高水，石耸麻姑坛。
>
> 白龙降陵阳，黄鹤呼子安。
>
> 羽化骑日月，云行翼鸳鸾。
>
> 下视宇宙间，四溟皆波澜。
>
> 汰绝目下事，从之复何难？
>
> 百岁落半途，前期浩漫漫。
>
> 强食不成味，清晨起长叹。
>
> 愿随子明去，炼火烧金丹。

今天多数人只知道李白的诗人身份，其实李白还是向道之人。杜甫有首《赠李白》，诗云：

> 秋来相顾尚飘蓬，未就丹砂愧葛洪。
>
> 痛饮狂歌空度日，飞扬跋扈为谁雄。

杜甫诗中直言，李白狂放的性格多少受了葛洪的一些影响。

李白对葛洪、窦子明炼丹成仙，一直心存向往。除《登敬亭山南望怀古赠窦主簿》，李白的《焦山望寥山》也表露了其追道成仙的思想：

> 石壁望松寥，宛然在碧霄。
>
> 安得五彩虹，驾天作长桥。
>
> 仙人如爱我，举手来相招。

因为窦子明的传说，后人就把他成仙的山称为石凫山（凫山）了。

先有凫山殿，后有旌德县

旌德流传这样一个俗语："先有凫山殿，后有旌德县。"

要解释这个俗语得大致弄清两个时间概念：一是初建凫山殿的时间，二是旌德建县的时间。

1992 年版《旌德县志》载："宋代梓山东岳庙和凫山殿，香火盛极一时。"也就是说宋代已有凫山殿了，始建时间可能更早。

旌德建县时间是唐宝应二年（763 年）。

传说窦子明成仙时间是晋太康八年（287 年）。

比较这三个时间，"先有凫山殿，后有旌德县"，情理上完全站得住脚。

在中国古代传说中，"神""仙"是连在一起出现的。成仙的窦子明要继续造福地方百姓，那就得在人间有个居住的地方，让有所求的人随时随地能与神对话。于是，时人就在石凫山中窦子明曾经生活的地方，建起凫山殿，塑起子明像，烧香诉愿。

清嘉庆《旌德县志》载：凫山殿，县东十五里，元元贞年建，"山有门、井、龙潭、马迹在焉，即陵阳主簿窦子明放白龙处。"

元元贞年间建的凫山殿，位于今天旌德县俞村镇杨墅村梓干里村民组。

明弘治进士凫阳人汪坚（字子固，号青峰）《邀友人登山诗》云：

> 子明二女吞金丹，化为仙凫飞北山。
>
> 仙凫不知何处去，山名千载留人间。
>
> 五更曙色浮青塔，六月寒威侵古坛。
>
> 今日与君登绝顶，神游碧落欲忘还。

凫山殿究竟修了多少次已无从考证，不过清时重修凫山殿的石碑还保存在杨墅村，只是字迹漫漶，不好辨认了。

1992 年版《旌德县志》载："建国初期，全县尚存梓山观音庙、上阳庵、延寿寺、圆觉庵、展旗山开法寺、胜因寺、凫山殿等大小寺庙观 13 座。"至于凫山殿最终倒塌的时间，推算起来大致在 20 世纪五六十年代。

如今，凫山殿虽已成为瓦砾乱石堆，可石凫山上巨人石、龙潭、捣药臼等仙迹尚存。潭边巨石曾镌宋丞相刘义温"白龙潭"三字，后毁。眼下，凫山殿遗址已隐没于无节制生长的竹林中了。

凫山殿遗址

2010 年后，凫山慈湖堂重修了一座庙，旌德不少人误以为就是过去的凫山殿，其实二者完全不同。清嘉庆《旌德县志》对慈湖堂同样有解释："县东十八里，明宣德年建，嘉靖年重建。"比凫山殿历史晚了好几百年。

在旌德，与窦子明有关的寺庙不只限于凫山殿、慈湖堂，还有白华殿和栖真山西竺寺。

清嘉庆《旌德县志》载："白华殿，县东三十五里，石凫山半岭，明嘉靖年建。"山人项衢《偕友登山诗》：

> 须臾踏上最高峰，万里乾坤一望中。
> 当日窦仙飞化后，不知今古几人同。
> 烧丹道上化青凫，留得山名千载呼。
> 今日共君追旧址，壮哉不亚昆仑图。

栖真山西竺寺，清嘉庆《旌德县志》记载"康熙九年（1670 年）知县茹鄂侯建"。孙郁写有《访子明遗迹》诗：

削壁开龙藏，层梯路可寻。

飞岩悬瀑布，晚日上琪林。

且倚红藤杖，聊为白石吟。

桐疏低欲坠，竹密细成荫。

客作新秋意，僧怀出世心。

大参诸品外，卓锡最高岑。

贝叶摊髹几，绳床横素琴。

山空无俗籁，谷静有鸣禽。

太白诗仍在，子明迹未沉。

石屏丹灶冷，凫岭翠涛深。

尘劫连沧海，浮名役古今。

遥看云起处，齐作凤鸾音。

不难想象，窦子明和凫山殿，在追道之人和地方百姓心中是怎样一个地位，其影响又有多大？

慨叹"游山谁可游，子明与浮丘"和"愿随子明去，炼火烧金丹"的李白，可谓如醉如痴。汪坚等一批文人雅士均是子明的忠实"粉丝"，无论烦恼与否，都想来一次"身傍丹台梦亦仙"（袁启旭《西竺访月峰上人》）。生活在困顿之中的黎民百姓，更多的是把凫山殿当成华佗庙、观音庙、龙王庙等百求灵验的精神殿堂。如今，面对凫山殿遗址，这样的想法不同程度依然存在。

除了凫山殿，旌德与之相关的还有凫山村、凫阳村，以及已然消失的凫山书院。凫山村、凫阳村分别是旌阳镇和俞村镇两个充满活力的行政村，暂且不说。凫阳书院，清道光前一直称旌阳书院，只是道光十六年（1836年），朱旺村人朱淋捐资重修之后，才改名为凫阳书院。此名一直叫到辛亥革命后成立新学时，才改名为旌阳一小。遗憾的是凫阳书院这个名字，如今又被张冠李戴为朱旺村一个老私塾的名称了。

有仙则名，有诗则雅

山有没有名，古时候得看文人骚客写下多少与之相关的诗文。

有关凫山与凫山殿（庙）的诗，翻翻清嘉庆、道光《旌德县志》还真不少，现摘录于此：

宋元祐五年（1090 年），旌德知县练恕于官闲时就寻访过凫山庙，留下了两首《凫山庙》诗：

其 一

仙人丹成去不返，至今庙貌留名山。

嗟予俯仰随缰锁，尘土驱驰止汗颜。

其 二

云烟深处路萦纡，元是真人旧隐居。

我亦放情丘壑久，官闲时得命篮舆。

同为宋代的汪襄（绩溪人）宣和四年（1122 年）任旌德县尉时作《游凫山庙》诗，记述了宣和二年（1120 年）方腊起义军纵火凫山庙，但庙像无毁的灵异事件：

篮舆陟重冈，灵壑极深渺。

峻嶒势居尊，俯视众山小。

楼阁何峥嵘，松桧各环绕。

云古有真人，结茅避纷扰。

丹成独仙去，霞袂轻缥缈。

至今存庙貌，香火事昏晓。

士民夙信向，水旱必祈祷。

图经偶遗逸，终始竟莫考。

宣和辛丑春，强寇干天讨。

旌旗蔽空来，纵火欲一撩。

神仙严卫护，殿宇卒完保。

豺狼随殄灭，父老惊绝倒。

酹酒谢神贶，鼓吹绝云杪。

我来肃精诚，瑶阶瞻睟表。

聊记灵异迹，避间一挥扫。

经过宣和年间的兵火，凫山殿的灵验度在百姓心中更加坚不可摧了。

凫山风光旖旎，山、石、泉、木，是文人雅士寻幽觅胜的佳境，汪坚游凫山时有点乐而忘返，留下了《游凫山》一诗：

石凫之山拔南州，千状万态真奇幽。

稚峰笔立中天秀，青苔远揽吴山秋。

白华仙人遗旧址，灵风飒飒吹香芷。

下有龙潭千尺深，春雷一震兴云雨。

晴风佳日色更妍，呼童携酒登其巅。

一声玉笛来孤鹤，万顷烟花迷远川。

却扫青苔坐白石，石间历历有仙迹。

吾欲从之不可得，把酒临风三叹息。

松坞先生意气豪，邀余又饮山之坳。

世间万虑都渐尽，不觉归来明月高。

年代久远的凫山殿屡毁屡修，当属建筑常态，宋代李宏写《凫山庙（有序）》就有点田野调查之意了：

显道庙，盖晋之隐者，不显其姓，后世无考。时窦子明罢令，炼丹陵阳峰，与之邂逅，遂相与友，往来麻川之望仙、弦歌，徽水之栖真、高岭，皆有迹焉。庙存古碑，具载其事，虽刊裂，尚可读。政和间赐额，乡人因大其祠，以歆朝宠、答神贶。今碑已徙置楼基下。里有裘氏者，年八十余，尚能言之，乃悉如前所说。予惧后人无所考征，辄成长句，以记其实，庶几传信矣。

凫山高与苍旻齐，根盘百里雄坤舆。

油然出云为风雨，泽周一境无凶饥。

重楼复殿踞山腹，蜿蜒攫护神之祠。

威灵如在骇闻听，至今父老能言之。

断碑刓缺尚可读，淹埋岁久人谁知。

高高一峰独秀出，上有蝉蜕真仙居。

仙闻尝任石埭尹，化流德洽真民师。

持竿戏投白龙饵，隐雾深韬玄豹姿。

手披蕊笈校丹篆，足蹑飞升腾紫微。

相逢邂逅一笑粲，真将莫逆论心期。

从兹来往因无间，遗踪所至犹可推。

弦歌标乡里犹在，望仙记石名独垂。

栖真奇伟曾税驾，绝顶尚留丹灶基。

近郊督井数盈九，石甃坚深端可窥。

神既庙食还旧隐，仙亦偶坐应祷祈。

合堂荐享异肴蕨，乞灵修敬倾里闾。

政和天子谨祠祭，郡县有请咸弗违。

一朝飞章达疏宸，往往乙夜曾躬披。

俞音载锡降芝简，宠贲徽名昭典彝。

神兮仙兮服君赐，福庇斯民无已时。

仙将出游神速往，霓旌绛节相追随。

神既来归仙至止，袞衣羽帔瞻光仪。

繄予顶谒亦云屡，淋漓醉墨聊一挥。

词虽芜颣事撝实，庶几传言祛群疑。

清代王鸣盛的《游䨥山》纯为赏景抒情之作：

舒䨥本水禽，塌翼同斥鷃。

忽作高举形，轩翥在云汉。

我行入山深，险艰饱所惮。

兹峰尤卓诡，叠巘挂天半。

铁臂断攀登，线路曲萦转。

岩倾巨石出，磊磊坠绝涧。

悬溜裂崖来，千丈触石战。

殷地疑霆惊，飞空类珠溅。

出谷见曦轮，造顶识山面。

决吻复颟脰，非鹅亦非鹳。

流传窦子明，大药于此炼。

蕴真遂遗尘，白日生羽翰。

学仙苦未成，愁辛旅颜变。

鸿驾空紫烟，翘迹徒仰羡。

凫山冬景在清兵宪（兵备道别称）窦遴奇《冬日游凫山》中有着磅礴之势：

地以名贤重得名，逶迤数里近旌城。

天空一鸟平芜下，云散千峰画里行。

旭日近含梅蕊出，余寒远带雪花轻。

梵宫此日闲登眺，不减南楼庾亮情。

行文至此，有必要对凫山的地理作一个简要的介绍。

凫山山脉，在旌德县城东北12千米，是青弋江和水阳江水系的分水岭。山脉大部分盘踞旌德东北部。从旌阳镇的螺丝形起，经主峰石凫山（1087米）、东门岗（922米）、鸦鹊山（754米）、无名峰（782米）、云乐大岭头（546米）、罗子山（400米）、乌岭头（709米）、无名峰（832米），止于俞村镇桥埠沙坞坑北侧，走向北东，至罗子山转成近东西向。凫山山脉全长18千米，地跨旌阳、蔡家桥、俞村、云乐4镇，宽1千米～6千米不等，总面积为100平方千米。登凫山顶东眺宁国、南望绩溪、北观泾县、西看黄山，目极百里，气势雄伟，有一览众山小之气势。

凫山山脉（曹积宏　摄）

　　过去，凫山对文人而言是雅集的一个好去处，对老百姓而言有几座灵验的宗教场所，两者叠加使得凫山一直盛名不衰。如今，凫山的价值既有过往的人文价值，更有绿水青山的金银价值，凫山看云海、凫山望日出、凫山赏杜鹃、凫山观雪景已远近闻名。假如旌德能够综合凫山的山、石、泉、瀑、林、竹及历史文化，科学规划、长远实施，把凫山打造成一座休闲养生之山，或许有朝一日能成为皖南又一旅游胜地。

梓山，旌德的文化之山

梓山，在旌德县城旌阳镇东南面，迤逦向西，连接城郭，濒临徽水，与旌德文庙、旌阳镇政府遥遥相对。生活在这里的人们习惯于每天睁眼就看到梓山，因为梓山就站在窗户外天天面对自己。

三月踏春去的是梓山，九月登高走的是梓山；迎神敬佛拜的是梓山，文人相聚游的还是梓山。

站在旌阳城，仰望梓山，三峰插立，形如笔架。

梓 山（江建兴 摄）

梓山高 476 米。山不高而秀雅，林不大而茂盛。登临纵目，四方景物一览无余。从唐到宋，从元至清，旌阳城无论是修庙建塔，还是筑城架桥，尽在梓山的视野之内。

梓山的文化秉性

"梓山"的得名,想来一定是因为很久很久以前,山上长有许多梓树。这一点,我所见到的所有史志资料都没有说。或许,那时梓山上长梓树太稀松平常,修方志的人并没有考虑到以后沧海桑田的变化。

"桑梓"在中国,之所以成为故乡的代名词,就因为它们在古代和人们的衣、食、住、行有着密切关系。桑叶可以用来养蚕,桑果可以食用、酿酒,树干及枝条可以用来制造器具,皮可以造纸,叶、果、枝、根、皮皆可入药。梓树嫩叶可食,种子外皮可取蜡点灯,皮是中药(梓白皮),木材轻软耐朽,易雕刻,是制作家具、乐器、棺材的美材。此外,梓树速生,常被作为薪炭用材。过去房前屋后植桑种梓,是习惯亦是传统。古老的《诗经》说"惟桑与梓,必恭敬止"。

梓山脚下的梓树(江建兴 摄)

县志上只说，宋明清以来，梓山上松柏掩映，想必那时梓树在梓山已然稀少，以至于几百年之后，旌德人知道梓山宾馆、梓山广场、梓阳学校之名与"梓山"有关，却不知道梓山因何而名，更不知道梓树长什么样。这样的物证，梓山脚下的旌德中学校园内还有，老辈人习惯称其为"豆角树"。古往今来，络绎于梓山的游人和雅士们，关注的大多是松柏掩映的楼台、梵宇，对于梓树反倒少了些人文关怀。

清代《宁国府志》这样介绍梓山：

在县南二里，山源自徽境，连属至此，耸立千余仞。山顶有甘露王行祠，半山有览众亭，今废。仅有梓山祠。有三台峰，有石洞，有桃树，不花而实。

梓山和宣城的敬亭山一样不是什么高山，敬亭山因为李白的登临而名闻天下，梓山虽然没有修到李白的脚印，却不断有文人雅士的身影出入。

我在浏览旌德地方典籍时，大致搜集了一下有关梓山的诗文，可以得出这样一个结论：大凡到旌德为官或行游的文人墨客，大多都游过梓山并为梓山留下诗文，唐、宋、元、明、清，代不乏人。此种意义上说，梓山是一座诗山、文化之山。

宋朝宰相王安石之子王雱任旌德县尉时，曾在梓山寺池壁上书有"兰亭胜事"四个大字。发现石壁刻字的人是康熙年间的邑人明经王升，当时"藓蚀不辨，扫而出之"，其赋诗一首：

胜事今何在，兰亭迹已陈。
空留狂尉笔，千载此沉沦。

宋朝吴稠诗云：

梓山高出众山顶，极为跻扳若步天。
鸟道千寻霏嶂雨，羊肠百折罩岚烟。
渊明社老欣重结，和靖诗豪赖有传。
雁塔鼎新天有意，科名题取定相连。

明朝宣党领袖汤宾尹写有《春日偕及门诸子游梓山》：

骀荡春光到梓阳，闲来施食礼空王。

自语鸟添诗思健，已残花逐酒杯香。

谈挥如意风生席，妙证菩提客满堂。

芙蓉旧主能相认，可是当年侠少狂。

清兵宪窦遴奇《夏日登梓山》：

偶到城东山，俯视旌城郭，

比屋如鱼鳞，形势自相错。

楼台烟雾里，街市纷以漠。

兹山亦已高，况登山之阁。

轻裳挥纨扇，静憩闻天乐。

夏景亦何丽，奇云忽然作。

石濑涓涓流，倏忽归洞壑。

近峰既郁苍，远岭复岑崿。

沙鸡始振羽，冬青正发萼。

旷怀赋感遇，俯仰叹今昨。

不见往者悲，只知来者乐。

援琴为我弹，且尽怀中酌。

明朱实昌《游梓山》：

水涸遗龙井，山开作洞天。

寒虫鸣小院，飞鸟落高巅。

但得微醺后，那知是客边。

留诗续东壁，心赏更悠然。

清阎泂《梓山》：

小县依山曲，登临雉堞边。

寺穿疏树古，云抱一峰圆。

流水还通郭，层岩半作田。

吏情耽远眺，何处访凫仙。

清刘钰《梓山》：

> 负郭好溪山，春晴客共攀。
> 坡陀缘石磴，杳霭入松关。
> 花落僧初定，庭虚鸟未还。
> 下方尘境接，车马几人闲。

清施闰章《登梓山》：

> 梓山城头出，梅溪杖底流。
> 风光横满县，泉响曲依楼。
> 过雨涨新绿，看题感旧游。
> 山腰精舍好，归路重淹留。

清梅立宗《梓山寺阁》：

> 旧识兹山胜，重来结伴游。
> 人家窗外尽，雉堞望中收。
> 凿石开僧径，飞云接县楼。
> 翻因凭眺处，转忆敬亭秋。

清江素《重阳后登梓山赠月岩和尚》：

> 胜日重寻小有天，霜林横上梓阳巅。
> 繁华梦境宁如昔，烟雨山城迥欲连。
> 幽涧桃花余石在，毗庐佛火一灯传。
> 廿年回首知交好，旧句依稀壁上悬。

诗人们在梓山上，大多闲坐寺阁，禅茶一味，观城中景，叙朋友情，寄胸中志。

施闰章与旌阳城交情笃深，《旌阳寺中》便是证明：

> 一月宿精舍，坐看芳草生。
> 归心知物换，客感对僧平。
> 山市春蔬俭，溪春夜火明。
> 劳劳频转侧，惭负晚钟声。

旧时的梓山还有两样东西是文人墨客的爱物，一是"奇石仙桃"，二是山顶孤松。

清嘉庆《旌德县志》在介绍"奇石仙桃"出现位置时这样说："山半有东岳庙、资福寺，旁有奇石，立涧中。旧传上生桃树，不华而实。"溪涧中一块奇石上，居然长了一棵不开花而结果的仙桃树，怎能不让有心的文人惦记。清顺治六年（1649 年），清兵宪郝公仲、赵驻节同游梓山时，见到这棵奇异之树，于是辟地建亭，供游人小憩，一时成为旌德骚客、雅士、官人游览聚会的场所。奇石仙桃，成为旌德寻幽探胜一景，但名声不显，不到百年，桃树已不可寻。观景亭同样零落倾圮，沦落于野草之中。三百多年的风雨，已经让奇石仙桃化为一块普通的石头了。

不过，奇石仙桃总是文人墨客的一块心病。清代宣城一位叫唐益的文人就留有一首《梓山寻奇石仙桃旧迹》的诗：

> 良辰兼胜地，跻险肯言劳。
> 未改千年石，难逢二月桃。
> 远畴浮麦浪，空涧递松涛。
> 欲共山灵语，临崖酹浊醪。

奇石仙桃似幻若梦，梓山孤松同样只能让后人遥想，好在姚秉义给这棵松树撰了篇《梓山孤松赋》，让松风清骨一直流传在纸上：

梓山之巅，尖峰之侧，有松一株，挺生冈脊。雨露培根，霜雪树骨，历有岁年，自古在昔，渺矣难攀，巍然峻极。周遭合抱两三围，直上干霄二千尺。旁无杂树，孤似峄阳之桐；色倍郁葱，下吸泉源之液。亲虽大而无香，柘多柯而不直。

尔乃天生灵物，逼近城阗。高罩云烟，凉飚瑟瑟；上接河汉，车盖亭亭。其脂则精华团聚，香同迷迭；其皮则风日剥落，形若龙鳞。其实则滑润清芬，可佐卢仝之七椀；其花则色黄味美，堪赠王乔以延龄。爰有淇园之竹，差可为邻；再或罗浮之梅，还堪把玩。凡卉岂同角胜之场，新甫乃是徂徕之伴。交趾之枏高数丈，莫比贞操；上古之椿多历年，同其劲干。若乃原上之桑，楚宫之榛，旄丘之葛，东门之枌。

　　不度德而量力，欲比较而争衡。此犹如夏虫之缅想乎冬云，莺蜩之贡笑于大鹏。又况盘踞得地，不在山之麓；高自位置，乃产冈之曲。风微声，似听筝籁；月明影，射深山谷。有茑萝以附丽，无桃杏以乱目。干排雷雨鬼神惊，枝借营巢凤鸾宿，上与梓山尖峰为结契，旁与三台笔架相联属。抚兹孤松，高瞻近瞩，县治迎峰，识升平之有象；学宫正对，卜文运之方开。梵刹层层，列冈峦之体势；红楼隐隐，瞻仙阙之崔嵬。远而睇之，奇石仙桃之迹，子明炼丹之台，山中胜景，辐辏而来。更观城郭如斗，人民如织，蔀屋如云，徽水如练，亦皆由孤松之所助相与登山乘兴，四顾而徘徊。

　　夫是松也，刚健而含婀娜之致，端庄而杂流丽之观，贯四时之淑气，标奇节于岁寒。陟彼景山之巑岏，爱兹古物之九九。昔尝与之相亲，曾开轩而对面；今欲戒其剪伐，庶永久而盘桓。而松又赋性高尚，不愿仕嬴秦为五松之大夫；遁迹山嵎，惟愿随郑薰为七松之处士。奈广厦之方兴，将罗材于岩际，恐巨木之必需，赖神明之福庇。为告语夫孤松可永保其终始。要知甘泽必竭，直木共取。所以漆园曳尾，愿处材不材之间；柱史藏身，恒图千百年之计。

清嘉庆《旌德县志》叶华平题《梓山图》

姚秉义的一片苦心，并没有让孤松存千百年之身。虽然今天梓山之巅没有了孤松的身影，但孤松的子孙们依然向城而立。

梓山留给后世的悬念不只是"奇石仙桃"和"孤松"，还有存诗失亭的万翠亭。

清嘉庆《旌德县志》录有两首有关万翠亭的诗，其一是崔起之的《题姚司户万翠亭》：

> 名山绕旌川，未易千百计。
> 栖真耸其西，二幕相扞蔽。
> 柳山与龙山，连亘殆无际。
> 大鳌从东出，石鼓凿奇瑞。
> 华容接鸡形，蔓衍若难制。
> 维南有梓山，盘屹万里势。
> 有殿曰甘露，崒嵂插天地。
> 玉壶枕其北，凫山复相比。
> 磜岭介凤凰，大洞阐天秘。
> 无奈分布广，一蹴不可至。
> 姚君天韵奇，气概高一世。
> 胸中饱丘壑，作亭非壮丽。
> 独能极遐观，领略万山翠。
> 苍玉无遁形，秀色归一视。
> 却笑昔人非，所见殊无异。
> 东亭乱清晖，仅得翠微意。
> 东山罗红裙，未免声色累。
> 惟君别幽趣，徜徉乐清致。
> 青山不改旧，对客时一醉。

从诗意中猜测姚司户所建之万翠亭应在梓山北麓半岭之中，因为只有这样的地理位置才能领略到旌德栖真、柳山、龙山、玉壶、凫山等诸山的面目。

崔起之，济州人，字桂堂，南宋嘉定时任宣城县尉。宝庆元年（1225

年）任旌德县尉且兼代理主簿之职。

巧的是几十年后崔起之的外甥赵崇涉于南宋宝祐二年（1254 年）也到旌德任县知事，造淳源桥，后改名瑞虹桥。宝祐三年（1255 年）春，赵崇涉偕判簿李端孙、仙尉（县尉别称）元登巡查农事，途经梓山小酌万翠亭，"姚君以桂堂诗示"，崇涉见舅诗生情，步其韵作《赓崔县尉题万翠亭原韵有序》：

宝庆改元，余舅崔桂堂摄簿斯邑，作古风题姚教谕万翠亭，今三十载矣。崇涉宝祐乙卯冬来为邑宰。明春，偕李判簿、元仙尉观农回，小酌于此，姚君以桂堂诗示。窃念舅摄簿于前，崇涉宰邑于后，舅甥相继，亦属难得，情动于中，欣然和韵，虽不能酷似其舅，惟以述相继之意云尔。

> 姚君有奇胸，治圃即生计。
> 一亭对一山，佳木更环蔽。
> 远岫堆青螺，近峰插天际。
> 泼黛莫拟伦，黟笔难写瑞。
> 旌川景最赊，此景实总制。
> 绿野与为邻，应不慕声势。
> 对此舒眉尖，吟遍豁心地。
> 何必求蓬莱，只此蓬莱比。
> 劝农回斯亭，诗兴不容秘。
> 渭阳留长篇，形容无不至。
> 华扁揭明堂，芳声流百世。
> 春晚更绿秾，旧花徒托丽。
> 亭以万翠名，奚止山色翠。
> 乘兴聊续貂，谁肯终坐视。
> 赓歌非我长，笔底欠奇异。
> 惟美亭中人，朝夕挹清意。
> 何当再登临，借景忘欲累。
> 拚了一日闲，痛赏此幽致。
> 瀹茗尽自佳，不用复言醉。

从赵崇涉诗序中可知，李判簿（名端孙）、元仙尉（名登）随行巡查农事。赵崇涉题诗后，元仙尉及税课使张梦弼，皆有和章，久而散失。对于这样一桩雅集胜事，清嘉庆《旌德县志》杂记中有这样一段叙述：

明正德庚辰，司户十二世孙辅访求得之，遇姑苏唐君，善书法，遂请临池，并其后裔岳池令瑞，邠州牧本二作，俱书而勒于石。今石碣罗列亭前，字画端劲古秀，别自成家，见者无不欲坐卧其下，洵姚氏之世宝也。崔赵诸诗已见旧志"艺文"。近读乘书，又载有元《虞文靖公集》题万翠亭七言二律，惜不得名笔为之大书深刻，以继有宋诸公后，因附志于此。"遁迹甘从麋鹿群，龙冈深处隔嚣氛。亭前芳草连青嶂，阶下苍松护白云。果里自箓元亮酒，草堂不辱稚圭文。纷纷车马城中客，高节能无愧隐君。""敞阔玲珑八面开，万山送翠入亭台。日熏花气丛林秀，风泻松涛涧壑哀。绕舍白云回复合，穿帘紫燕去还来。匆匆不尽樽前兴，何日重登慰素怀。"

姚司户裔孙所立诗碑虽然没有永久地立于梓山万翠亭旁，但所幸的是今天还有两块诗碑立于旌德文庙前院内。另外，元仙尉的和诗《赓崔县尉题万翠亭诗韵》碑现已流到外地，其碑高约 157 厘米，宽约 75 厘米。不知何故，此诗《旌德县志》《宁国府志》均未收录。该诗记录了题诗时的情景，诗意明了，宁国文友高生元先生曾根据碑文照片录下了 750 多年前的这首诗：

群山圈淳源，偻指难尽计。

绵洛无间断，真若设藩蔽。

桂堂胸中奇，人莫窥其际。

学问渊源富，文章朝廷瑞。

曾屑领钩稽，鳣鲸癸所制。

公余坐斯亭，笔笋翔鸾势。

字法出心法，恢恢有余地。

时亦嘉姚君，美美足肩比。

庞公未尝知，神物开此秘。

纵横万石立，拱揖四面至。

亭因诗而重，距今逾必世。

环观嘉犹昨，醉翰托洪丽。

仆幸踵芳躅，青衫脑岸翠。

服膺先贤训，志滞缘壅视。

兹陪长官游，甥寄与舅异。

佳篇振遗响，冷冷续生意。

才谫那效颦，况为尘埃累。

料理官事毕，爽气朝可致。

传坐春风中，何须弦管醉。

宝祐三年（1255年）三月吉旦调宁国府旌德县尉李元仙作

不知那块碑可是清代姚司户裔孙所为？从诗碑落款"旌德县尉李元仙作"可以看出，刻碑人不晓常识，将县尉刻成"李"姓，名"元仙"了。县尉姓"元"，名"登"，仙尉是古代对县尉的美称。

有着如此众多的诗文歌赋，文人逸事，梓山的风雅可见一斑。

梓山的宗教风俗

梓山，容纳的不仅有文人的闲情逸致，还有俗世中人对神灵的信仰。

天下名山僧占多。

梓山早在宋开宝年间（968—976）就建起瑜伽寺（后名资福寺），明洪武二十二年（1389年），立为丛林，正统、嘉靖年间递修。中有归一堂、贝叶林诸梵室，名僧超法曾一度住在寺里。清嘉庆《旌德县志》载：超法，号云石，绩溪人，密云悟下古帆楫之嫡传，总角即有脱尘之想，少从天王寺受戒，遍参诸方。住在资福寺时，悬立法幢，启迪四众。以后又到京城入仁寿、宏善诸寺，与金坛蒋探花同参，回来后仍住资福寺。当年资福寺后边的毗卢阁，就是在他任住持时，知县茹鄂侯为他建的，司李杨应标曾有碑记，可惜早已不存。毗卢阁是传经说法之地，超法的衣钵代有相传。毗卢阁的后面有关房，为修炼气功、武功者的闭关之所。

清兵宪窦遴奇有诗云：

嶙峋高阁倚云端，飒飒西风五月寒。

观道自存丘壑相，寻山偶借薜萝看。

> 石岩芝草窗前秀，谷日松荫雨后癋。
>
> 自苦官衙如火宅，每登兰若有余欢。

另有：

> 招提新构此山隈，近望旌城似画图。
>
> 数里芙蓉檐外传，满天风雨隔帘呼。
>
> 夕阳一抹岚飞动，晨雾平铺树有无。
>
> 此日登临寻鹫尾，摩尼炯炯指迷途。

清嘉庆《旌德县志》成书时，毗卢阁已圮。

清咸丰年间，太平天国运动在旌德持续八年之久，庙宇、佛殿几毁一空，梓山资福寺同样在劫难逃。

旌德百姓记忆中的梓山庙，应是东岳庙。宋绍兴十年（1140 年）建，明嘉靖二十三年（1544 年）重建。庙前有千佛楼，楼旁有地藏殿、十王殿。民国初年才建起观音阁。

东岳庙供有东岳菩萨，宋吴自牧《梦粱录》载："三月二十八"乃东岳天齐仁圣帝诞辰，其神掌天下人生死，诸郡邑皆有行宫奉香火。每年到了农历三月二十八和七月二十四、七月二十五，为东平殿祀神张巡生日；十月初十为城隍生日，官绅祀祝祈祷甚盛。百姓及附近望姓大族，争先恐后出菩萨会，抬着菩萨，旗锣开道，鸣铳放炮，香花灯烛，百戏杂陈，仪仗伴随，唱戏酬神。

每逢菩萨会，旌德四乡和绩溪等地农民纷纷结伴而来观看迎神赛会。农历三月二十八前后正是备耕生产、各种秧苗投种时期，沿袭"日中为市""以物易物"传统，将多余的农副产品、手工制品、瓜果秧苗等随身带来，交换自己春耕缺少的东西。时值春耕季节，春雨霏霏，蓑衣箬帽成了畅销品，遂习称"蓑衣箬帽会"。

民国十八年（1929 年），国民党县党部派人上梓山打掉了菩萨塑像，东岳庙、东平殿、城隍庙，一应泥塑木雕偶像，皆遭破坏，自此以后不再出菩萨会了。不过农历三月二十八的"蓑衣箬帽会"一直延续了下来，而且交易的物品也与时俱进了。

旧时观音阁香火鼎盛。绩溪、歙县、泾县、南陵、繁昌、芜湖、宣城、宁国、郎溪、广德等地都有信徒前来梓山朝拜。每逢农历二月十九（观世音菩萨诞生日）、六月十九（观世音菩萨成道日）、九月十九（观世音菩萨出家日）的子时开始，直至次日未时止，寺庙内香烟缭绕，八方香客络绎不绝。

如今山腰处的观音庙，建筑上已非昔日那般模样。至于山上的香火旺与不旺，我没认真考证。但我只知道爆竹禁放前那些年，每逢菩萨生日，从梓山上传出的爆竹声是可以搅了满城人睡梦的。殿外墙边堆着十几块功德碑，刻着密密麻麻的捐款者姓名，这些实物足以与热闹的爆竹声相印证。殿边的一口古井，许多登山的市民曾经一度拎着塑料桶打水回家，烧水泡茶。是因山泉之清冽，还是因佛水之神奇？不得而知。

位于山腰上的观音庙（江建兴　摄）

近年，梓山资福禅寺重启恢复工程，规模较昔日更为宏大。顺应经济文化的发展，梓山已建为市民休闲的公园，登山步道在绿树中环绕，无论是早上还是傍晚都有成群的登山者。在他们脚下，梓山就是一座休闲之山、养生之山、健康之山。

当然，在旌德游子眼里，梓山又是一座写有无限乡愁的山。

旌德聚落景观及题诗辑览

聚落是人类聚居和生活的场所，分城市聚落和乡村聚落。聚落环境是人类有意识开发利用和改造自然而创造出来的生存环境。村落自古以来就是村民日常起居的生活场所，是承载历史信息的重要载体，是人们进行精神文化交流的空间。

旌德山水形胜，拥有旖旎多姿的风光。唐宋以来，北方中原士族为避战乱纷纷南迁。据家谱记载，江、刘先祖于隋唐时迁入旌德。方氏先祖、吕氏先祖、鲍氏先祖等于唐代由中原经歙县入旌德。汪氏先祖于五代末期由歙县迁居旌德新建。喻氏先祖于宋淳熙年间自歙县迁旌德仕川。韩氏先祖于明初因避战乱迁居旌北。这些士族往往为旌德的山川风水所吸引，诛茅辟地，卜居建宅，繁衍生息，广宅连厦，形成皇皇大村。

旌德村落多以山为背景，以水为骨架，因地制宜，有"自成天然之趣，不烦人事之工"的景观效果，加上水口园林、庭院书舍，以及自然山水景观，一处处村落幽美宜居。

古代的旌德人，特别是乡绅、贤达或客居官宦、文人对于生活之地的美景每每投注了赏识的目光与情愫并诉诸笔端，或诗或画，形成了诗画村落景观的文化现象。当年记述村落景观的诗作，形成"四景""八景""十景"，流传于方志或谱牒之中。今择其代表性村落景观及题诗予以介绍。

丰溪八景

　　"丰溪八景"诗说起来算是旌德村落最早的八景诗。这里的丰溪不是庙首镇的丰溪，而是晚唐时期的古丰溪，在今天庙首里仁黄土墈。民国版《旌德吕氏续印宗谱》录有丰溪八景诗，均为吕氏始祖吕从庆（841—937）所题。这么一说，八景诗有 1000 多岁了。

清风镇

混沌太古色，江山烟雾中。
镇中寓杰士，日日来清风。

明月街

老屋青山下，疏影自天横。
姮娥不敢睡，合眼满街明。

傅婆井

一镜含天光，源头自何许。
悠悠川上心，往来无匮取。

仙姑墩

百丈巍峨峰，万山翠屏环。
仙姑乘龙去，留名在此间。

马蹄痕

神人昔来过，石上马蹄在。
遗响寄滩声，凛凛当何代。

英济石

巍峨英济石，高耸百余尺。
日落祥云生，飞龙在石额。

金鳌峰

独龙出扶桑，金鳌戴红影。

我欲近恩光，直上金鳌顶。

永丰桥

一道临清流，架梁刻永丰。

愧非题桥手，行人指笑中。

看似具象的丰溪八景，饱含了吕从庆晚年的爱心和情感。在诗人的眼里，丰溪充满了神仙之气，到处散发出诗情画意，永远让诗人挚爱。

《旌德吕氏续印宗谱》丰溪八景图

江村十景

"江村十景"选取了村落景观和江村视野之内的自然景观，显得大气磅礴。

黄高晓日 村东数里，有黄高峰，海拔 1143 米。山上有韭菜岩，山腰有石阶数百级。北峰之东有风洞、水洞、火洞诸胜，峰巅为日出之地。每逢天晴，一轮红日喷薄而出，冉冉升起，继而腾空，光芒四射，给人一种清新温暖之感，令人心旷神怡。有诗曰：

> 晴云蒸晓日，曙色太华巅。
>
> 莫道扶桑远，黄峰别有天。

箬岭晴雪 村之西南，有箬岭山，山势峭拔嶙峋，奇峰突兀，黄山峙其右，白岳峙其左，金鳌峙其中。立村口观之，诸峰烟雾环绕，严冬雪后，银装素裹。雪后放晴，银光一片，如同明镜耀眼，又同银缎披盖。诗喻：

> 白龙昨夜清兴发，散舞天花飞玉屑。
>
> 一轮红日醉蓬莱，箬岭峰头饱晴雪。

天都耸翠 天都系黄山天都峰，距江村数十里，天气晴朗之际，若站立村头远眺，可望天都山峰高耸，古松依稀，此谓天都耸翠也。诗云：

> 行到江南景色殊，烟鬟个个拥天都。
>
> 千林列秀迎朝日，为访仙人问有无。

金鳌飞瀑 金鳌山立于村东，形同屏障。此山亘古连绵，峰峦回合，山水清明，后遇山洪暴发，山崩地裂，从上到下出现一条数十丈深的沟壑，岩石裸露，草木不生，远远看去，像一道飞流直下之瀑布，故称金鳌飞瀑。诗云：

> 白练横空响翠涛，雪花飞舞戏金鳌。
>
> 山灵竞献云岚秀，引得诗人赋兴豪。

豸顶桃花 豸顶山位于村北，山上桃树成荫，年年春季桃花盛开，芳香飘逸，蜂飞蝶舞，宛如陶渊明笔下的桃花源。诗赞：

> 巉岩林立如豸顶，俯视群峰皆引领。
>
> 披星戴月插桃花，要与天孙斗云锦。

茆龙红叶 茆龙山位于金鳌山下，山上山下枫林参天，深秋时节枫叶经霜，红色一片，其景致蔚为壮观。诗曰：

> 山自东来号茆龙，秋深红叶秀灵钟。
>
> 此中妙趣谁能识，共道斑斓景万重。

狮山暮雨 狮山位于村口，形同雄狮俯卧。年年春天天气无常，傍晚时下起细雨，如同挂丝，与村中炊烟融为一体，朦朦胧胧。诗赞：

> 暮烟起山中，暮雨来山外。
>
> 一塔持其间，欲分还复会。
>
> 烟雨两模糊，朦朦不可绘。

羊岗夕照 羊岗俗称羊山，距村西三四里，与村口聚秀湖和文昌塔相对，是村人观日落之处。该山岩石裸露，大小不一，远看像羊群。特别是夕阳西照，文昌塔倒影聚秀湖中，水天一色，别有一番风景。诗云：

> 怪石类羊群，明湖塔影长。
>
> 夕阳无限好，月影吐高岗。

双溪月夜 村口狮山与象山两侧，各有一条小溪，源于金鳌山麓。潺潺流水绕村而过，汇入聚秀湖，如同双龙拱珠。诗颂：

> 众山环拱绕双溪，中有幽居万绿齐。
>
> 玉笛何人吹月夜，银河倒挂接天低。

聚秀荷风 村口聚秀湖，又称荷花塘，为人工开凿，面积十余亩，湖内遍种莲藕，每年春夏，荷叶滴翠，荷花纵放，清风徐来，花香万缕，游人观之，不忍离去。诗唱：

> 迳曲溪深翠依空，清芬几阵送荷风。
>
> 披襟且向池边立，万叠云山一鉴中。

第一位总结江村山林之乐的"幽潜之士"，是明代的江尚贤。这位江氏先祖，性资颖悟，博学好古，雅好山水之乐，又不为功名富贵所累，发现世居地之胜景，逐一状景赋诗。

江尚贤等文人雅士，根据江村的地理特征，总结出"江村十景"，使其成为村落环境的主要标志。进士江纪南此后又征集画工为十景绘图。"江村十景"以后又演绎出另一个"八景"版本：金鳌曙色、双溪夜月、黄崖胜迹、江村书屋、箬岭晨钟、羊岗夕照、飞泉泻玉、狮山春雨。一代又一代的文人雅士为十景（八景）赋诗，留下来的诗作数以百计。十景诗、十景图被收入宗谱，代代相传，童叟能诵，成了传承村落景观中文化内涵的载体，对村落环境的长期稳定和持续发展具有重要意义。

"江村十景"的旖旎风光，在今天的古村落旅游中完全可以推陈出新，成为有诗有画的好景观。

凫阳村景

凫阳村，位于石凫山之南，是旌德东乡名村。其八景诗最早出现在宋代，八景分别为凫山锦障、梵峰文笔、青塔晴岚、白羊花坞、风岭鸣环、雪坑流玉、麦园春雨、石溪秋月。往后的文人墨客结合村落地理和人居环境不断吟咏，民国《凫峰汪氏宗谱》中既有八景诗，也有村居六景诗，还有村居四景诗，民国时的汪氏裔孙来了个村景总咏，洋洋洒洒16首。

青塔晴岚

曙照澹烟阴，峰头岚翠盎。

峭奇塔合尖，拥后村居壮。

梵峰文笔

高锐一枝峰，插空端卓笔。

蔼云灿五花，秀毓人文溢。

风岭鸣环

十里吼松风，琤琮环佩振。

好音度岭来，越国驰芳信。

雪坑流玉

雪霁玉平川，暎人心胆彻。

武林续旧游，未拟谁优劣。

凫山锦障

山雄巨障开，春望明于锦。

盖古孕灵多，菁华生伟品。

金竹翠园

参差竹葆连,翠英团成幄。

入径有余清,炎歊浑不觉。

后山入樵

岩青草树深,樵客穿云入。

停斧觅仙踪,乘风飞去急。

前岸驯牧

蒙茸露草肥,牧放盈千足。

谁道饭牲污,雄飞多此属。

书屋秋声

执卷夜焚膏,调刀天籁发。

聆声迹所田,树杪摇明月。

麦园春润

膏雨沼来年,园添春翠满。

渐看麦促农,田事休教缓。

白羊花坞

古仙数队羊,一化皆成石。

遗有旧时花,放来红间白。

乌岭松烟

佳树碧葱茏,连空浮瑞霭。

朝来色更奇,岭际风云会。

龙塘浪级

有龙水亦灵,烟浪乘时起。

春到一雷轰,作霖民广被。

鹤岭云连

千岁玄裳鹤,骞翎昂碧落。

主人欲上升,跨去云漠匕。

石溪印月

山月印溪明，水连天一色。

临流只钓璜，不问垂钓直。

春树笼霞

春林紫翠新，掩映霞光吐。

觞咏此偏宜，豪怀倾李杜。

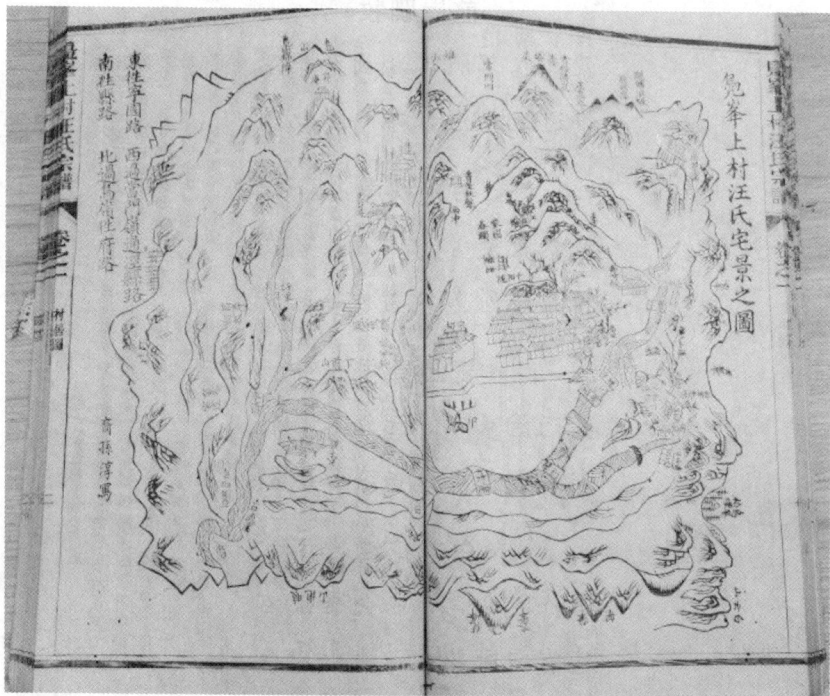

《凫峰汪氏宗谱》凫阳村景图

溪南八景

　　俞村镇俞村，因俞氏聚居而得名，又因村庄位于凫阳河南，别名溪南。据《俞氏宗谱》记载：唐末俞晃因避黄巢起义军兵锋，由歙县黄墩迁居龙峰，以后子孙繁衍，名其里为俞村。俞村古为旌德风景优美区之一，前有凤嶂，后依凫山，白云、乌岭护其左，龙峰、鹤岭拥其右，九、十两都之水合注于石琉溪，山川辉丽，古代为文人寻幽会文胜地。《溪南八景》诗即是雅会之作。

菊潭鱼跃

菊潭澄澈映村居，活泼灵机羡跃鱼。
天影细摇金碧碎，水纹斜漾绮罗疏。
春跳镜面冰开后，夜响波心月到初。
为问闲情濠上客，应知渠乐乐何如？

柳岸莺歌

绿柳纤纤拂岸低，黄莺枝上尽情啼。
琼笙啭日春三月，翠缕拖烟水一堤。
沽酒客听丹阁上，咏花人和画桥西。
年年度曲浓阴底，尽许香痕印马蹄。

梵峰文笔

梵王峰顶梵王宫，卓立千寻笔颖同。
写意高攀三界上，挥毫直与九霄通。
墨团晓雾龙文动，笺扫秋霞雁字空。
洗向银河花更净，旌阳灵秀毓无穷。

沈峒茶烟

谁谱旗枪陆羽经，茶烟篆霭出茅亭。
金鞍过客行将歇，草履诗篇酒乍醒。
细雨压将春树暗，微风散作暮山青。
清泉一勺斜阳里，飞鸟双双度翠屏。

净土晓钟

香台宝刹晓烟沉，净土清钟动远林。
隔水数声红日上，空山余韵白云深。
惊抛黄鹤三生梦，点破禅僧九载心。
多少长途名利客，枕边一听开尘襟。

环溪带玉

澹澹山溪水似油，一弯如带抱村流。
纤埃洗净青铜曙，清影磨开碧玉秋。

岸势回环笼雁序，波光宕漾羡鱼游。

银河讵借星桥度？三道长虹霁不收。

马鞍积雪

连冈积素似银鞍，一片光明映碧栏。

冰厚欲留三伏冻，风高常拥九天寒。

春来几误梅花咏，霁后应疑柳絮团。

只有青松能耐冷，千年白鹤上云端。

鸡石涵波

怪石嶙嶙琢不成，涵波谁赠碧鸡名？

西施砧上苔逾绿，严子矶边水自清。

未决雌雄惭鸭斗，无因聚散笑鸥盟。

何时飞作王维画，直上溟鹏九万程。

仕川十景

中国传统村落仕川，是旌德与宁国、绩溪交界地一个偏僻的村落。别名仕坑、双峰。《喻氏宗谱·双峰文舍记》："仕川其地六岭（黄岭、柿岭、考岭、竹岭、大岭、箬岭）回环，四溪潆绕，土地平旷……双峰（箬岭、大岭）则尤为秀特，故仕川亦号双峰。"光绪十一年（1885年）周赟在《龙王殿记》中说："仕川之源有四，所谓四溪者也。其西南一水发源于巧岭，东南二水则至黄岭、竹岭，惟正面一源出自龙潭山中……"故仕川又有仕溪、四溪等别名。

仕川十景诗，是晚清宁国县著名文人周赟所写。周赟祖母系仕川金竹里八十五世裔孙元忠之女。算起来，也能说是喻氏后代了。仕川既是他亲情所在的地方，也是他熟悉而热爱的地方。周赟一生，为仕川留下了各类文字数十篇。其《仕川十景》诗一直为喻氏后人所传诵。

花原春色

莺啼燕语闹东风，村后高原曲巷通。

耕读家家游兴浅，好花自对小楼红。

叶坞秋声

石壁岧峣一坞深，霜高无叶不秋声。
岩廊夜冷人踪绝，时有仙曹踏月明。

龙潭寒雨

幽潭千丈秘清泉，一片云兴雨满天。
怪底书生寒彻骨，云深曾伴老龙眠。

玉屏积雪

仕溪南望玉屏开，雪色横空问早梅。
欲问屏闲题妙句，醉携姑射上瑶台。

双峰插云

双鬟笄翠自昂头，罗带凌风不解秋。
却笑白云千万片，高飞只向玉腰浮。

凤桥夕照

凤桥烟霭暮霏微，隐隐孤亭透落晖。
两岸波光摇不定，一竿清影钓鱼归。

竹岭雄关

万绿连天竹岭关，昔年防守壮溪山。
销兵共说归农久，茅舍茶烟过客闲。

石岩仙洞

岩洞玲珑隐薜萝，仙家孤负岁华多。
寄言樵子还家早，莫爱看棋烂斧柯。

宝莲晚钟

宝莲钟动响春容，云树苍茫隔万重。
晚色千家烟乍起，余音犹绕翠芙蓉。

四溪印月

清溪四面影迢迢，月白西楼啭玉箫。
散步夜游忘远近，清光多在凤凰桥。

隐龙八景

　　隐龙村不仅有前、后八景，还有新十景。其前八景：新塘夜月、石屋朝云、暮园秋色、腊圃春香、北山金诰、杨林玉印、义井醴泉、屏峰锦嶂；后八景：洞口桃花、湖天一碧（鉴湖一碧）、玉井千家、陇头春信、石涌清泉、琴山夜月、屏峦耸翠、笔峰凌云；新十景：岭头飞瀑、天际长虹、清风放鹤、梅岭探春、牛山烟树、秤石奇峰、池湾半月、瑞衍九莲、磴留马迹、岭接凫翅。方氏宗谱录十景、八景诗计112首，作者10余人。这里前八景选隐龙方氏方彦思（秀峰）诗，后八景选桐城知名文人方亨咸诗，以飨读者。

隐龙前八景诗

新塘夜月

一鉴宏开处，宜逢月色新。
更阑风静后，彻底湛天真。

石屋朝云

山深辞俗迹，竟日白云封。
松下无童子，漫漫路孰通。

暮园秋色

木落空山寂，修修玉万竿。
闲看栖彩凤，日为报平安。

腊圃春香

春雨朝初霁，名园霭似云。
冶容观不尽，时有暗香闻。

北山金诰

天地本无心，于兹独有意。
诰轴翠屏开，预列官封制。

杨林玉印
二水拥中洲，分明玉印浮。
更栽花作绶，万里兆封侯。

义井醴泉
山下出甘泉，天机恒泼泼。
万顷足滋濡，千家同一勺。

屏峰锦嶂
谷口树屏峰，天然不雕琢。
山山列锦城，洞里乾坤豁。

隐龙"湖天一碧"（江建兴　摄）

隐龙后八景诗

　　隐龙旧为德化里，旌德名区也。里名邑名皆从德者，以唐国子博士德公称焉。德公为黟侯，裔孙旧居即县治为国让家，遂卜居于此。邑人德之系其名于邑于里，志不忘也。余方氏族盛于江南者，皆黟侯之裔世远族，繁莫考其始。今年，访君立兄与逸群侄于隐龙，见山川毓秀，林壑耸奇。追溯其源，自始迁迄今，上下千百年，兵火几经而村落完好，子姓殷繁，益信祖功宗德，源远流长而人杰地灵，洵有由也。逸群偶出一帙，为隐龙八景诗，前贤时髦经此者皆有题咏，因次其韵而和之，非敢侈巴里之能声，聊以记渊源之有自云。

洞口桃花

洞口桃花一望齐，攀辕不复解东西。
风高绛雪迷人迹，日丽繁华送马蹄。
越岭渐知三径广，披云俯瞰万峰低。
武陵别有山川在，鸡犬桑麻何处溪。

湖天一碧

画船荡似鉴湖平，款乃因风乡更清。
迹若阮刘云外入，人同李郭镜中行。
碧空如洗千山秀，白堕频浇百累轻。
波吐蚌光晴月好，周遭倒影数灯明。

玉井千家

玉液源通不纪年，云根石罅沁清泉。
辘轳朝转一村雨，屋舍时连满径烟。
地近南宫藏水库，村开东井灌圭田。
梧桐好傍银床植，凤集鸾栖饮啄便。

陇头春信

石苔如罽草如茵，梦入梅花又一新。
月白暗香清有色，水横瘦影净无尘。
行同桥畔骑驴客，谁是亭前放鹤人。
空与繁葩争烂漫，先输官阁十分春。

石涌清泉

惊看石上暗泉流，疑似潇湘是也不。
喷薄腾空晴亦雨，清寒彻骨夏如秋。
风于夜定声应细，月待宵分景更幽。
怪底千年聚宗族，先贤独爱此山丘。

琴山夜月

琴山别馆踞平台，月映苍虬几树梅。
脱帽偶然悬薜荔，提壶随意坐莓苔。
杯中常见惊人影，爨下原珍不世材。
转笑柴桑桥上客，无弦空抚伴尊罍。

屏峦耸翠

陇头小憩笋舆停，四望斜阳列翠屏。
忆昨雪淹溪水黑，几时春遍象山青。
心惊归鸟飞还止，酒到乡园醉亦醒。
最爱同堂诸子弟，屹然高峙玉亭亭。

笔峰凌云

分来一点蜀山尖，灵秀千秋共仰瞻。
心学相仍惟正始，形家每谬作蒙恬。
雨过草圣烟痕活，春到江花梦境甜。
五岳峥嵘方寸起，掞天妙句彩毫拈。

方亨咸，小字姐哥，字吉偶，号邵村、龙暝、心童道士，桐城人，方拱乾次子。顺治四年（1647 年）进士，以学问闻名于当时，精于诗文、善书，尤精于小楷和绘画，与程正揆、顾大申齐名，为清朝诗书画一代名家。

方亨咸曾到访旌德隐龙，嘉庆《旌德县志》载："毓秀湖，一都隐龙村口。峰峦环绕，夹岸并植桃柳，水碧花明，莺啼鱼跃。御史方亨咸尝泛舟沉醉于此。诗云：龙山绝顶一泫湫，波泛槎浮逼女牛。云影天光翻水底，桃花柳絮点堤头。飞觞宾客难辞醉，投辖山翁快久留。虽乏雨奇晴好句，胜传赤壁泛舟游。"清代旌德诗人方承恩在《湖上观鱼》诗中也云："对兹佳兴思当年，愚山老人邵村叟。"诗中愚山指施闰章，邵村即方亨咸。

除上述村落外，洪川等村均有八景或十景诗。"洪川八景"为渡世虹桥、阳（洋）山北障、冲霄雁塔、郊外农歌、月山东峙、云岭南横、新篁隔水、三台发祥。

纵观上述旌德聚落景观及其诗文，对于传承历史文化、发展全域旅游及乡村振兴依然有着极大的参考价值。

儒家的先贤祠——旌德文庙

文庙由来及建筑语言

最早的孔子庙诞生在孔子的老家曲阜。那是孔子去世的次年（前 478 年），弟子们为纪念孔子，整理出他生前使用过的物品，并将其故居改建成祭祀孔子的庙宇。

当时的孔庙只是孔子后代的家庙。

从西汉开始，汉高祖在曲阜以大牢祀孔子，加上后来的董仲舒"推明孔氏，抑黜百家"，直接影响到汉武帝的文化政策，在曲阜孔氏家庙之外，民间陆续出现了奉祀孔子的纪念庙宇。而国立学校孔庙到东晋太元元年（376 年）才出现。唐贞观四年（630 年），朝廷下令州学、县学一律建设孔子庙，地方孔庙才开始普及，且"庙学合一"正式确立，祀礼位列国家大典，孔子庙的建造以及相关奉祀开始盛行于世。

元、明、清时期，只要是国家设立的县以上行政区域均设有孔庙。据曲阜孔府档案统计，至清末，全国府、州、县设孔庙达 1560 多处。现保存完好，或有遗址遗迹可寻的近 500 处。

孔庙，概而言之，就是供奉孔子的庙堂，除称文庙外，还称至圣庙、文宣王庙、先圣庙、夫子庙、先师庙、鲁司寇庙、儒学庙、学宫、黉学、县学、府学等。

安徽现存文庙建筑 10 余处，大多兴建于元、明、清时期，主要有桐城文庙、蒙城文庙、芜湖夫子庙、望江文庙、霍山文庙、霍邱文庙、绩溪文庙、泗县文庙、太和文庙、旌德文庙、寿县孔庙、萧县文庙等。其中桐城文庙、寿县孔庙、旌德文庙、绩溪文庙等均为全国重点文物保护单位。

地方孔庙作为礼制建筑，是古代城池中的主要建筑之一。中国传统建筑从选址、规划、设计到建造，无不受风水理论的影响，都邑、村镇、宫宅、寺观、陵墓以及道路、桥梁概莫能外。孔庙的基址，必须选择"风水宝地"，还得注重在城市中的方位。天下大建孔庙的唐太宗时期，朝气蓬勃的东南方向，就是建孔庙最得体的位置。

清嘉庆《旌德县志》载："宋徽宗崇宁元年，诏兴学宫，县令严适创建庙庑，在县治尉廨间。"900 多年过去了，旌德文庙一直位于县府之左，前面是形状酷似笔架的梓山，左向为由南往北流的徽水河（护城河）。

始建于唐的寿县孔庙，据《寿州志》记载，元代由城东南隅移建于古城西大街中心位置。

《安庆府志》《桐城县志》同样有记载，桐城文庙原在县城东廓外，始建于元。明洪武初年，知县瞿那海移建至繁华的城市中心位置。

"庙学合一"位于城市中心，利于统治者对百姓进行教化。文庙中的学宫是科举时代州县的学府。明清时期，读书人考中秀才叫"进学"，进的就是学宫，所以秀才又称生员。不过秀才平日读书并不在学宫，一般一年只需来两次。一次是孔子诞辰来拜祭；另一次是参加一年一度的检测考试，即"岁考"。为了阻隔市嚣，文庙四周都建有高大的围墙。

孔庙作为儒家文化的象征和载体，是具有中国独特风格的古文化建筑群，除了用于祭祀外，还是培养人才的学校，其建筑命名大多具有文化性，激励学子在敬仰圣人的同时，应抱着积极入世的态度去"修身齐家治国平天下"。

儒家学说以"礼"为中心，"礼"是人们的行为规范，是治国的根本之道。《礼记》中就有"中正无邪，礼之质也"的观点，从理论上概括了建筑群中轴线对称布局对于烘托帝王尊贵地位的重要性，以"中"为尊是礼制的要求，所以孔庙建筑群都是中轴对称的。孔子在这里是以"王"者的身份，被供奉于大殿之上。孔庙是红墙、黄瓦，孔子在这里享受的是帝王般的待遇。各地孔庙建筑群都以大成殿为中心，由金声玉振坊开始到崇圣祠结束，金声玉振坊是序幕，大成殿是高潮，崇圣祠是尾声。整个建筑群环境、体量、比例尺度不同，运用对比和衬托的手法，形成一个主次分明、井然有序的整体。

天下文庙都学着曲阜至圣庙的样式建。安徽文庙的基本形制是：大成殿居中，前有月台，殿前左右设东西庑，殿正前为大成门（戟门），再往前为棂星门和万韧宫墙照壁，泮池位于棂星门内外，崇圣祠位于大成殿的北部或东北。此外，由于"庙学合一"，文庙中还有明化堂（实施儒家教化的大讲堂）、尊经阁（存放儒家经典的图书室）和魁星楼（供奉文昌帝君，文庙学宫张贴榜文之所）等教学建筑，不少文庙还设有乡贤祠（祭祀本地对儒学传播做出贡献的人）、名宦祠（祭祀本地区有政绩的官员）等从属性建筑。

孔庙建筑群的命名，同样体现了儒家"仁、义、礼、智、信"的精神内核。"万韧宫墙"表现儒家思想的博大精深；"泮池"表示儒家思想"孔泽流长"，其半圆形状，取意学无止境，永远不满。"棂星门"表示尊孔如尊天。"大成门"（仪门）表示进入此门者应衣冠整洁，体现对孔子的尊敬。"大成殿"（先师殿、先圣殿）表示孔子为"集古圣先贤之大成"。至于"金声""玉振""德配天地""道冠古今"等坊名，无不透露出尊孔颂儒之意。文庙建筑群体，表达的是方正、对称、闭合、等级制、中庸之道等含义。中轴线上的核心建筑——大成殿的设置，体现的就是追求"向心内聚""官为本"的思想。大成殿供奉孔子坐像，两侧为四配：颜回、曾参、孔伋、孟子。外为十二哲：东侧为闵损、冉雍、端木赐、仲由、卜商、有若；西侧为冉耕、宰予、冉求、言偃、颛孙师、朱熹。

文庙从殿、堂、门、坊的称谓，到门窗、阑额的装饰图案，处处展现儒家文化的内涵。此外，文庙常常因种植高大的四季常青树木，不仅具有良好的生态环境，而且象征儒学的生命常青、常新，经久不衰。

笔者翻阅安徽现存文庙建筑的相关文字资料时，发现那些文章大都是结构差不多的说明文，虽然大江南北在建筑工艺及细节上可能因时因地有所不同，但从大的方面而言，只须换换修建时间和修建人，其文本放到哪个文庙当导游词都适用。

建筑上的雷同，是礼制上的一种要求与规范。各地士子看见文庙宫阙巍峨，应树立崇高的道德，端严的品行；走学宫的"礼门义路"，应端正观念，整肃行为；拜先哲圣贤，应见贤思齐，颂扬讴歌；见万仞宫墙，就要明白规矩方圆；望苍松翠柏，就要坚守骨气节操。这才是建筑背后的文化影响力，才是文庙在一个地方耸立几百年的大功高德。

旌德文庙成长史

安徽文庙有"北桐南旌"之说，这自然是相对于文庙建筑群保存完整程度和规模大小而言的。

桐城文庙建筑群占地 4859 平方米，由门楼、棂星门、泮池、状元桥、大成门、大成殿、东西长庑组成，建筑面积为 1670 平方米。

旌德文庙建筑群占地 6670.65 平方米，由大成殿、东西庑、东西斋房、戟门、名宦祠、乡贤祠、泮池、泮桥、文昌塔等构成，建筑面积为 1479.46 平方米。

关于旌德文庙兴建的时间，清嘉庆《旌德县志》是这样记载的："考唐贞观四年（630 年），诏州县皆立孔庙。时尚未有旌邑也。宝应建邑以后，设学之制无闻。邑之学宫自宋崇宁始。"也就是说唐朝之初，朝廷就要求各县建孔庙，只是旌德当时还没有建县。唐宝应二年（763 年），旌德建县后最重要的建筑就属文庙了。

旌德文庙历经南宋、元、明至清顺治十四年（1657 年），屡受兵火之灾，大修 24 次，重建 5 次，现存建筑为顺治二年（1645 年）所建。

旌德文庙累代修缮，迁建不一，修造之勤，皆历历可考。在此不妨罗列一下，看看文庙系列建筑在一个江南小县是如何慢慢建成的。

宋崇宁元年（1102 年），县令严适创建庙庑。宣和间毁于兵。

南宋绍兴十三年（1143 年），县令赵伯杰重建。东移十步左右，改子午向。正殿与讲堂并列，堂曰言仁，斋曰育才、进德、待聘、兴贤、稽古、辨理。凡屋百五十八楹。

南宋乾道年间，县令齐胄重修殿堂、两庑、六斋。

南宋淳熙中，县令沈作霖复修。

南宋绍熙中，县令李瞻修学舍。

南宋嘉定初，县令秦箕修文庙、庑舍。

南宋嘉定中，县令方俌建殿庑，拓斋舍。

南宋嘉熙四年（1240 年），县令赵时燧重修。

南宋德祐元年（1275 年），兵毁。

元至元十四年（1277 年），县尹葛师亮命主簿汪必成重建。十九年（1282 年），县尹单执中复加整饰。二十八年（1291 年），县尹郝弼修盖大成殿。三十年（1293 年），县尹刘瑞修东西两庑，饰圣像，绘从祀于壁，筑宫墙，濬沟渠，造棂星门。

元元贞年间，县尹王祯倡修殿堂、斋庑，砖石甃砌。

元至元年间，县尹刘性以庙貌倾圮，重建殿庑、堂斋，置祭器、书籍，捐俸买铜三百九十斤铸香炉、爵豆、牺樽诸器，勒石记之。

明洪武三年（1370 年），知县朱铎重建。

明永乐中，知县谭青加修。

明正统三年（1438 年），县丞陈贤重建，塑圣像及四配像；十一年（1440 年），知县冯本继葺，作戟门两庑。

明景泰四年（1453 年），知县曹祥捐俸买民地造神厨、库房，建棂星门，修饰圣贤牌位。

明成化初，知县彭贤塑圣贤像，增置祭器。成化中，知县尹清，修砌文庙丹墀，雕饰四配牌位。

明嘉靖十年（1531 年），知县柳应阳奉钦正先师祀典，撤塑像，用木主，改大成殿额，称"先师庙"，升革从祀诸贤。应阳奉行未毕，解任去。嘉靖十二年（1533 年），同知叶尚文摄县事，完之。

明万历三年（1575 年），知县秦文捷改建庙庑；七年（1579 年），知县卢洪春续修；二十六年（1595 年），殿庑、六斋俱雨坏，知县苏宇庶重修。

明天启七年（1627 年），教谕周民初建泮池于棂星门外。

明崇祯七年（1634 年），训导王焞重改儒学门，迁亥山巳向。末年兵毁。

清顺治二年（1645年），教谕吴邦俊倡捐银二百两、徽宁道张文衡一百五十两创建；六年（1649年），徽宁道郝璧、知县李滋发各捐资助修；七年（1650年），徽宁道袁仲魁捐俸二百两，建东西两庑及月台、仪门，庙貌始整。十一年（1651年），徽宁道孙登第复增修之，改凿泮池于棂星门内。十四年（1654年），知县王融续前令周一熊创始之工，捐资修整。教谕毛元策亦捐银五十两，训导卞日郔、刘完人、刘其液皆后先相继，与邑人共董其事。劝输生员宋璞、饶奎、方显儒、周震、郭承抡、汪永祉、方瑗、张谱等督工，耆民黄文尚、张本任、曹世杰、姚天馥、张文奎、程天昂、黄应翰。

清康熙四十年（1701年），知县夏文炳、教谕张孝扬、训导顾英集众绅士议，移县内署于西北阜改建文庙。劝合邑捐输获二千余金，即明伦堂旧址并县署，让地创筑大成殿，迁建明伦堂于殿左。凡两庑、戟门、棂星门、泮池暨斋房及名宦乡贤祠，概行改建。考定宫墙位向，坐壬朝丙，内加亥巳，外加子午。总理督建举人汪振汉、汪廷简，贡生周吉、吕启纶、江焕章、吕永吉、江起槐，监生汪廷翰、倪兴晃、饶珙，生员饶维屏、宋光炜、刘灏、叶世英、姚秉衡、刘游，经历姚秉理。劝输首事生员张谦、吕世绪、饶梦龙、黄甲、汪廷笃、倪元铫、姚云期、姚秉钧、吕建臣、宋序、张文元、舒又敬、汪元龙、汪元及、姚俊臣、吕遇廷、饶径元、饶吉、饶元玙、周笃、汪淑、周一中、汪廷达、张裔、程家相、周道瀛、宋光义、方建国、张镐、宋兆祝、宋敏元、叶芳春、汪振拔、汪永清、黄其任、汪振轩、吕梦琦、郭纬、吕建廷、汪鼎元、张问达、李允方、汪廷干、吕文焕、程绅、周俊、倪天镖。

清雍正十年（1732年），知县纪咸率邑绅士建泮池上石桥，立"德配天地""道冠古今"二坊，照壁一堵。

清乾隆八年（1743年），知县苏一圻、教谕王英，合众绅士议建尊经阁，合邑捐资，越岁工成。又仪修圣殿，生员方璧自愿输财，命其子蛟（郡庠生）督工。当年冬天，从大成殿及两庑、斋房、甬道、戟门、泮池、石桥、棂星门、照壁、牌坊，并名宦、乡贤二祠，概行修葺，增砌月台陛石，计费千三百两有奇，阅三载讫工。乾隆九年（1744年），生员方然遵父禄遗命，捐资赢千金，改建崇圣祠、魁星楼、云路门，阅岁告竣。先是邑中士庶共输三千余金，建尊经阁及成；即继创文昌塔。一时工役齐举，焕然鼎新，为邑中盛事。董事：举人江素、姚青澄、汪建绩，贡生姚秉义、汪际泰、方城，协运饶信，劝输贡生黄徽、方馨，生员吕文中、郭份、方昆、张震、方蛟、汪建中、王烈、饶建业、吕振扬。

清乾隆二十六年（1761 年），知县张洞率邑绅士重修学宫。董事职监：张梦麟、宋廷臣，贡生周凤、王学益，监生王祚传、刘建章，生员饶辉元、张士珂。书碑：拔贡生刘玉乔。

从史料的记载中，不难得出这样一个结论：几乎每任县令都把修建文庙视为当时最大的政绩工程。一代接着一代干，才使文庙的规制趋于完整。

当时文庙及附属建筑包括先师庙、两庑、斋房、戟门、名宦祠、乡贤祠、泮池、牌坊、棂星门、崇圣祠、尊经阁、明伦堂、土地祠、忠孝祠、礼义门、半月池、文昌塔、魁星楼、云路门、节妇祠、照墙、学前余地、教谕署、训导署等。

儒家的先贤祠

如今我们见到的旌德文庙，大致是清顺治时期的产物。

文庙主体建筑大成殿，初名文宣王庙，宋崇宁四年（1105 年）始改称大成殿。长宽均为 17 米，占地 289 平方米。基高 3.33 米，殿高 18.66 米，重檐歇山顶。屋面为滚龙亮背，上下两层，各有 4 条垂脊，正脊中嵌火焰宝珠；正脊两端及垂脊角均嵌有鱼尾走龙，抬梁式木结构。殿周用石柱，上覆灰瓦，窗牖雕刻精致，檐牙高啄，气势宏伟。殿内 4 根硕大银杏通顶木柱，表通天之意。殿内藻井两层彩绘，内容为凤、鸡、鹤、龙、象、鹿、麒麟及牡丹等，并有八仙容颜，最高最醒目的则是文曲星。纵观大小数十幅彩图，画面栩栩如生，寓意明显，无非是寄望旌德子孙文星高照，大显神通。

大殿四周红墙簇拥，早先殿对面有照壁，门口为左右二坊，后被拆，旧址原为县公安局办公大楼，楼基紧挨着泮池，文庙大门只好移至东向。泮池上建有三拱石桥，池东为礼门，西为义路，池后为戟门。戟门左右分别是名宦祠和乡贤祠。两祠与两庑历代均崇祀名宦乡贤，元代许道传《兴学记》中说，"自金乡侯以下及汉唐宋诸贤"图像"凡一百又五位"。以后名宦祠祀宋元明清32人；乡贤祠祀7人，分别是汪澥（宋代国子监祭酒）、姚裕（明代翰林院检讨）、江汉（明代户部郎中）、张斯昌（明代惠安知县）、汪浤（明代四川按察司副使）、周希旦（明代应天府府丞）、郭建邦（明代工部侍郎）。穿过青石板甬道，上台阶至长方形月台，再上台阶方到大成殿。无论是地势还是建筑，大成殿都给人以雄伟肃穆之态。文庙院内两株参天樟树，每到秋冬季节都会吸引不少白鹭来此栖息。

文庙附近是尊经阁和明伦堂，现虽无原物，但有助于理解文庙的教化功能，值得一提。尊经阁，始建年代失考，清乾隆八年（1743年）复建。姚秉义在《重建尊经阁记》中对尊经阁的位置、规模及风格有着详尽的记载：

爰辟地于明伦堂东，学宫之震方，筑石台为址，高三尺许，宽广纵横三丈四尺，而建阁于其上，第一层高一丈六尺，二层三层以次而至脊顶，按之绳墨，共得五丈二尺。敞角重檐，凌空高矗，窗棂栏槛，轩爽玲珑，画栋雕梁，丹碧跃彩。方向回抱学宫，翼然左护，势若穿天心而探月窟，经尊而阁亦尊也。

文庙泮池、戟门（江建兴　摄）

明伦堂在学宫左侧，与大成殿同时建造，原名讲堂、言仁堂。明伦，顾名思义是为师生讲明三纲五常之道。对于明伦堂修德养身的作用，明吴稠在《旌德学建明伦堂记》中说得十分清楚：

> 堂宇之新，匪直为观美也，冀士习与之俱新。视堂之广大高明，必致广大而极高明也；视堂之八窗洞达，必洞然八荒皆在我阃也；视堂之四方平直，则必履其方平由其正直也。

以后，尊经阁与明伦堂均毁。阁与堂的责任全转由文庙担当。

清嘉庆年间，鲁铨的《新修旌德县庙学记》，对于文庙关乎人心风俗作了精彩说明：

> 旌德处万山中，灵淑钟孕，代有伟人。今兹庙学聿新，窃于多士有厚望焉。夫孔子之道配乎天地日月，而其实不外乎日用之间，有志之士诚能忠信以为基，廉耻以为界，仁以为宅，义以为路，礼以为门，六经以为堂奥，四子以为阶梯，而又培厚增高，葆坚持久，实措诸践履行习之地，树其孝友睦姻任恤之风，声以待他日为栋梁，为藩翰，而近亦足以化其井里，油油然返漓于淳，则士之修其身心与今之修庙学何以异？仅云掇科第，拾青紫，犹末也，多士勉乎哉！

儒学在发展过程中，多次受到佛、道思想的冲击和影响，儒学圣地孔庙同样吸收了佛道两教的文化艺术，文峰塔的建造就是佛塔儒化在建筑上的一种体现。

在科举时代，儒生求功名心切，寄望于直指苍穹的文峰塔张扬文气，在他们的内心里是想借佛法灵力佑助科举高中。在文化象征意义上，这是将对佛的虔诚祈祷与对世俗功名利禄的热切向往融为一体。

旌德属程朱理学影响至深之地，对于风水影响文运的事，古人的虔诚后人难以望其项背。

文昌塔与文庙一路之隔，东临穿城而过的徽水河。

文昌塔塔基原为文昌阁旧址。文昌阁始建时为木制三层八角式。明万历年间重修，清顺治中再修。清代王融在《重建文昌阁记》中说："尝读《史记·天官书》，斗魁戴匡六星曰文昌宫。又《神契》云：文者精所聚，昌者扬天纪。其六星中，贵相所以理文绪，司禄所以赏功进士，盖主天下文事之宿，禄命之所系也。"

天下士子的功名与福禄归文昌星管。要想一地公卿，文风鼎盛，那一定要有文昌阁。为子孙后代计，木制的文昌阁倒一回，毫无疑义地应重建一次。

重建以后的文昌阁到了清代雍正年间，又是一幅倾颓覆压的状态，到了不得不拆的地步。文昌阁被夷为平地之后，重视风水的先生们一看，认为文庙的东边太空，西向的玉屏山大有强逼过来之势，这样的风水对学宫显然不利。为了保住文运，此地要有新的建筑。

在旌德民间也有一说：旌德县城地形像"乌龟出洞"，如果让龟出走了，就会带走文运和财气。此外，县城西南方有一座形状似火的梓山，会导致城里经常失火，必须建塔来"定龟"和"镇火"。

对古代旌德人而言，风水无小事，关系一地之文脉。所以，产生"易阁而塔，易木而砖，易三层而为七层"的决策，概在情理之中。

县里一批方案，修建者便以勃勃雄心组织实施，精心和诚心都写在行动上。

先是在文昌阁旧址上用大石头下基脚，然后用杨桃藤煎汁和石灰浆浇灌，这样构造起牢固的基础。等基脚上砌起八角石台后，又择吉日用银匣盛八宝安置在塔基中心，用铜皮八块，朱砂画八卦，按方位排列石台的八个角，才开始往上砌砖。

可是好事多磨，细细核算所有的银两，尊经阁就要用去一半，加上城中疏通水道、修葺司训廨斋，预算中的经费所剩无几，想造七层之塔的宏愿，因为银两缺位，砌到第三层就不得不停工了。

要追加预算，和今天的办法相似，得请绅士们开会商议。这个时候坚持建七层之塔的人们，因缺金少银而短了气。即便将图纸改成五层，也一样要设法请南乡巨族出钱，还要动员百姓义捐。好在南乡大族开了口，义捐又得到了百姓的响应。于是开始复兴工作，这回估量财力，建个五层合尖，也算是本县一大壮景了。上塔顶的那一天，县主率同城官绅祭告，总算是大功告成。

建塔的时序是这样的，清乾隆八年（1743年）建第一层；九年（1744年）建第二、第三层；十一年（1746年）建第四、第五层。最后奉文武二帝于五层之上，已经是十二年（1747 年）的夏天了。前前后后花了 5 年时间，通计匠工、砖瓦、灰泥、金铁等项，用银二千一百九十六两。对于好义乐输者，将姓名镌碑二座，竖在尊经阁中，以示名垂千古。姚秉义在《重建文昌塔记》中特地给第一线的劳动者留下了笔墨，记清了能工巧匠的姓名，"砖匠贺富、石匠刘初、木匠阮勤，皆良工，勤谨密致，例得附载"。时人用"厚实坚固，可以永久不敝也"来评价这座民居环绕的古塔，如今看来，一点也不为过。

如今耸立在我们眼前，高 31.8 米的八角五层文昌塔，是不折不扣的清代作品。

文昌塔的最终落成，私人捐款助了一臂之力。翻阅方志，不难发现旌德文庙的修缮多以私人捐款为主。

在这样一方土地上，对于"释奠先师先圣"的文庙以及学宫，百姓们崇敬有加，爱护之心天地可鉴。

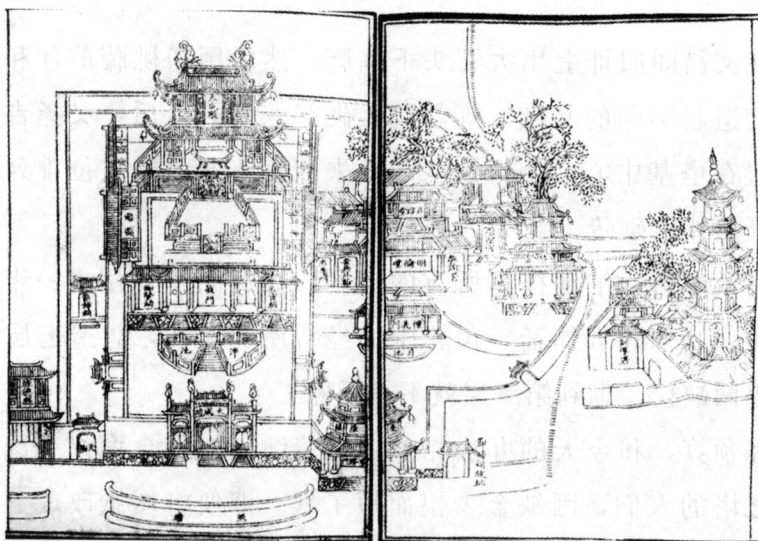

嘉庆《旌德县志》文庙、文昌塔图

清代张泰交的《重建文庙记》中就有"鼎新圣庙，出自绅士乐输，具见旌阳义举，亦足征该令鼓舞作兴、上下相信之效也"的表述。清嘉庆十年（1805 年），文庙倾颓朽坏，朱旺村的贡生们呈请独立修建，"自大成殿暨两庑、斋房、丹墀、甬道、戟门、名宦祠、乡贤祠、泮池、石桥、左右二坊、棂星门、照墙，崇圣宫、尊经阁、土地祠、魁星楼、云路门，概行修建齐整"，"规模较旧闳敞，工材倍加壮丽"，计费银三万多两。

文庙、文昌塔遥相呼应（江建兴 摄）

那时的文庙，是士子和百姓心中永远神圣的殿堂。文庙的一土一木都关乎礼仪，关乎文运，谁都不可以冒犯。重修大成殿时，儒生们认为原先"形势低洼，文星不现，且县署高压，士气不扬"，重建时将基高由八尺抬高到一丈，殿高由四丈六尺抬高到五丈六尺。即使是学前余地，学宫照样设四条戒约进行管理："一学前空地毋得造店，一通邑水沟毋得阻塞，一伺察泮池不得蓄鱼，一看守水闸不许盗诀。"

寄托文运的文庙，说它是民心所育，一点都不过分。正因为有此强大的后盾，文庙在沧桑岁月中遇到的一次次劫难均得以化解。

2013 年，旌德文庙建筑群获批全国重点文物保护单位后，县委、县政府毅然拆迁了原公安局大楼，按县志所载恢复了孔子、四配、十二哲塑像及匾额楹联、祭器、乐器等，依旧制复原了东西庑、戟门、乡贤祠、名宦祠画像及展陈。2017 年 11 月，旌德文庙成功举办了中国孔庙保护协会第二十次年会，并举行了首次祭孔大典和开笔礼。

听凭岁月磨蚀，谁都不会否认文庙对于一个地方的传统文化所起到的潜移默化的作用。

长在大地上的"文房四宝"

　　我曾受邀为北京来旌德研学的一个团队讲解江村，这个团队有小学低年级学生也有初中生，还有学生家长。他们研学的主题是"文房四宝"，结合这个主题，我在讲解时就以"江村的文房四宝长在大地上"破题，以吸引队员的注意力。

　　说"长在大地上的文房四宝"，实际上要说的就是古代的文风建筑。

　　旌德崇文重教，名门望族不仅有学舍书屋，还把这种理念融入村落建筑当中。在今天的江村、乔亭和隐龙还或多或少保存着一些文风建筑。

江 村（江建兴 摄）

先来看江村。江村水口从明代起就建起一个 36 亩的聚秀湖，以收纳龙溪、凤溪之水，使锁钥聚财之气浩大。聚秀湖的形状呈半月形，村庄规划者的本意就是造一方硕大的砚台，给村庄增加文墨之气。湖岸上的世科坊是一块待研的徽墨，文昌塔就是一支如椽大笔，村口四座连排的牌坊，权且当起了笔架，江村大地则是一张铺展开来供子孙们书写壮丽人生的大纸。

江村江姓子孙没有辜负祖宗的良苦用心，从宋至民国初年全村出进士、举人、博士、学士达 127 人。这个数字放在皖南任何一个传统村落都是一个令人自豪的数字。

乔亭村的水口，也是一处典型的文风建筑。

乔亭文峰塔是用块石砌成的实心塔，这在塔中算是独具一格的了，简单到了大智若愚的地步。

从《刘氏宗谱》文字介绍看，文峰塔于明嘉靖九年（1530 年）动工，第二年春天建成，到今天已有 490 余年了，是旌德最古的人工建筑之一。据《文峰塔记》碑载：刘氏最初是当上门女婿到乔亭的，最后繁衍为有二千户三万人的一个大家族。文峰塔是按《易经》八卦兴建的，其目的是凭借风水之利，使刘姓家族从此人文蔚起，世代簪缨，跻身阀阅巨族之林。

乔 亭（江建兴 摄）

文峰塔系方形花岗石砌成，内填泥沙，呈圆锥形，顶扣葫芦形石，状如卓笔，故名"石峰文笔"。清嘉庆《旌德县志》载："乔亭村口有一文昌阁，嘉庆庚午年（1810年）建，高倚狮峰，俯瞰堃湖，为族人会文之所。"文峰塔东南50米处为堃湖，疏凿于清道光元年（1821年）。"周广二十余亩，甃石回澜，澄鲜一色，旁建敞轩数楹。"泾川人赵如圭有题联："拓开诗酒盘桓地，涌出鸢鱼活泼天。"湖边建有文笔峰，倒映水中，恰如笔投砚池。原先在湖塔之间，有亭状如笔架，恰似一支毛笔搁置于墨池旁。加上"十里三村"的乔亭、汤村、朱旺地势空旷，犹如一张巨幅的宣纸。这样，笔、墨、纸、砚就齐全了。"文笔投池"四个字，一下子就让"文房四宝"生动起来了。

此后，刘姓文风昌盛，人杰地灵，民间就这样简单地归之于风水之功了。

传说多有附会，刘氏宗族由此兴盛却是不争的事实。几百年间，乔亭村文脉不断，人才辈出，出文武进士10人。祖孙同科、父子同科、叔侄同科、兄弟同科者数见不鲜，以功名进仕者不胜枚举。"其时士则应试者以百数，科举未尝或间，殷实之家各皆有，而称小户者则指不胜屈……"

隐龙村水口，同样是一处文风建筑。

隐龙村口的隐龙湖（又名"鉴湖""毓秀湖"），同样是人工湖。《隐龙方氏宗谱》载："不识何年穿凿开平湖？传闻云：'自前明迄国初，膏沃之田三十六亩余，筑堤四面，周遭成石渠，岁逢干旱，放流禾苗不枯'。"湖西北角有一凉亭，匾额上书"毓秀湖"。人们在这里可凭栏观湖，观月望山。湖的上方设一"大印"，即用花岗岩石砌成正方形石堆，上面栽有一棵树。树是印把，方形石堆则是印身。湖的东南面建有1座三层文昌塔和1座文昌庙，塔如彩笔。湖的东北方有一石亭，状如笔筒。隐龙大地自然是大纸一张。这样的文房用具设计与江村、乔亭大同小异。

斯文之地，总是文人雅集的好地方。清初著名文学家施闰章（愚山，宣城人）、方亨咸（号邵村，桐城人，清顺治四年进士）等名士曾泛舟隐龙湖上，留下绚丽诗章，一时传为兰亭胜会。"风静露清人影息，一天星斗浸波澜""静看星河入夜风，空明一片縠生纹"。

这样的文风建筑犹如族人给子孙备下的一份心灵鸡汤。

建筑之于文风，旌阳的文昌塔修建从三层到五层，出于改变文运之需。至于清嘉庆十年（1805 年）文庙维修更能说明文风建筑之重要。当时，朱旺村贡生们呈请独立修建，重修大成殿时，儒生们认为原先"形势低洼，文星不现，且县署高压，士气不扬"，重建时将基高由八尺提到一丈，殿高由四丈六尺提到五丈六尺。费银三万多两，"自大成殿暨两庑、斋房、丹墀、甬道、戟门、名宦祠、乡贤祠、泮池、石桥、左右二坊、棂星门、照墙、崇圣宫、尊经阁、土地祠、魁星楼、云路门，概行修建齐整"，"规模较旧闳敞，工材倍加壮丽"。

朱旺人修文庙 10 年后，村中弟子朱德芬高中进士，这是继元代朱立言、朱立礼之后朱旺村出的第三位进士。想必时人一定将功劳记在维修文庙的功德之上了。

大到村庄水口设计"文房四宝"，小到屋内设冰裂纹、琴棋书画木雕，这一切功利性的建筑语言，在古人眼里均承载着信仰和愿望，就像春天播种的一粒粒种子，到了秋天总会有所收获。

旌德科举进士知多少

　　科举制度，是中国封建社会考试选拔官员的一种基本制度。它起源于汉，创始于隋，确立于唐，完备于宋，兴盛于明清，被世界誉为继中国古代四大发明之后的"第五大发明"，在中国封建社会政治生活中具有举足轻重的作用。从隋大业元年（605年）始有的进士科〔唐武则天长安二年（702年）始治武举考试〕算起，到清光绪三十一年（1905年）正式废除，科举在中国存在了整整1300年。

　　据《清史稿》卷一百八十三《选举志》所录，清朝科举考试：

　　三年大比，试诸生于直省，曰乡试，中试者为举人。次年试举人于京师，曰会试，中试者为贡士。天子亲策于廷，曰殿试，名第分一、二、三甲。一甲三人，曰状元、榜眼、探花，赐进士及第。二甲若干人，赐进士出身。三甲若干人，赐同进士出身。乡试第一曰解元，会试第一曰会元，二甲第一为传胪。悉乃明旧称也。

　　另外，遇新皇帝登基、皇太后生日，为显示皇恩浩荡也会临时举行恩科考试。明清两朝科举考试制度、录取等次、名第称谓基本相同。

　　从唐朝的"雁塔题名"始，历朝国子监（太学）把状元等新科进士的姓名刻在石碑上，以作永久纪念。后人把这些碑拓印编辑成书，就是当今影响甚著的权威典籍《明清进士题名碑录》。由此可见，但凡明清时代的每位状元乃至一般进士都能名垂后世。

另外，地方志均列有进士名录，这是一个地方崇文重教、人才辈出最好的证明。

旌德自唐至清末共出文武进士143名（含寄籍9人），其中文科116名，武科27名。第一位是唐贞元十九年（803年）的俞晃，最后一位是清光绪三十年（1904年）的江绍杰。

这里有必要对寄籍作点解释，籍贯是指祖父及以上或祖父及以上父系祖先的出生地，又名祖居地或原籍。简单地说，下文143名进士是把祖居旌德出生在外地（旧称寄籍）的进士一起统计在内的一个数字。

笔者在各种版本县志资料中，整理出一份"旌德进士名录（143名）"：

文科（116名）

唐

俞　晃　贞元十九年（803年），八都人。

南唐

舒　雅　保大八年（950年）状元，四都人。

宋

舒　雄　端拱二年（989年）榜眼，四都人。

汪　齐　庆历六年（1046年），新建人。

汪　适　庆历六年（1046年）。

钟清卿　嘉祐三年（1058年），太平乡人。

方　淳　嘉祐六年（1061年）。

汪　汾　嘉祐八年（1063年）。

钟淳卿　嘉祐年间，太平乡人。

吕应黄　嘉祐年间，庙首人。

汪　兖　熙宁三年（1070年）。

汪　泌　熙宁三年（1070年）。

舒升中　熙宁九年（1076年）。

汪　澥　元丰八年（1085年），新建人。

舒彦中　元丰八年（1085年）。

方点中　元祐三年（1088 年）。

舒夷中　绍圣四年（1097 年）。

吕用闻　崇宁二年（1103 年），庙首人。

汪思问　崇宁五年（1106 年）。

江文政　崇宁五年（1106 年），江村人。

任　烜　崇宁五年（1106 年），郎村人。

陈　攸　政和五年（1115 年）。

舒宾王　宣和三年（1121 年）。

戴　传　宣和年间，礼村人。

蒋　恺　建炎四年（1130 年），十都人。

汪　贲　绍兴十五年（1145 年）。

戴　蒉　绍兴年间，礼村人。

郭宏寔　隆兴二年（1163 年）。

汪　熙　乾道五年（1169 年）。

程大辩　淳熙八年（1181 年），进坊人。

汪　烨　淳熙十一年（1184 年）。

吕应遂　嘉定十三年（1220 年），庙首人。

胡公谊　嘉定年间，八都尚村人。

吕应辰　绍定二年（1229 年），庙首人。

汪　睿　嘉熙二年（1238 年）。

赵必普　嘉熙年间。

吕　泾　淳祐元年（1241 年）。

汪应文　淳祐元年（1241 年）。

汪应龙　淳祐四年（1244 年）。

吕应梦　淳祐七年（1247 年），庙首人。

汪应楠　淳祐七年（1247 年）。

鲍文显　宝祐年间，九都人。

赵良忠　宝祐四年（1256 年），十七都人。

汪昌寿　咸淳元年（1265 年），新建人。

汪 注 咸淳四年（1268 年），新建人。

赵友义 咸淳七年（1271 年），十七都人。

汪昌哲 咸淳七年（1271 年），新建人。

赵友德 咸淳十年（1274 年），十七都人。

汪 洋 咸淳年间。

赵良应 咸淳年间，十七都人。

汪 漠 年份不详，孙村人。

王梦龙 德祐年间，进坊人。

元

方 绊 延祐三年（1316 年）。

许元亮 至治年间，许村人。

芮 溥 泰定三年（1326 年），洪溪人。

朱立言 至元年间，朱旺村人。

朱立礼 至元年间，朱旺村人。

芮 炯 至元六年（1340 年），洪溪人

吕 俨 至正年间，庙首人。

任 栗 年份不详，郎村人。

宋梦德 年份不详，南门人。

王之善 年份不详，进坊人。

明

江 汉 成化八年（1472 年），江村人。

江文敏 弘治十八年（1505 年），江村人。

汪 瑛 正德三年（1508 年），招坊人。

梅 鹗 正德十二年（1517 年），七都人。

汪 坚 正德十六年（1521 年），十都人。

周希旦 嘉靖四十一年（1562 年），南冲人。

舒应龙 嘉靖四十一年（1562 年），四都人，广西籍。

江廷寄 隆庆二年（1568 年），江村人。

舒宏志 万历十四年（1586 年），四都人。

汪若极　万历四十七年（1619 年），招坊人。

郭建邦　天启二年（1622 年），十五都人。

清

姚 骼　顺治十八年（1661 年），招坊人。

姚 缤　康熙三十九年（1700 年），招坊人。

姚士勤　康熙四十八年（1709 年），六都人。

张希圣　康熙五十四年（1715 年），进坊人。

吕光亨　乾隆十六年（1751 年），庙首人。

吕文光　乾隆十六年（1751 年），庙首人。

谭世暾　乾隆十九年（1754 年），下洋人，贵州遵义籍。

李承暄　乾隆三十七年（1772 年），下东山人，仪征籍。

吕云栋　乾隆三十七年（1772 年），瑶台人。

江 铭　乾隆四十年（1775 年），江村人。

刘大镛　乾隆四十六年（1781 年），乔亭人。

吕兆麒　嘉庆七年（1802 年），庙首人。

吕祥龄　嘉庆十四年（1809 年），庙首人，河南祥符籍。

朱德芬　嘉庆十九年（1814 年），朱旺村人。

吕伟标　嘉庆十九年（1814 年），庙首人。

刘荣朝　嘉庆二十四年（1819 年）恩科，礼村人。

姚肇仁　道光二年（1822 年），十七都人。

饶耀南　道光三年（1823 年），招坊人。

刘成万　道光九年（1829 年）。

江 光　道光九年（1829 年）。

吕贤基　道光十五年（1835 年），庙首人。

江泰来　道光十五年（1835 年）。

吕锦文　咸丰二年（1852 年），庙首人。

汪时元　咸丰二年（1852 年）。

吕朝瑞　咸丰三年（1853 年），庙首人。

汪时渭　咸丰三年（1853 年）。

江　鸿　咸丰九年（1859 年）。

江　璧　同治四年（1865 年），江村人，江苏甘泉籍。

汪　鉴　同治七年（1868 年）。

刘敦纪　同治十年（1871 年）。

梁耀枢　同治十年（1871 年），旌德人，广东顺德籍。

吕贤桢　光绪二年（1876 年），庙首人。

吕凤岐　光绪三年（1877 年），庙首人。

江树昀　光绪三年（1877 年），江村人，江西弋阳籍。

吕佩芬　光绪六年（1880 年），庙首人。

江希曾　光绪十二年（1886 年），江村人。

汪时琛　光绪十二年（1886 年）。

江联蓉　光绪十二年（1886 年）。

江德宣　光绪十二年（1886 年），江村人，江西弋阳籍。

汪声玲　光绪二十年（1894 年）。

江志伊　光绪二十四年（1898 年），江村人。

吕祖翼　光绪三十年（1904 年）。

江绍杰　光绪三十年（1904 年），江村人。

武科（27 名）

明

宋谟明　万历二十六年（1598 年），四都人。

郭　纶　崇祯十三年（1640 年）。

朱　升　崇祯十六年（1643 年），十四都人。

芮　豸　崇祯十六年（1643 年），洪溪人，宣城籍。

清

郭云齐　顺治十二年（1655 年），进坊人。

刘振先　顺治十二年（1655 年），十八都人。

叶尚乾　顺治十五年（1658 年），进坊人。

姚志贤　康熙三年（1664 年）。

刘应锡　康熙十五年（1676 年）。

郭镇邦　康熙十八年（1679 年）。

程世雄　康熙十八年（1679 年）。

汪元功　康熙十八年（1679 年）。

刘　勋　康熙十八年（1679 年）。

宋　英　康熙十八年（1679 年）。

宋尚志　康熙二十四年（1685 年）。

吕飞熊　康熙二十七年（1688 年）。

郭懋功　康熙三十三年（1694 年）。

任　赏　康熙三十九年（1700 年）。

饶上正　康熙四十二年（1703 年）。

王　登　康熙四十二年（1703 年），乔亭人。

刘　宁　康熙四十五年（1706 年）。

张　谦　康熙四十五年（1706 年）。

刘　东　康熙五十一年（1712 年）。

饶建侯　康熙五十七年（1718 年）。

郭定国　雍正十三年（1723 年）。

刘　潢　乾隆三十六年（1771 年）。

吕登鳌　道光六年（1826 年），庙首人。

旌德进士考试成绩最好的明清以前是状元舒雅，明清以后是探花吕朝瑞。

宋朝和清朝时旌德文风最盛。宋、清两代旌德中进士人数最多，宋代 50 名，清代文武科 66 名。

宋朝同科登榜的有：庆历六年（1046 年）的汪齐、汪适；熙宁三年（1070 年）的汪兖、汪泌；元丰八年（1085 年）的汪澥、舒彦中；崇宁五年（1106 年）的汪思问、江文政、任烜；淳祐元年（1241 年）的吕泾、汪应文；淳祐七年（1247 年）的吕应梦、汪应楠；咸淳七年（1271 年）的赵友义、汪昌哲。

明代同科登榜的有：嘉靖四十一年（1562 年）的周希旦、舒应龙；崇祯十六年（1643 年）武科的朱升、芮豸。

清朝同科登榜的有：顺治十二年（1655年）武科的郭云齐、刘振先；康熙十八年（1679年）武科的郭镇邦、程世雄、汪元功、刘勋、宋英；康熙四十二年（1703年）武科的饶上正、王登、刘宁、张谦；乾隆十六年（1751年）的吕光亨、吕文光；乾隆三十七年（1772年）的李承暄、吕云椋；嘉庆十九年（1814年）的朱德芬、吕伟标；道光九年（1829年）的刘成万、江光；道光十五年（1835年）的吕贤基、江泰来；咸丰二年（1852年）的吕锦文、汪时元；咸丰三年（1853年）的吕朝瑞、汪时渭；同治十年（1871年）的刘敦纪、梁耀枢；光绪十二年（1886年）的江希曾、汪时琛、江联蓉、江德宣；光绪三十年（1904年）的吕祖翼、江绍杰。

明清两朝从明洪武四年（1371年）辛亥科开考至清光绪三十年（1904年）甲辰恩科最后一场科考，共历533年，开考201科（不包括武科、清朝满科、译科、博学宏词、经济特科等），共录取进士51624名，平均每年不到100人。旌德地域面积小、人口少，进士录取率却高达万分之八，仅清朝就有10次科考（不含武科）有2人或以上同时登榜，足见当时文风之盛。

若按姓氏排名，旌德历代科考前三名分别是：汪姓、吕姓、江姓。汪姓进士明清以前居多，明清以后吕姓和江姓居多。说汪、吕、江三姓为旌德书香门第、文化世家，名副其实。

此外，旌德科举进士中"父子进士"有：舒升中、舒宾王，江汉、江文敏，舒应龙、舒宏志，吕贤基、吕锦文，吕朝瑞、吕佩芬。吕朝瑞、吕佩芬、吕祖翼是"三代进士"。"兄弟进士"有：舒雅、舒雄，钟清卿、钟淳卿，舒升中、舒彦中等。

从上述现象中不难看出，旌德一些氏族大姓崇文重教、耕读传家的良好风尚。

学馆、书院著风流

　　说了旌德的科举进士，自然得转入教育话题。古代教育有官学和私学之分。国家层面官学有太学、国子监，到县级层面就是县学等；私学的形式是书院和私塾。

县学、私塾职分明

　　旌德县学始于北宋崇宁元年（1102 年），由县令严适奉诏创建，地址在县治尉廨间，属官办儒学，宣和三年（1121 年）为方腊起义军所毁。南宋绍兴十三年（1143 年），县令赵伯杰在原址东 10 步重新扩建，左边为孔庙，右边为学宫讲堂，共有房屋 58 间。此后屡经改建、重修。乾道二年（1166年），县令齐庆胄将讲堂题名为"言仁堂"，嘉定十五年（1222 年），县令方傅将其改名"明伦堂"。

　　明万历三年（1575 年），知县秦文捷又将县学东移 20 步重建，并改成文庙在前，明伦堂在后，东西两厢建廊庑、斋房的布局，共有房屋 50 余间，直到万历七年整个工程才完工。明代旌德县学设教谕 1 名，训导 2 名，司吏1 名，还有斋仆、膳仆、门子、库子共 23 名。学员分廪膳生员（廪生，官费入学，并享受膳食银）、增广生员（增生，官费入学，不享受膳食银）、附学生员（附生，自费入学）三等。万历二十六年（1598 年）有廪生 20人、增生 20 人、附生 151 人，置有学田 78.5 亩。同时，除县学外，县城还有社学 4 所：城东招坊 2 所，城中察院旁 1 所，北门外 1 所。

清顺治时，朝廷根据各州县人口数，将县学分大、中、小三等，旌德为"中学"。雍正二年（1724 年）改升"大学"。每逢岁试、科试，各取廪生 20 名。县学以礼、乐、射、御（驭）、书、数等"六艺"为教育内容，由教谕、训导任教。乾隆二年（1737 年）知县纪咸在徽宁兵备道驻旌德府旧址（今旌阳一小）"改义学名旌阳书院"（清乾隆《旌德县志》），后因经费缺乏，书院萧条。道光十六年（1836 年）邑绅朱淋捐资重修旌阳书院，后改凫山书院，仍属官办县学。光绪三十二年（1906 年）知县沈祖懋、邑绅江志伊等改凫山书院为官立旌阳高等小学堂。

古时，儿童启蒙多赖私塾蒙馆，由富户延聘塾师设馆招生，有的大族设公产学田合办义塾，免费课徒。私塾无固定学额，一般有几个或十几个学童，不分班级，个别授课，先背诵，后开讲，循序教学《三字经》《百家姓》《千字文》《增广贤文》《幼学琼林》《龙文鞭影》和《四书》《五经》等教材。旌德从民国开始废塾兴校。

名门望族书屋盛

书院起源于唐代，兴于两宋。唐代书院乃官学系统的一部分，或跟佛教寺院关系密切。北宋建立后，天下初定，百废待兴，而汉唐时代的门阀士族又在长年战乱中瓦解消亡，于是新成长起来的平民士绅群体负担起了重振学术、重建文脉的责任。民间书院也就在北宋出现了一个迅速发展的局面。有学者估计，北宋有书院数量超过唐至五代书院之总和，其中应天书院、岳麓书院、嵩阳书院、白鹿洞书院、石鼓书院、茅山书院、龙门书院、徂徕书院被誉为北宋"八大书院"。

南宋的书院更是空前繁荣，根据研究中国书院史的邓洪波先生统计，在两宋 700 多所书院中，民办书院占八成以上。这与南宋理学家的推动作用密不可分，理学宗师朱熹一生创建书院 4 所，修复书院 3 所，到 47 所书院读书、讲学。经过一批理学先贤的苦心经营，南宋书院逐渐形成了一套完备的制度：以学术研究及讲学为核心功能，以学田为独立财政保障，以山长为书院领袖，以学规为书院章程。独立于官学体系之外，自主办学，自由讲学。

根据典籍记载，西晋永嘉之乱、唐末黄巢起义、靖康宋室南渡 3 个动荡的历史时期，中原衣冠望族南迁旌德，他们无不重仕宦、重门第、重世系、重名分。迁移的同时，他们将中原发达的宗族制度以及先进的思想观念、社会习俗与传统文化带到了相对落后的旌德。作为传统中华文化正脉的中原文化在旌德落地生根，并与当地山越文化碰撞、糅合，衍生出新的地方文化。其间，南迁大族的宗法意识、光宗耀祖的思想观念也得到了传承，即使在过了数百年后的明清时期这种影响依然极其浓厚。

值得庆幸的是，尽管屡次遭受战争的沉重打击，但唐宋时代兴起的科举制却给葆有良好文化传统、昔日曾一度辉煌的中原大族以新的崛起机会。"朝为田舍郎，暮登天子堂"成为现实生活中的常态，促使旌德子弟走上读书备考之路，使读书应试成为旌德社会普遍盛行的风气。在以读书为至上、以科举为目标、积极向学的社会风气熏染下，旌德社会形成了"十户之村，不废诵读"的壮观场面，数量众多的旌德士子纷纷醉心于书屋，驰骛于科场。旌德社会一改往昔的素朴，日益趋于文雅，在宋代出现了人文郁起的文化景观。

新建村为汪姓聚居之地，崇文重教。宋天禧五年（1021 年），汪文谅不受皇帝赏金，要求换赐经书，以"教吾子孙，使之明习诗书礼乐"，并建义学于东山，延名士教子孙，以至"四方英才皆来受教"。此后，一些大族文会也"由众捐银，生息置产，聚一族之生童而课之"。明代监生姚天泽等建"大学书院"，清康熙三十五年（1696 年）改名"储英书院"。

清咸丰、同治年间，清军与太平军在旌德争战多年，书院、书屋屡遭兵燹，荡然无存。同治以后，渐趋稳定，书院、书屋、文会恢复至百余处。

《旌德吕氏续印宗谱·庙首世居图》中，自北而西，自南而东，标注有这样一些书屋学馆：会文所、文昌阁、松林书屋、白山书屋、承槐书屋、泾南书屋、谟觞山馆、环翠书屋、琢玉山房、英萃堂、三亦书屋、园林书斋、御书楼、阅古堂等 14 处。监生吕瑞（字若思），"筑白山精舍延师课士，又建蓬山书屋为合族会文所，劝学育才"。吕运泳"尝创建文昌楼，置田产，以赞成文会。又建英萃堂，延名宿储六雅，讲学授经，作兴文士"。候补州同吕锦（字韵清）"尝与兄铨、韶、铠筑东山别墅，劝兴后学。族修祠宇、立文会，皆倡输重赏"。吕积徽"著有《怀德堂稿》，为储太史所赏，尝鸠族捐赀创兴逊敏文社，爱察山及上泾桥之胜，欲购家塾以课儿孙。今志所载锄经、泾南二书屋是也"。贡生吕兴闳"生计稍裕，即营家庙，构乡塾，置祀田、学田"。贡生吕德性"以早失亲，诸弟幼弱，迫家计，牵车庐江。稍有余积，则于族赞成文社，助□灾荒"。贡生吕又旦（字子英）"兴立文社，倡修学校。乾隆三十三年邑侯张举，并给匾曰：德音孔昭"。吕云衢"于村后建琢玉山房，设学田，延名师，课子侄"。吕锋初"筑慈晖轩书室，起培英文会，广置学田"。吕炎晖"尝于宅旁建书斋劝学，倡置郡中别墅，并捐金助给考资"。附贡授州同吕祥辉"筑三亦书屋，延师课孙"。重教助学的吕氏先贤在旧志中不胜枚举。用今天的话说，清初以来，庙首吕氏子孙家家户户都住在最好的学区房里，耳濡目染四书五经、琴棋书画。

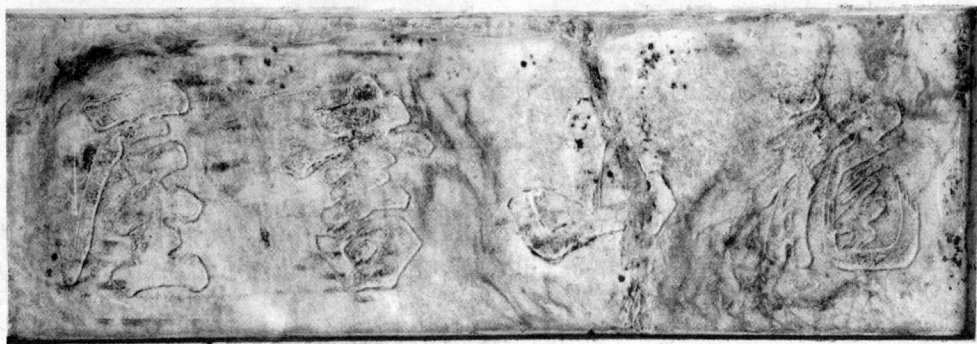

江村龙山书屋匾额

江村江氏家族明清时期建书屋，兴文会之风盛行。书舍大都建于山麓，四处无人居住，环境清雅，有龙山书屋、梅杏居、桐竹居、松筠书屋、鳌峰书屋、双凤书屋、梅坞、西麓、雪堂、传恭堂等 29 个。

书屋规模大小不一，桐竹居鼎盛时"从游者众，斋舍六十余间，至不能容。因材施教，使人人自奋于学，往往遥从附课，其高材生居于后楼，多掇科第"（《济阳江氏金鳌派宗谱·旌川杂志》）。

江村书舍、书屋多为私人创办。捐助办学，在江氏被视为一大善举。江希曾在《旌川杂志》上说：

吾族有三善举：曰文会、曰积谷、曰义冢。文会之起，由众捐银，生息置产，聚一族之生童而课之。

说到捐文会，不能不提一位商人妇。这位妇女的丈夫在六安经商，募捐者经过她家门口，相互商量说，文会与祭祀不同，只要是同宗，不分在什么地方，都要劝捐。那位商人妇听明来意，说："我丈夫在外，一时难通信函，承蒙你们看得起。"于是摘下头发上的金簪给募捐者，说："就用这个簪子给文会备些茶水吧。"从这样的义纳之举，完全可以推测出当时文会的捐募是深得族人之心的。

江村书舍、书屋所聘山长，都是声望极著的饱学之士。正所谓"重诗书，勤课诵，多延名师以训子弟"。书屋、书院以研习儒家经籍为主，间亦议论时政，采用个别钻研、相互问答、集众讲解相结合的教育方法。洪亮吉、包世臣等都曾到江村讲过学。

江村书屋之盛有诗为证：

江村何以名？知有文通（江淹别号）宅。夜半书屋中，笔花宛如昔。

江村屋数间，依稀扬子（扬雄）宅。文光夜烛天，中有著书客。

江村书舍、书屋所处环境雅静，虽然构造精粗不等，但好学的风气、苦读的精神一致，一派以读为乐、以儒为高的气象。江氏宗谱中梅泉山人甘惠的《钟山精舍记》及包世臣的《汲古山房记》都对书屋的幽雅极尽溢美之词，特别是包世臣笔下的书屋更是让人心羡。

村后之凤台山腰，建汲古山房。门瞰鳌溪，后耸重阁，奉文奎二神。面阁环戏楼以妥神，复廊阁道达于讲堂。其墀有池，冬夏不竭，石峰嶙峋矗其中，人物惟肖。东屋三楹，庖湢备具。又东为杂莳花果，园后屋亦三楹，莫不雕楝刻桷，穷百物之情态。重阁中层贮经籍数十百种，多善本。

书屋、书舍是一个家族兴旺发达的希望，毫无疑问，家族受教育于书屋、书舍中的子孙，肩负着家族振兴的重任。

"家之兴，由于子弟贤"。像江村江氏这样一个名门望族，在子孙还没有正式学习"四书五经"前，家族就为孩子们安排了一套启蒙教材，叫《江氏蒙规》。《江氏蒙规》认为：

蒙以养心为本，心正，则耳目聪明，故能正其心。虽愚必明，虽塞必聪；不能正其心，虽明必愚，虽聪必塞。正心之极，聪明自辟。士而贤，贤而圣，虽下愚亦可为善士。

蒙规对孝亲、弟长、尊师、敬友、诵读、字画、咏歌、习礼等订了详细的规范，修得那样的规矩，"聪明睿智皆由此出"，对一个人来说是可以终身受益的。

一个秀才、一个举子的出现，背后都有许多人的努力，故其科举入仕之后自然背负着族人的希望，从此对这个家族有着永远推卸不了的责任。当时，一个农民家庭如果期望生活稳定并且获得社会声望，唯一的出路就是读书做官。然而这条道路漫漫修远，

包世臣书《汲古山房记》碑

很难由一个人或一代人努力就能达到目标。通常的方式是，一家之内创业的祖先不断劳作，自奉俭约，积铢累寸，首先巩固自己耕地的所有权，然后获得别人耕地的抵押权，由此而逐步上升为地主。这一过程，常常需要几代的时间。经济条件初步具备后，子孙就得到了受教育的机会，其中母亲和妻子的自我牺牲，必不可少。所以，表面看来，考场内的笔墨，可以使一代清贫者立即成为显达，其实背后的经营历时已久。这种经过多年的奋斗而取得的荣誉，接受者只能是一个人或至多几个人，但其基础则为全体家庭。因此，荣誉的获得者必须对家庭负有道义上的全部责任，保持休戚与共的集体观念。

这种集体观念还不只限于一个小家庭的范围。一个人读书中举之后成

为官员，如果认识到他的成功和几代祖先息息相关，就不能对家族中其他成员的福利完全漠视。何况这种关心和帮助也不会完全是无偿的付出，因为没有人能够预测自己的子孙在今后不受他们的提携。这种经济上的利害关系往往被抽象而升华为道德，这种渗入经济与社会背景中的教育，每一个人都逃脱不了。让子孙们具备了这样一种道德之后，我们就不难理解一个家族是如何修祠堂、办祭祀、建水口等公益事业了。道德是一种文化力量，其担负了凝聚一族之力的大任。

清末废科举，书屋为族学取代，书院大多改为学堂。江村最早的学校办于清光绪三十三年（1907年），江志伊以金陵试馆房租及江姓文会田租为常年经费，在村中创办了公立养正初等学堂及育英女子学堂，主讲均是名流，求学的日多，经有司考绩，谓为皖南乡学冠。江村小学自创始到新中国成立初，历任校长均由江姓担任，教师也出自江家一门，罕见外姓。所有人事调配、经费使用，官府不得插手。从这种状况，足以看出江姓族望势强、财力雄厚、人文荟萃，全县无一处可与之敌。

纵观江村书屋、书舍历史，最为后人传为美谈的是"江村书屋"，因为那里曾有个名噪江南的江村图书馆。宣统末年，翰林院庶吉士江志伊从贵州卸任返乡，任养正学堂校长，目睹学校缺书，影响教学，故献出珍藏的经、史、子、集，后翰林江希曾捐一部分，名士乡绅捐一部分，集中存放于一处，便成为初具规模的图书馆。民国初年，安徽省代省长、江村人江汉珊回乡省亲，与村人谈及图书馆，了解到馆内藏书很少的情况，当即表示愿意尽力。江汉珊回省城后，就派人到中华书局、商务印书馆购买了《四库全书》《万有文库》《四部备要》《二十四史》等几万册图书相赠，丰富了馆藏。嗣后，江村成立了文会。文会又陆续购买了一批图书刊物。为管理好馆藏图书，文会将图书馆从养正学堂分出，并成立了理事会，确定专人负责管理图书。图书管理员的报酬，由文会每年拨给稻子2400斤。

图书馆分藏书室和阅览室，共有书架200多个，书橱36顶，桌椅一应俱全。每年梅雨季节之后，管理员都将图书翻晒一次。不论是本村人还是外地人，都可以来这里借阅，旌德的不少名流学者及抗战时的六县联中学子均从中受益。

毓文书院甲江南

毓文书院是旌德清代乾嘉时期的一所知名书院，院址在今天的白地镇洋川村，创建者是村人谭子文。

抗日战争前夕，安徽省图书馆吴景贤先生在撰写《安徽书院志》《安徽图书馆沿革考》时，披览了全省宋、元、明、清269所书院的有关记载后，将毓文书院与同时代各书院进行比较，赞誉毓文书院是乾嘉时代安徽讲求汉学书院之翘楚。非特可补紫阳书院之不足，实亦堪与当时杭州之"诂经精舍"、广州之"学海堂"鼎立媲美。

洋川毓文书院既不是官办，也不是地方集资筹办，而是由商人谭子文私人出资"二万两有奇"的白银独立兴办。

谭子文（1733—1813），名廷柱。从小家境清苦，弃学就商于六安之双河集。五十岁以后，家业渐丰，遂于清乾隆末至嘉庆初分家产之半（白银二万多）在家乡创建毓文书院。三年中筑房舍堂馆一百多间，重金礼聘名师，招江南四府一州（宁国、徽州、池州、太平府和广德州）之士肄业其中。他还节衣缩食、积累资金以奖励师生之勤勉者；又节约日用，搜购经、史、子、集各种书籍以供师生学习。谭子文酷嗜读书，每日两至书院聆听读书声为乐。对于谭子文输财办学，重视后辈的培养教育，山长洪亮吉说：他的贡献远非赈饥恤贫、修桥补路、施医舍药等一般善举所可比拟。因此，清政府按例给谭子文以四品知府衔的奖励。

毓文书院坐落在洋川村西洋山麓的六级梯形山坡上，就山势高下曲折建成亭、馆、廊、庑、圃、园等一个独立的建筑群。始于清乾隆五十九年（1794年），落成于清嘉庆元年（1796年）。正屋一堂7间，三进六厢，楼上、楼下计37间。正屋两侧三个梯坡上各排列一进两厢，楼上、楼下共计60间，又在右首花园内建"生云阁""文澜所""适野别境"，楼上、下39间，共有民舍136间，编成108个字号。在另一侧造"文星楼"三层宝塔1座，"适意亭"1所，各有游廊互相沟通。

园内凿有方池、圆池二口，厨房、厕所、浴室、敞厅以及院墙、照壁、甬道、栅栏应有尽有。每套房屋都置有桌、椅、床、凳各色器具，统共用银一万零五百两有余。正屋楼上为"月午楼",原是读书之所,后作为收藏书版之处。楼下"亦乐堂"是讲坛,坛上供有紫阳朱子（熹）的神位。

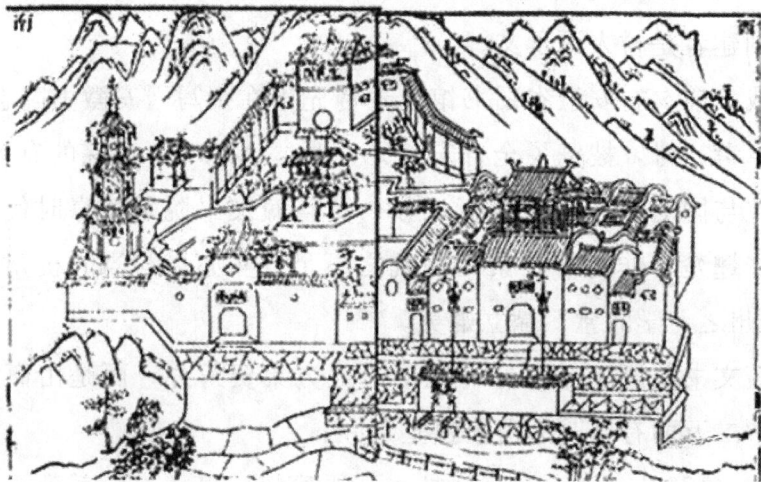

毓文书院图

督学使王绶为书院撰写的碑记中说:"是役也,不费公帑,不藉众擎,讲堂巍然,廨舍秩如,有亭有楼,有园有池,墙垣庖湢,以及需用什物,靡不毕具。又置田百七十亩,存生息银四千两,以裕经费,可谓为之勇往而筹之周备者矣。"山长孙原湘也在碑记中称赞其规划得体,结构适宜。他说:"其屋宇随山以为高下,居、游、庖（厨房）、汲（水井）咸得其所……,其规画视都会书院有加。"督学汪守和在《毓文书院记》中对书院读书讲学的环境不乏溢美之词:"其讲堂横舍、修脯饩资,一准各都会规制,而溪山之胜、登望之乐有加焉。是足称藏修游息之宜,而为车马冠盖、游辨纵横者所不至。"

毓文书院除延聘山长一人以主讲席外,设董事一人总揽后勤供给等事宜,董事在谭族生监中择其有身家、品行端正者充任,每年支给饭食银十六两。

书院经费全部由谭子文一人捐助。除建造房屋、购置设备外,又另购置田亩及捐银发典生息,以供山长及生徒工资饭食等开支。前后四次集资,共捐银二万二千九百零二两九钱,后来由于典当亏欠,几经诉讼,迁延数年方追回本银四千多两,为求妥善,又将追回银悉数购买庄田八处,以为长久之计。

书院主要开支为山长待遇及内外课生徒薪水膏火（灯油）费。

毓文书院山长的待遇十分优厚。以科甲出身分三个等级：举人年薪银二百两，进士年薪银三百两，翰林年薪银四百两，外给膳银一百六十两，又有聘金程仪（路费）二十两。而在当时一名县教谕或训导（相当于教育局局长）年薪只有数十两，岂能望其项背！

生徒待遇至清嘉庆七年（1802 年）才开始规定，堂课考取生童每年约取花红银三十五两。清嘉庆九年由谭氏补捐一千五百两生息，以备肄业者薪水之资，规定凡来院肄业，由学宪（府县学官）及院长考核。文理优而常住院者录为内课生，酌定十五名，每月发薪银一两；文理优而在外坐馆，唯一月两课到院者录为外课生，酌定十五名，每月发纸笔银五钱。其余的人，课期到院者，只有奖银两而无月费。凡院内肄业生徒"开科发甲"（县乡会试考中）者，均由院中备送花红银五十两。

院中一月两课，定于每月初二和十六日举行，谓之月课。月课课卷由山长评定。区分甲乙，而后送县印榜揭示。

院中假期，规定每年三节，即清明、端午、中秋等。节外又给假四日，若再逾期就要扣除薪水，"倘或有惜故嬉游旷课，不守院规者，即黜出（除名）以敦士品"（《毓文书院志·经费》）。

每逢花朝（二月十二）、上巳（三月三）及中秋等节日，师生共同饮酒、赋诗、作文以为乐，谓之"雅集"（《毓文书院志·艺文》）。

徽州是理学家朱子的故乡，号称"紫阳阙里"。旌德与徽州山连水接，朱子的流风余韵对旌德影响颇大，乾嘉之世仍相延不替。书院正屋的"亦乐堂"上供奉朱子牌位，足资证明。书院第二任山长扬抡有"鹿洞遗规在，居然厦万间"；第三任山长朱文翰有"举头鹿洞风规在，晚进何人敢抗颜"之句。鹿洞指的是朱熹重建并讲学其间的江西庐山白鹿洞，亦即白鹿书院。

洪亮吉是毓文书院的第四任山长，1802 年至 1805 年在书院主讲，倡言经史训诂之学，于是学风为之一变，生徒皆致力于匡世济民之实学，而跳出语录讲章之外。其后，山长赵良澍、夏炘、包世臣等均以朴学务实为宗旨，书院创办人谭子文无门户之见，绝不干预山长的教育，开创了毓文书院（主张朴学）与紫阳书院（主张理学）别树一帜的新学风。因此，江南名流一时互相推荐，纷至沓来，各尽所长，使这所书院办得卓见成效。

为使学子博览古今，增广见闻，谭子文接受洪亮吉的建议，派人与洪同至吴门选购经史子集等书籍共 60 种，4213 卷。其中尤以史部为最多，计 26 种，3355 卷，洪氏在书院志"书籍"一章序中说：

> 语录盛而经学衰，明中叶后复盛行讲章，而圣人之旨益晦。是则经学宜亟讲。外此则二十二史可以博览古今，周秦诸子、唐宋总集、类集，可以搜采异同，增广见闻，亦儒家不可少之书也。

毓文书院僻处乡隅，虽为商人所独办，不比"诂经精舍"与"学海堂"都是阮元督学浙江和巡抚广东时所办。可是谭氏所延聘的山长，实皆知名之士，一点不比阮元差。尤其是洪亮吉和包世臣，二人均为清代朴学大师，一被誉为吴派经学家，一为治事学家。两人与书院之关系最为深切，影响最大。《毓文书院志》八卷是洪亮吉亲手撰写，历经四十多年，直至包氏增补辍笔，以后虽无继修者，但也足贵。洪亮吉和包世臣都在这里整理编辑了各自的著作——《更生斋集》和《安吴四种》，一用木雕版，一用聚珍版（泥活字版）印行。洪亮吉的《洪北江先生年谱》一书即由毓文学生、洪亮吉高足吕培等编成问世的。

山长，是书院的灵魂。谭子文在乡间办书院，却肯出重金聘请学有专长、识有独到的高士名流来教育后代，这是他的高明之处。毓文书院有姓名可考的 22 位山长中，有举人 8 人，进士 14 人（其中状元 1 人）。按顺序依次为黄征人（进士）、扬抡（进士）、朱文翰（进士）、洪亮吉（进士）、赵良澍（进士）、顾皋（状元）、马翊宸（进士）、吴文炳（举人）、王家相（进士）、孙原湘（进士）、董桂敷（进士）、张臣（进士）、程表（举人）、帅承瀚（进士）、胡国梁（江南解元）、丁金榜（江苏亚元）、陶北堂（举人）、阮文藻（进士）、夏炘（举人）、陈守谦（举人）、王芳（进士）、包世臣（举人），这些人大都为饱学之士，由此足可看出谭子文的一片苦心和书院的影响力。

毓文书院的学生，仅洪亮吉初修时（1804 年）的《毓文书院志·人物·弟子》载内外课生徒 76 人中有廪生 7 人，增生 1 人，附生 37 人，他们的籍贯分别是旌德、太平、绩溪、青阳、歙县、石台和浙江余姚，江苏江阴、武进。其中成就较大的有 7 人：吕伟标，旌德县庙首人，1814 年进士，即用知县，自清改教，补江宁府教授；吕培，旌德县庙首人，1813 年举人，曾为洪亮吉编成《年谱》。7 人中有 3 人为青阳籍（陈坡、陈壤、陈塾），两县志书《文苑》均有 7 人传。

1804 年，洪亮吉仿钟山书院体例，为书院写了志书并开始刊刻，扉页上有"版藏月午楼"字样，志分创建、经费、山水、薜舍、人物、金石、艺文、书籍 8 卷。

洪亮吉在旌德还编成了他流放伊犁归来的《更生斋集》16 卷，雕印成书。扉页上有"刊于洋川书院"字样，每卷的末行分别刻有"受业吕培、谭正治、谭时治、谭贵治、吕玺、曹景先、汪宾、崔本化等校字"字样。其中尚有以上诸生和吕伟标，青阳陈蔚、陈壤、陈塾及丹徒于渊等的《题〈万里荷戈集〉》诸诗作（"万里荷戈"指的就是戍边一事）。

1844 年，包世臣在书院讲学之余，撰成《管情三义》《齐民要术》两稿，连同旧作《中衢一勺》《艺舟双楫》，名曰《安吴四种》，共 36 卷，用活字版排印行世，泾县翟金生用泥活字版印刷 500 部。

旌德人饶学彬（勉庵）在书院著有《月午楼古诗详解》2 卷。饶学彬对《古诗十九首》的评解为后人所推崇。

清嘉庆十八年（1813 年）谭子文去世。毓文书院由他的三房子孙轮值院事，一直延续到 1866 年。

写到这里我想引用洪亮吉的《月午楼歌》作为本文结尾：

仙人好居楼，楼筑青山头。楼居又比山居好，八牖居然拓天表。山楼明月不待宵，海上月出光先摇。读书声高月亦高，月午尚觉书声飘。前黄高峰后箬岭，书声飘压四山顶。松梢夜半老鹤醒，鹤唳亦比书声清。楼头鹤影兼人影，楼外云铺百余顷。仙人世外无书看，听书日日来檐端。月亦不得落，书亦不得完。君不见，红阑干前白玉盘。读倦且把明霞餐。

诗文里的宣砚

中国五千年的文明史，孕育了灿烂的砚文化。砚的兴起大约在战国、秦汉间。

上古之人，书契作字，使用毛笔濡墨，必然会使用到类似的研墨器材。东汉李尤《墨研铭》中说："书契既造，研墨乃陈，烟石附笔，以流以申。"所以，同是汉代的刘熙在《释名》中这样说"砚"："砚者研也，可研墨使之濡也。"许慎《说文解字》上的注解是："石滑也，从石，见声。"清人段玉裁注释为："谓石性滑利也……石滑不涩。今人研墨者淤曰砚，其引申之义也。""亦谓以石磨物曰研也。"

古时之"研"，通假于砚。

在漫长的砚发展史上，曾经出现过不可计数的砚种，唐代见之经传的砚就有120多种，它们分布在我国大江南北的不同地域，同样为记载、传承和延续中华文明史立下了不可磨灭的功绩！

宣州史称"宣邑"。宣州"一府六县"，领宣城、泾县、南陵、宁国、旌德、太平，自北宋太平兴国四年（979年）至民国元年（1912年），计933年。

秦代以后，宣州在历史上一直是军事要地、江南奥壤、上州望郡、文化名邦、山水胜境，产生了很多的历史名产和文化派别，而且多以"宣城"和"宣州"名称。前者有宣城派、宣城体、宣城数学派、宣城画派、宣城诗派等，后者有宣州诗人群、宣州地毯、宣州窑、宣纸、宣笔、宣木瓜、宣黄连、宣石砚等。"宣"既是州府治所之名，又有"显耀"的意思，因此用"宣"命名名产和派别恰当且达意。

在中国，以事物发源地命名的情况非常普遍，既有物质的也有非物质的，如红山文化、龙尾砚、徽剧、和田玉、普洱茶、茅台酒等。

龙尾砚，因产自婺源龙尾山而得名，以后又以所在的县和州冠名，有婺源砚、歙州砚（歙砚）之称。

宣石砚或称宣砚，顾名思义，因产自宣州而得名。其石质结构为板页岩层状，黑色，质地细腻。

2014 年 5 月，中国文房四宝协会向旌德县政府颁发了"中国宣砚之乡"属地保护铭碑，标志着产于旌德县白地镇洪川龙潭山幽竹岭的宣砚有了国家层面的一张身份证。另一层意义上说，宣砚的恢复生产，为宣城"中国文房四宝之乡"填补了砚之空白。

《旌德县志》载：

（泥质板岩）矿点位于白地镇洪川村，矿区中心地理坐标：东经 118°19′27″，北纬 30°11′11″。区域上出露地层主要为寒武系荷塘组、杨柳岗组、华严寺组、西阳山组及奥陶系印渚埠组、宁国组、胡乐组、黄泥岗组、新岭组等，分青黑色含碳泥质绢云板岩和青黑色斑点状泥质板岩，主要矿物组成为绢云母、白云母、黑云母、石英、钠长石、绿泥石和少量磁黄铁矿、石榴子石等，适合于雕刻制砚。矿点发现有古代采砚石老坑，老坑砚石经鉴定为古宣州石砚砚材。

因天灾人祸诸因，历史上宣砚生产时断时续，使得宣砚史扑朔迷离。不过，宣砚在重要的历史节点均神光闪现，背影清晰，不容后人忽视。

葛洪始创宣砚

论及宣砚的起源，绕不开一个历史人物——葛洪。相传第一方宣州石砚为葛洪所创。

要说葛洪与宣州石砚的渊源，有必要对其身世作些必要的交代。

葛洪（283—363），字稚川，自号抱朴子，丹阳郡句容（今江苏句容）

人。生活于西晋与东晋相交之时，是著名的道教思想家、炼丹学和道教神学的奠基人。著有《神仙传》《抱朴子》《肘后备急方》《西京杂记》等。

葛洪家族，是魏晋时期丹阳郡（晋治南京）百年官宦世家。祖父葛奚是三国东吴重臣，历任吏部侍郎、御史中丞、庐陵太守、吏部尚书、辅吴将军，封吴寿县侯。父亲葛悌（？—295），东吴要员，历任会稽太守、郎中、太中大夫、大中正、肥乡令、邵陵太守。在肥乡令上为官清廉，"秋毫之赠，不入于门。纸笔之用，皆出于私财"（葛洪《自叙》）。

葛　洪

出身名门望族的葛洪，幼年生活比较顺利，"洪者，君（指父亲）之第三子也。生晚，为二亲所娇饶，不早见督以书史"（《自叙》）。葛洪13岁时父亲去世，这个清廉的官吏家庭积蓄不丰，使葛洪有饥寒之虑。早年娇生惯养的葛洪，也得起早带晚到田野参加劳动。家庭的变故对葛洪读书入仕的愿望给予了沉重打击，他不得不靠砍柴卖柴以换取纸笔，甚至在田间地头以树枝代笔练习写字。然而，就是这树枝让葛洪练就了一笔好字。北宋大书画家米芾在《海岳名言》中评价说："葛洪'天台之观'飞白，为大字之冠，古今第一。"

葛洪从祖父葛玄（葛奚堂兄弟）曾师从炼丹家左慈学道，号葛仙公，以炼丹秘术传于弟子郑隐，"从祖（葛）玄，吴时学道得仙，为葛仙公，以炼丹秘术授弟子郑隐。洪就隐学，悉得其法焉"（《晋书·葛洪传》）。葛洪16岁时机缘所至，师从儒、道大师郑隐，因潜心向学，深得郑隐器重。兼学百家，习武强体的葛洪虽曾有扬威沙场的经历，但郑隐的神仙、遁世思想对其一生影响很大。功成不居，无意仕途成了葛洪的人生选择。

葛洪30多岁时结束了扶南之行，回到朝堂之上，做些经世治国之事。除继续著书并于35岁完成《抱朴子》写作外，主要工作就是帮助朝廷与当时的隐逸之士取得联系，配合官方劝导隐逸之士离开山野，回归村落城镇，过上安稳的清修日子，或劝有才干者出仕任职，为朝廷服务。葛洪长年累月地奔走于穷山僻野，足迹东至江浙，西至川陕，北上鲁冀，南下两广。

葛洪到访旌德之地的第一站并不是石凫山，而是黄山脚下那个山林密布、盛产灰色岩石的小山村（今洪川）。那个清幽的小山村给葛洪留下了极深的印象，使之成为葛洪晚年炼丹的首选之地。

晚年葛洪，选择在洪川龙潭山幽竹岭砌灶炼丹，并行医传道。取石炼丹中，葛洪发现龙潭溪中的石头，石质细腻，墨色如玉，便尝试着将其斫成砚台，加水研墨。葛洪对石砚爱不释手，不仅用其著书立说，还将石砚向更多的读书人介绍推广。

葛洪在这个小山村炼丹行医，修道著书，晚年大量著作就在龙潭山幽林流泉间写就。龙潭山上"稚川丹灶"遗址

《宁西葛氏家乘》葛洪像

尚存。葛洪最终卜居与旌德相邻的宁国罗湾（今宁国青龙乡港口湾）。明嘉靖《宁西葛氏家乘》记载："公遂退丘壑，卜居罗湾居焉。夫人邵氏鲍氏，合葬万福（今宁国竹峰万福村）柳山狮形。"

由于葛洪在当地救治百姓，居住在那里的芮氏、吕氏后人为纪念葛洪，就以其名呼村称河，故有洪川村、洪溪河、洪源塔之名。

葛洪生活的时代，正值早期砚时期，优质砚石的发现，在当时为磨墨苦恼的文人圈中一定引起了不小的影响。当地的石匠们自然会利用龙潭山幽竹岭上的石头制砚，通过连接徽州府、宣州府和安庆府的徽宣、徽青古道向山外传播。

李白咏宣砚

葛洪始创宣砚，或许只出于传说。那么唐代大诗人李白（701—762）的《草书歌行》中宣州石砚的出现，绝非偶然，至少可以说宣砚的历史比

成诗的时间要早很久。

> 少年上人号怀素，草书天下称独步。
> 墨池飞出北溟鱼，笔锋杀尽中山兔。
> 八月九月天气凉，酒徒词客满高堂。
> 笺麻素绢排数厢，宣州石砚墨色光。
> 吾师醉后倚绳床，须臾扫尽数千张。
> 飘风骤雨惊飒飒，落花飞雪何茫茫。
> 起来向壁不停手，一行数字大如斗。
> 怳怳如闻神鬼惊，时时只见龙蛇走。
> 左盘右蹙如惊电，状同楚汉相攻战。
> 湖南七郡凡几家，家家屏障书题遍。
> 王逸少，张伯英，古来几许浪得名。
> 张颠老死不足数，我师此义不师古。
> 古来万事贵天生，何必要公孙大娘浑脱舞。

据郭沫若考证：李白的《草书歌行》"当作于长流夜郎，遇赦放回，于唐乾元二年（759 年）秋游零陵时所作"。

李白的诗笔不经意间，给一千多年前的宣州石砚作了最精彩的记录。毫无疑问，宣州石砚与端砚、歙砚同时闻名于唐。宣州石砚产生的历史，自然要比李白见到的时间早许多。因为这当中要考虑到宣州石砚的形成、成熟和传播时间。歙县项村曾出土了一方西晋所产的耳杯池箱式歙砚。这与葛洪创制宣砚的时间，倒是可以相互印证。

李白的《草书歌行》，留下了独步天下的"草圣"怀素（字藏真，俗姓钱，永州零陵人。唐代书法家，以狂草名世，史称"草圣"）与宣州石砚互为知音的历史镜头。草圣选用宣州石砚，至少说明其质地超凡、与众不同。李白在《草书歌行》中直接描写宣州石砚就三个字"墨色光"，却准确抓住了其如墨般黑的石质特征。今天看来"墨色光"这三字，仍然是宣砚区别于其他名砚的重要标志。如今总结出宣砚"润、纯、素"三大特点与此血脉相连。除了"墨色光"，李白借用"须臾扫尽数千张"，间接写到了怀素所用宣州石砚的形与质。这句诗表面上看，是夸张地写书圣醉后狂草写字的状态，诗句的背后，透露出宣州石砚形与质的一些关联信息：首先这方宣州石砚形制较大，堂池较深，一次磨墨可供连续大量使用，否则写不了"数千张"；其次透露出那方宣州石砚下墨、发墨性极佳的信息，否则磨出那么大量的墨要花费多少时间？

七到宣城的李白，不仅迷上了敬亭山、桃花潭的景，迷上了宣州石砚，还迷上了中山笔。"笔锋杀尽中山兔"，句中"中山兔"笔，同样是宣州方物。唐代《元和郡县图志》载："中山在宣州溧水县（今江苏溧水）东南十五里，出兔毫，为笔精妙。"

今天多数人只知道李白的诗人身份，其实李白还是向道之人、书法家。杜甫有首《赠李白》，诗云："秋来相顾尚飘蓬，未就丹砂愧葛洪。痛饮狂歌空度日，飞扬跋扈为谁雄。"老杜诗中直言，李白狂放的性格多少受了葛洪的一些影响。

李白不仅写有大量的崇道诗，还受过道录，其书法真迹《上阳台帖》就与道教有关。

李白对葛洪、窦子明炼丹成仙，一直心存向往。在宣城的时光中，李白写下的《登敬亭山南望怀古赠窦主簿》表露了其追道成仙的思想。

> 敬亭一回首，目尽天南端。
> 仙者五六人，常闻此游盘。
> 溪流琴高水，石耸麻姑坛。
> 白龙降陵阳，黄鹤呼子安。
> 羽化骑日月，云行翼鸳鸾。
> 下视宇宙间，四溟皆波澜。
> 汰绝目下事，从之复何难？
> 百岁落半途，前其浩漫漫。
> 强食不成味，清晨起长叹。
> 愿随子明去，炼火烧金丹。

李白不仅到了宣城，还慕名到了窦子明成仙地（今旌德），写下了慕仙的又一首诗作《焦山望寥山》：

石壁望松寮，宛然在碧霄。

安得五彩虹，驾天作长桥。

仙人如爱我，举手来相招。

李白旌德之行，是否有汪伦作陪，不得而知，但旌德旧志中存有李白寻访汪氏别业的两首诗：

其一

游山谁可游，子明与浮丘。

叠岭碍河汉，连峰横斗牛。

汪生面北阜，池馆清且幽。

我来感意气，捶炰列珍羞。

扫石待归月，开池涨寒流。

酒酣益爽气，为乐不知秋。

其二

畴昔未识君，知君好贤才。

随山起馆宇，凿石营池台。

星火五月中，景风从南来。

数枝石榴发，一丈荷花开。

恨不当此时，相过醉金罍。

我行值木落，月苦清猿哀。

永夜达五更，吴歈送琼杯。

酒酣欲起舞，四座歌相催。

日出远海明，轩车且徘徊。

更游龙潭去，枕石拂莓苔。

新建的汪氏别业是否与汪伦有关系，暂不猜测。但从"更游龙潭去，枕石拂莓苔"句，可以推断"有仙风道骨，可与神游八极"（道教宗师司马承祯语）又对宣州方物十分了解的李白，一定为寻葛仙遗迹和宣州石砚到了白地洪川龙潭山。

这样的传奇，究竟如何发生？至少现在还是一个未解之谜。

《墨光歌》的吟诵

南宋高似孙（1158—1231）《砚笺》中，对宣州石砚的类别有了记述。

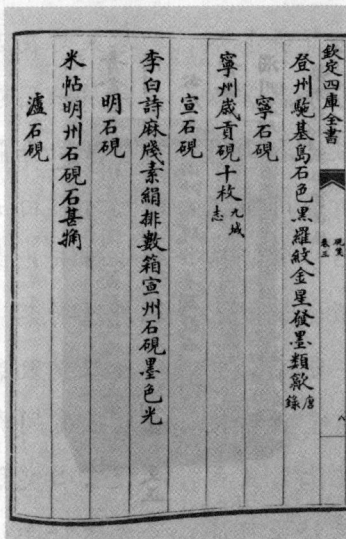

《砚笺》所记"宣石砚"

元明两代不及唐宋制砚风行，这与两朝文人的境遇关系密切。有一点可以肯定，元明时期不是中国文化发展的美好机遇期。

明代戏曲作家高濂（1573—1620）在《遵生八笺》中，记有"宣石砚宣州"的字样。

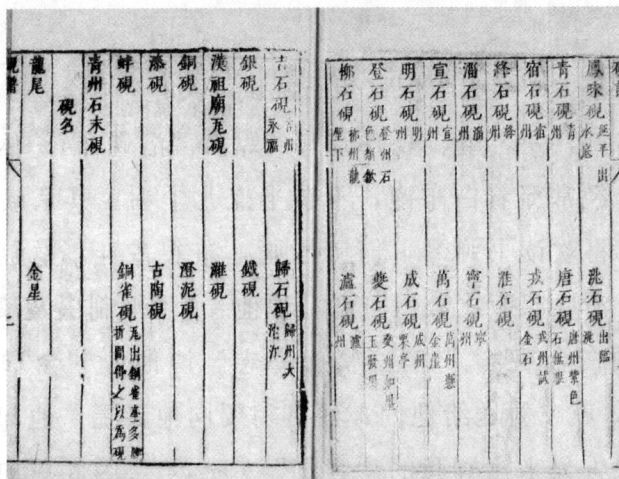

《遵生八笺》所记"宣石砚"

明崇祯初年宫廷御用吴去尘墨（故宫博物院藏），墨面有阳识隶书《墨光歌》：

> 品茶欲白墨欲黑，古人风雅千秋隔。
>
> 于今谁复弄苍烟，扫尽寒灯夜无色。
>
> 神工和剂甚苦心，捣兰屑玉用意深。
>
> 千声敲冷春山月，四壁寒凝丹鼎金。
>
> 空斋清昼陈帘里，新水才添白玉洗。
>
> 宣州石砚雪洒残，翰走烟云儿卤起。
>
> 古香微觉染罗衣，银屏激射漆影寒。
>
> 酒徒醉眼夺岩电，美女双鬟败碧辉。
>
> 坡仙雪堂数千铤，昔间欣赏同彝鼎。
>
> 只从边上付鱼吞，忍使玄心类秋种。
>
> 湛晴老铸讵可齐，坚光未许李廷珪。
>
> 淋漓床上书千卷，却笑胡人黑暗犀。
>
> 梅花阁里春得老，斗茶试墨成峦讨。
>
> 归来不入黑甜乡，为君题就墨光草。

李白、怀素、高似孙、高濂等都是各自所处时代的名士，从他们与宣州石砚结缘的史实中，我们完全可以推断宣州石砚在唐、宋、明时期，已经成为名砚进入了上层社会文人雅士的书房之中，使用宣州石砚吟诗作画亦成时尚。

徽州休宁制墨大师吴去尘用宣州石砚试墨又是一例。

吴去尘，名拭，一名望，号通道人，肆名"浴砚斋"，休宁商山人。性豪放，有洁癖，经常穿着白布袍，不杂半点儿尘垢。其宗族中因营商而富的人很多，他却喜欢读书弹琴，作诗画画，布衣芒鞋，遨游四方，又常常仿照易水制墨。清康熙版《徽州府志》说他："生平制墨及漆器精妙，人争宝之，其墨值视白金三倍。"麻三衡《墨志》说他："金章玉质，尽艺人微。"每遇文士，就拿墨送给他们，而富翁要向他买墨，他却严加拒绝，说你不要以你的孔方兄来污辱我的"客卿"（即墨），因此更加穷困，后耳聋眼花，被悍妻赶了出来，落魄吴门，结果死在虞山船上，还是著名藏书家毛晋出资收葬了他。

简单介绍了吴去尘，回过头再来看《墨光歌》中与宣州石砚一同出场的人与物：神工、丹鼎金、白玉洗、宣州石砚、书千卷。与之对比的则是：寒灯、四壁寒、黍影寒。神工、器物与苦寒的试墨环境形成强烈反差，无不衬托出主人的孤傲高洁。

在歙砚的大本营徽州，挑剔的吴去尘选择"宣州石砚"来试墨，可见这块宣州石砚在主人眼里的不同凡响。这里的不同凡响，其一是下墨均匀、发墨到位，磨出的墨汁浓厚黏稠，书写起来笔走烟云、灵动鲜润；其二是石品高洁，"雪洒残"是指石品中浅白色的金银星（金银晕），在黑色石肌中似轻似重、若有若无地散落着，犹如阳光下化而未尽的残雪，美妙而生诗意。

给吴去尘作《墨光歌》的潘之淙（字无声，号达斋，浙江杭州人，著有《书法离钩》）同样是文化名流，其歌砚咏墨自然起到名人效应。

清高宗的爱物

名世千年的宣石砚名人缘，自然不仅仅局限于文人雅士圈。

宣砚在《墨光歌》中露脸一百多年后，华丽现身于清高宗《御制诗文集·雨后泛舟乘凉揽景》中：

> 夜雨初收晓烟泮，凉景宜人又堪玩。
>
> 今日几务乃值闲，巳刻明廷罢批判。
>
> 东湖溁沆命兰舟，云散风来爽气留。
>
> 昨朝暑热避何所，讵是酷吏无端收。
>
> 花枝树叶皆生态，琳沼漪澜浑可爱。
>
> 曦先秋节悬清光，露满荷盘流沆瀣。
>
> 江毫宣砚左右随，偶然弄墨有所思。
>
> 一念圣狂分周克，吴前揽景或非宜。

清高宗（乾隆皇帝）是中国封建社会后期一位赫赫有名的皇帝，其在位期间清朝达到了康乾盛世的最高峰。乾隆还是位博文风雅的皇帝，诗书均有很高的造诣。高宗这首诗格调清新，心境轻松，美景爱物灵动纸上，极具感染力。

新近的宣砚研究中，笔者在高濂《遵生八笺》中发现"岁贡十方"的记载。从藏砚千方之高宗一句"江毫宣砚左右随"来看，宣砚定是"贡中之贡"。

究不知为何乾隆皇帝喜爱的那方宣砚缘何在《西清砚谱》中无名无姓，脸面无形，抑或是"左右随"的宝砚错成了与之长得相像的某方歙砚？那就成了一个说不清辨不明的历史谜团了！

"润、纯、素"之宣砚

古代地方名产做贡品时都冠以州名，而不做贡品的地方特产则以地方俗称。贡品"宣纸"产于泾县小岭，泾县属宣州，故称宣纸，没有"泾纸""小岭纸"之说。龙尾砚在南唐时成为贡品，产地属歙州，被称为"歙砚"。宣砚产于宣州，自然以"宣砚"称之。

我们有理由相信一定还有未曾发现的有关宣砚的记载。

在凤毛麟角的诗文之外，我们同样可以读出宣砚曲高和寡的历史隐情：宣砚质好，产量不大，遗存有限。

不管怎么说，集草圣用过、诗仙写过、砚著有名、宫廷御用墨中有记、乾隆皇帝爱物这些传奇于一身的宣砚，谁还会说它不是历史名砚？

赵雍书《禅定禅寺中兴之记》碑赏析

旌德宣砚文化园珍藏了一块大元至正元年（1341年）《禅定禅寺中兴之记》碑，碑记作者为元代僧人、书法家祖瑛，篆额为进士、礼部尚书汪泽民，碑文楷书为元代书法家赵雍。

《禅定禅寺中兴之记》内容

《禅定禅寺中兴之记》碑边长168厘米，宽88厘米，全碑848个字，每行6至40字，共25行，自右至左直行楷书，铭文字迹清晰，距今已有681年历史。现将《禅定禅寺中兴之记》全文录入：

宣之旌德县，王岭石佛庵，父老相传：往时山崩得石佛，异而祠之。今故，存宋政和间僧道庵焉。有长者胡元觉，施财广其居，时诏天下，置神霄宫，宣以永庆寺为之，道真请于官，以永庆废额寺其庵。建炎元年，神霄宫废，永庆寺当复。县有禅定寺，主僧子英迁住梓岭资福寺，其徒普明继之。未几，火于方腊，普明死焉，寺遂废。县闻于州，以禅定废额畀王岭，而还永庆于州。绍兴廿二年，子英之徒普安、普宇，田市人盛。允高即故基作梁，诏明庙祆，民周尚撼，县迁寺传庙。真之徒祖印、祖心，奔告于州，寺得不徙，□今几二百年矣。至治元年，余故人古泉禅师，客于宣之珩瑯寺。明年，禅定主僧绍福□胜因寺。主僧如海曰：禅定废久矣，然得名衲子有道，而勘于事者尚可为也。谋诸望刹，谋诸胡长者之曾孙琼。

皆曰：莫如古泉宜，古泉让至。再则曰：继兴莫如继废。吾其往试，既莅事以温恭比众，以至诚感檀施。有江兴祖者，为作山门两庑，寺体始具。先是寺有田二百件，其一百件质于胜因与巨室芮元凤氏。于是，二氏以质剂归于我胡氏、芮氏文与王师导氏割田倡施者。凡得田一千□百□拾件，旌德县尹御溪陈宜卿，为掇图藉之副藏于寺，俾永久无失。凡七年，既富既完古泉以寺还。绍福巫曳杖归四明，四明之人喜其归也，以雪窦上峰之奉慈招之。旌德之人以古泉实中兴兹寺，既去而思之不忘。越十有三年，绍福谓芮氏之子允文、允武曰：子之先人穀巳树善，视古泉犹肺附，亲余洗手享成，有赢而

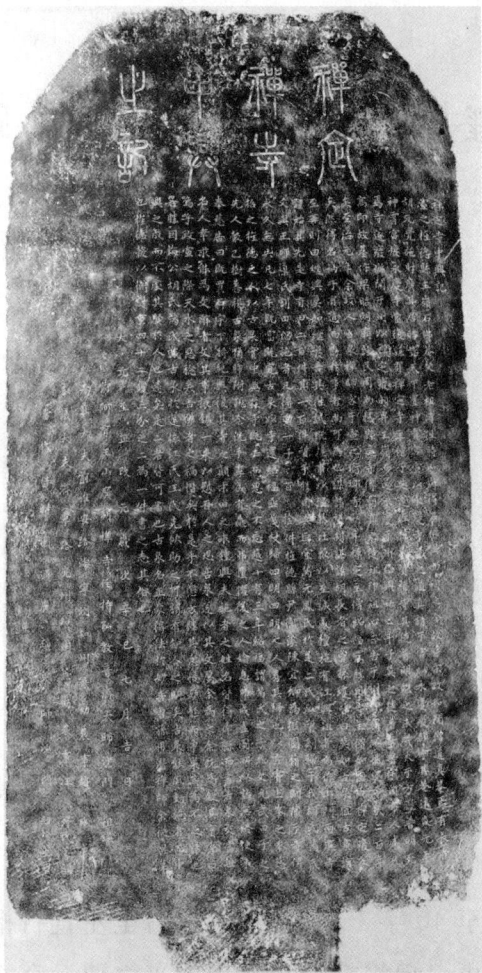

《禅定禅寺中兴之记》拓片

弗匮，惧后之人偷怠弗戒。盍图所以诒无终，使来奉慈告曰：既买石宇，下将纪兴复其寺之颠末，田之亩钟与，夫施者之姓名皆得牵联而书。古泉交当世名人，幸求能为文辞者文其事，振锡一来，以慰吾人之思。古泉遂以其文属余为之。余既为叙其实系。曰：呜呼！政宣之际，天水之恶稔矣。吾佛者之祸憯矣。于是乎，不惩方肆，其忿恔妒能而争巢，其为不足议也。若胜因海公、胡氏、芮氏诚古泉于逆旅。江氏、王氏克伙助之，可谓有知人之明矣。古泉能风动施者，而中兴之成而不处，其贤于人也远矣。是二者，皆可书也。古泉，名正蒙。得法于妙喜曾孙用潜禅师，余从昆弟也。旌德穀以衡计重四十二镂，三分之二为一件书之，志其人，俗也。

大元至正改元岁次辛巳七月吉日

前阿育王山广利禅寺住持弘教普济大师沙门祖瑛记

奉直大夫前淮安路海宁州兼劝农事赵雍书

奉议大夫济宁路兖州知州兼劝农事汪泽民篆额

当代住持圆通广福大师沙门绍福立

碑记详细叙述了旌德禅定寺废而复兴的经过，内含方腊起义、庵寺兴废、僧人流动、风土人情等宋元时期的历史、宗教和民俗信息。

碑记相关信息解读

一、《禅定禅寺中兴之记》碑石石质

历经近 700 年，《禅定禅寺中兴之记》碑体完好无损，在时光和风雨的打磨中已是温润如玉，纯黑如漆的石头上是泛着幽艳之光的包浆。若是普通碑碣恐怕早已风化得不成样子。我曾在旌德文庙及三溪等地看过一些石碑，时间均在清后，不过二三百年，字迹均无禅定碑清晰，有的模糊到无法辨认的地步，足见禅定碑石质之优良。经宣砚名师鉴定，禅定碑石质为宣州砚石，也就是制作古之名砚宣砚的石头，出自白地镇洪川村龙潭山，石质缜密细腻，不易风化，故能保留较完整的历史风貌。

二、禅定碑相关寺庙

《禅定禅寺中兴之记》在记

《禅定禅寺中兴之记》碑

述禅定寺由来及中兴过程中，先后提到石佛庵、神霄宫、永庆寺、珩瑯寺、资福寺和胜因寺。石佛庵和神霄宫，笔者在县内地方志中均未查找到相关史料，暂且不说。永庆寺、资福寺、胜因寺，清代洪亮吉、凌定堪总纂的《宁国府志》和嘉庆陈柄德主修、赵良澍总修的《旌德县志》均有记载。这里分别加以介绍：

关于永庆寺，清《宁国府志》载：

在城（宣城县）东北里许，郡邑每岁迎春于此，俗名迎春寺。唐末刺史台濛舍宅建。旧名保寿，宋太平兴国时，赐额今名。有松风亭，梅尧臣有诗。亭下有古柏二株，旧传为濛手植。大者围寻余，轮囷突兀，直数百年物。寺久圯。

关于永庆寺名，扯几句题外话。永庆寺最早建于南京城内五台山东侧，始建年代为南朝梁天监年间（502—519），系梁武帝之女永庆公主舍宅为寺，故名永庆寺，属江南七十二大寺之一，统辖沿江数十个寺庙，与杭州灵隐寺、镇江金山寺齐名，在佛门地位较高。杜牧《江南春》诗中"南朝四百八十寺"，不管是实指还是虚指都不会少了永庆寺。因其影响大，全国以永庆名寺的不独宣州，有的一直留存至今。

从上述《宁国府志》那则史料来看，北宋之后宣州府所在地的永庆寺已经倒塌。旌德神霄宫建了以后，宣州府"以永庆寺废额寺其庵"，传其衣钵，当在情理之中。另一方面，也可以看出从石佛庵到神霄宫，复以禅定寺中兴之。足以说明这一方寺庙不仅历史悠久而且影响颇大，否则就不会以"永庆寺"名之，禅定寺复建亦不会选址于此。正因为有影响，后来中兴时才得以请到名僧古泉。

珩瑯寺，位于湾沚（隋唐时曾属宣州府当涂县，今属芜湖市）的珩瑯山，传说五台山有金气，峨眉山有银气，普陀山有铜气，九华山有铁气，珩瑯山兼四气更有玉气。

关于资福寺，清《宁国府志》载：

在县（旌德县）东南二里梓山下。宋开宝中建，明洪武辛未立为丛林，正统、嘉靖时递修。中有归一堂、贝叶林诸梵室。

关于胜因寺，清《旌德县志》载：

> 在县西五十五里，宋治平年建，明万历年修。进士江廷寄题额曰"古胜因寺"。宋陈天麟诗："山行诘曲到禅林，台殿丹青岁月深。薄晚春寒生几席，逼人空翠扑衣襟。客尘冉冉侵清思，俗状纷纷费苦吟。若得一丘容我老，便携藜杖事幽寻。"唐观察使方台墓在寺后。

只不过清《宁国府志》在介绍胜因寺时，距离上与县志有区别，语为"在县西七十里"。今天的旌德县白地镇江村、庙首镇板桥（今新水村）清时属二十一都，在"城西五十里不等"。今天的白地镇洋川、洪川清时属二十二都，在城"西南七十里不等"。胜因寺就落在江村三节桥地界上，今天"胜因寺"地名依然存在。

三、禅定碑所记捐建姓氏

禅定寺碑记中提到捐建诸姓中的芮姓和江姓，其中芮姓居住在今天宣砚石矿产地洪川村芮家，江姓无疑就是江村江姓，这两姓均是旌德西乡世族大姓，多富家大户。碑的反面均为捐建者姓名，碑记中亦有"施者之姓名皆得牵联而书"之句。

四、禅定寺所在地

从禅定寺碑记中相关的地名"王岭""胜因寺"，以及捐赠的富家大户"芮"姓、"江"姓来判断，禅定寺所处的位置应该就在洪川村境内，碑石乃就地取材。

从史料来看，明清时期旌德西乡寺庙众多，有忠烈庙、广惠王庙、关帝庙、汪公庙、威显庙、钟山庙、胜因寺、多宝禅寺、祇园庵、指月庵、天台庵、金鳌庵、羊口庵、白云庵、四峰庵等。此外，建于明永历十四年（1660 年）的洪川冲霄雁塔（又名洪源塔）亦为佛塔，塔内墙上每面均置三尊佛像，八面计二十四尊。由此可见，讲经布道在白地洪川十分普遍。

撰文、篆额及书丹者身份

《禅定禅寺中兴之记》撰文、书碑和篆额者都是元代名士，可见僧人古泉的品行和威望，也可看出禅定寺在当时有着不一般的影响力。

篆额者，汪泽民（1273—1355），字叔志，婺源州人，少警悟，家贫力学，贯通诸经。初以春秋中乡贡；上礼部下第，授宁国路儒学正。元延祐五年，登进士第。历数郡推官，人都服其明。至正三年，召为国子司业，与修三史。书成，迁集贤直学士。后以嘉议大夫礼部尚书致仕，退居宣州，自号堪老真逸。追封谯国郡公，谥文节。著有宛陵遗稿《元诗选》传世。又与张师愚同编《宛陵群英集》十二卷。

《禅定禅寺中兴之记》碑额

碑额"禅定禅寺中兴之记"，安娴若思，"定"字笔画保留有大篆特征，久视如入周秦王宫，古韵苍茫，有《碧落碑》之味，也有西周编钟遗韵。

撰文者，为元代僧人、书法家祖瑛。《书史会要》记，祖瑛字石室，时人称之石室长老，吴江人，书学赵孟頫。赵孟頫传世名帖《送瑛公住持隆教寺疏》，就是祖瑛就任隆教寺住持时，赵孟頫送给他的礼物。释文云：

兹审石室书记瑛公住持昌国州隆教禅寺，凡我与交，因词劝□处西湖之上，居多志同道合之朋；歌白石之章，遂有室迩人远之叹。第恐大瀛之小刹，难淹名世之俊流。石室长老禅师，学识古今，心忘物我。江湖风雨，饱饮诸方五味禅；棒喝雷霆，显扬圣谛第一义。扫石门文字之业，传潜子书记之灯。钳斧既已承当，办香须要着落。望洋向若，不难浮尊者之杯；推波助澜，所当鼓烝徒之楫。即腾阔步，少慰交情，开法筵演海潮音，龙神拱听，向帝阙祝华封寿，象教常隆。

可见二人时相过从，交情匪浅。

书丹者，赵雍，系书画家赵孟頫的第二个儿子，宋太祖赵匡胤的嫡系后裔，字仲穆，官至翰林院待制（正五品）、同知潮州路总管府事。绘画有父风，擅长山水画，尤工人物鞍马；书承家学，兼善真草行篆，有"精妙"之称。《元史·赵孟頫传》附记："子雍、奕，并以书画知名。"其书法稳健清秀，有乃父之风。《书史会要》："赵孟頫尝为幻住庵写金刚经未半，雍足成之，其联续处，人莫能辨。"这一书坛佳话流布甚广。在元代，赵孟頫、赵雍、卢挚、危素等都是位高身显的大儒，同时又是朝中颁布重要事情而书写碑文的主要参与者。碑自唐代士大夫参与书写开始，书法家书写碑文是一种荣誉，更是身份地位的表现。而且何人撰文、何人书写、何人篆额都成为身份地位的象征。特别是"宋、元以来，并不重撰文之人，而重书碑之人矣"，因而书碑成为衡量人社会地位的一个标准。书法审美既要符合王政所需，另一方面也体现其重要的社会地位，所以在元代，赵雍的书法是"殊邦绝域，慕公名而得其片言文字，皆宝而传"。禅定寺碑记，结体稳健，形体秀美，温润娴雅。

立碑者，释绍福，宁波府人（"四明"为宁波别称，四明山为道教第九洞天），其时为禅定寺住持，年老回四明家乡，父老敬重有嘉。生平虽不可考，从其与赵雍、汪泽民、祖瑛诸人有交来看，想来此僧人一定不凡。

《禅定禅寺中兴之记》不仅为还原宋元时宣州府和旌德县道教、佛教发展历程提供了重要物证，还为古宣砚石的研究提供了重要物证，具有较高的历史价值和艺术价值。

今天，我们观赏《禅定禅寺中兴之记》碑，当颙颙然如文人学子见至圣先师。

文化的另类传播者——旌德刻工

徽、宣之地盛刻书

人们往往把作家、画家、戏曲家、演员、教师等统称为文化的传播者。这里，我要介绍的文化传播者，从职业来讲他们是木匠之一种，现在称"刻工"，他们在当时被称为"剞劂匠"。

元代旌德县尹王祯曾与刻工一道造木活字印刷大德《旌德县志》。比王祯晚 40 年的庐陵进士刘性元至元二年（1336 年）任旌德县令时与婺源州守、吴郡干文传重刻宋朱松撰《韦斋集》12 卷，附朱槔撰《玉澜集》1 卷。

回过头，我再简单说一下为何明清时期刻书业兴盛于宣、徽地区，这当然离不开两地得天独厚的自然条件和人文优势。

我国雕版印刷术的发明始于隋唐，黄金期则是宋元时期。这一时期，安徽地区已形成以徽州为中心的沿江府州刻书带，出版业十分繁荣。据不完全统计，现今大陆存宋元版书 1600 多种，台湾地区所藏包括残书及复本不下 430 部。

北宋以前，安徽地区大部分属于十国中比较安定和重视文化事业的吴国和南唐的版图，经济和文化基础均较好，宣、歙两州的"文房四宝"闻名全国。加上自魏晋、五代十国大乱后，江淮、江南地区得到进一步开发；宋室南渡后，江南地区更是南宋京畿近地，社会相对安定，经济进一步发展，随着北方沦陷，大批中原衣冠、文人学士流寓江南，山清水秀之地成为他们落脚生根和经营的对象。程朱理学的兴起和繁荣，为刻书业创造了良好的社会、经济环境，使得宣、徽地区的出版业在两宋时期及至近代空前发展，成为全国重要的区域刻书中心。

承担刻书大任的就是无数默默无闻的刻工，也就是文章开篇提到的"剞劂匠"。大到经史子集，弘儒布教；小到宗谱方志，睦族传家，都需刻书之技担当。可以这么说，传播文明的大任，寄托在一批批的"剞劂匠"身上。

从宋代开始，刻书又分官刻、家刻、坊刻，这主要是从投资渠道和经营性质来区分。官刻，指的是中央和地方各级各类官署及公办学校所刻的书。私人刻书主要根据目的分为家刻和坊刻两种。家刻书，世称"家刻本"或"家塾本"，主要以雕刻本人、先人及先贤著作为主，以纪念传布为主要目的。坊刻，一般是指书商刻印的书，作为商品流通，并以营利为目的。家刻、坊刻，合称私刻。

无论是官刻还是私刻，都经久不衰，长久以来已形成了浓郁的刻藏书文化，造就了一支庞大的刻工队伍，涌现了大批镌刻人才。黄、仇、汤、汪、刘、鲍、郑、吴、洪、张、项、程等姓都是家传户习，名手辈出的镌刻世家。这些刻工主要分布在歙县、旌德、休宁、婺源、绩溪、黟县、祁门等地。

以刀代笔的旌德刻工在这支队伍中出类拔萃，创下了骄人的业绩。笔者在读闲书的过程中，留意到旌德刻工的一些资料，虽不成系统，但可窥斑见豹。

木活字发轫于旌德

旌德"版书"这个地名，不少文化人都认为与刻版印刷有关系。可以这么猜测，当时临近县城的版书盛产刻书所需的木纹细密、质地坚硬的枣木、梨木、黄杨、白果等，这才成了一个刻工集中的地方。"版书"原名"板树下"，后雅化为"版书"，大概是基于这样一个缘由。徽、宣之地有纸、有墨、有刻书的材料，因而造就了众多的刻工，成为全国四大刻书中心之一。据版画家张国标先生称，20 世纪 50 年代还能发现署名"旌德版书印行"的书籍和标号。

700 多年前，王祯在旌德当县令能用木活字印《旌德县志》，既是王祯之幸，也是旌德刻工之幸。

这么说是有足够理由的。早在王祯到旌德任职之前，旌德刻工就已经相当活跃了。宁国府第一本地方志《旌川志》（八卷），就是旌德县令李瞻于南宋绍熙年间编纂刊印的。

王祯印成 6 万余字的《旌德县志》，是元大德二年（1298 年），工匠们制木活字 3 万多个，不出一个月而百部齐成。没有大批熟练的刻工，那么短的时间是不可能创下如此纪录的。某种意义上说，旌德刻工成全了王祯。这事还不算完，元元贞元年（1295 年）至大德四年（1300 年）在安徽旌德、江西永丰两地，王祯刊刻《农书》，图文并茂。江西是刻版印刷，旌德则是活字印刷。其中，王祯绘制 306 幅各种农具和机械图。每图后附一文，说明它们的构造、演变和用法，这是比较完整的宋元时期农具和农业机械资料。无疑靠着这么一批"剞劂匠"，王祯成了那个时代的"畅销书"专家。

王祯把创制木活字的方法写成《造木活字印书法》，并绘制《活字板韵轮图》附在《农书》后面。王祯的木活字印刷，具体的办法是：

造板木作印盔，削竹片为行，雕板木为字，用小细锯锼开，各作一字，用小刀四面修之，比试大小高低一同，然后排字作行，削成竹片夹之。盔字既满，用木屑楔之使坚牢，字皆不动，然后用墨刷印之。

用现在的话说，就是先请书法名手写出字样，糊于木质很好的方木上，由刻工雕刻成阳文反体字，逐个铲修，使之大小高低完全一致。再将这些刻好的木活字，按音韵次序排列。排印时用木版作底，四周用竹片拦紧，将干活字行行排满，个个垫平，中间以薄竹隔行，并搜紧固定。然后上墨铺纸，用棕刷顺界竖直刷印。王祯还发明了转轮排字架。用轻木造出大转轮，"立轮盘以圆竹笆铺之，上置活字版面，各依号数上下相次铺摆。凡置轮两面，一轮置监韵版面，一轮置杂字版面。一人中坐，左右俱可推转摘字"。王祯还对"写韵刻字法""锼字修字法""作盔嵌字法""取字法""作盔安字刷印法"等各项具体方法作了详细的记载。木活字的使用推广，大大提高了印刷效率。

王祯所著《造活字印书法》，是世界上最早系统叙述活字版印刷的文献，以后被译成几种文字传播国外。木活字印刷术也先后传至朝鲜、日本、伊朗等国，影响波及欧洲。

明人胡应麟云：今世欲急于印行者有活字，然自宋已兆端，今无以药泥为之者，唯用木活字云。清人龚显曾也说：明人用木活字版刷书，风气乃大盛。木活字印刷在明代已风行于世。据学者张秀民先生统计，明朝木活字本有书名可考者有100余种，多为万历印本。其有地名可考者，除成都、建阳、南京等外，还有江苏、浙江、福建、江西、云南等地。

自元至清末民初，木活字印刷术久用不衰，就连边远的少数民族地区，也曾广用此法。1899年，在敦煌千佛洞中还发现过元代的维吾尔文木活字。明万历以后，各地木活字印本越来越多。崇祯年间连官方《邸报》也都采用木活字排印了。清乾隆三十九年（1774年），高宗为修订《四库全书》，花白银2300多两，在武英殿制成一套枣木活字（25万余枚），高宗嫌"活字版"名称不雅，钦定为"聚珍版"。所印书籍便是举世闻名的《武英殿聚珍版全书》。

由于朝廷的倡导，民间闻风仿效。用木活字排印大部巨著成为书家时尚。清道光十一年（1831年），六安晁氏以木活字排印的《学海类编》多至807卷，120册，收书420余种。泾县包世臣撰《安吴四种》36卷，最早印本就是清道光二十六年（1846年）用木活字排印的。而素以刻书闻名的徽州，早在明清时代印刷业蓬勃发展的高潮中，就已形成了木活字印刷和传统刻版印刷双管齐下、同时并举的大好形势。尤其是木活字的规格种类、制作质量、排印技术等，都在徽州能工巧匠手中日臻完善。印书的范围从皇皇巨著的经史子集，发展到大众喜爱的民间文学作品以及宗教经典著作和方志、宗谱等。印刷技术也从单色的水墨印刷发展到彩色套版，并创制出前所未有的饾版法和拱花法等印刷绝技，从而使明清时代的徽州文化得到了空前的繁荣与发展。

值得一提的是，我国著名的古典文学巨著，最初都曾在徽州印出。如通行的一百二十四回本《水浒全传》，最早的刻本就出自明代新安。《聊斋志异》成书之后，蒲松龄因贫困而无力印行，直到清乾隆三十二年（1767年），才由歙县鲍廷博出资印行，即 36 卷 421 篇的通行本。连最负盛名的《红楼梦》写成之后最初也仅有抄本流传，直到清乾隆五十六年和五十七年（1791 年和 1792 年），徽州程伟元才把曹雪芹的八十回和高鹗所续的四十回放在一起，两次用木活字印出，即是后来所称的"程甲本"和"程乙本"。而旌德县，自宋代绍熙元年（1190 年）到清代道光六年（1826 年）的 600多年间曾先后 9 次编修县志，平均每 70 年一次，如果没有深厚的文化基础和良好的印刷条件，也是不可能办到的。

旌德刻工名家辈出

旌德刻工的辉煌最初显露在大德《旌德县志》和《农书》之中，往后的时光中他们有着更多的大手笔，刻工又以汤、刘、鲍、朱姓居多。

汤村汤氏族人操持刻书业有 200 多年历史，很多人家几代人都是"剞劂匠"。

汤炳南寓居南京，经营书坊，不但雕版印书，而且极力推广活字印刷，上至经史子集，下至民间文学小说、戏曲唱本、杂谈传奇、神话故事等应有尽有，成为当时出版中心金陵乃至苏常、吴兴、杭州一带有影响的大书贾。

汤村人汤尚、汤义、刘荣于清顺治五年（1648 年）刊刻著名画家萧云从的组画《太平山水图》，作品表现出来的细腻舒展的线条、疏密缓急的流水、井然有序的村落、错综起伏的山峦、音容生动的人物，无不刻画入微，轻重得宜，浓淡有味。汤尚的《吴波亭图》铁笔刻线，细致流畅，运用不同的刀法对繁密的山石、树木花草、行云流水一一雕镂，轻重缓急掌握得恰到好处，无一错乱。汤义刻的《灵山图》、刘荣刻的《青山图》均技艺高超，绘刻双美。著名收藏家郑振铎对《太平山水图》极为赞扬：

图凡四十三幅，无一不具深远之趣，或萧疏如云林；或谨严如小李将军；或凡花怒放，大道骋驰；或浪卷云舒，烟笼渺渺；或田园历历如毡绞，山峰耸叠似岛屿；或作危岩惊险之势；或写乡野恬静之态，大抵诸家山水画作风，无不毕于斯，可谓集大成之作矣。

《太平山水图》对当时和后世尤其是版画界影响深远。

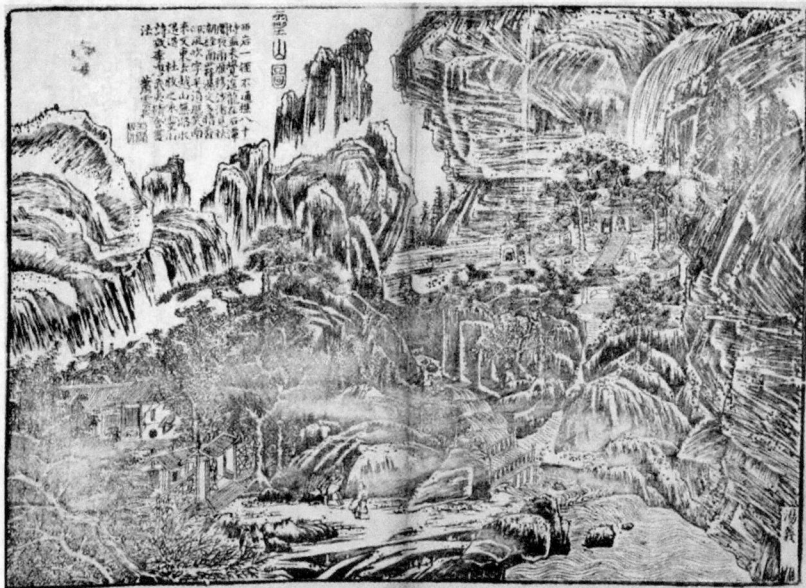

《太平山水图》

汤复刻于清顺治二年（1645 年）的《离骚图》，刀艺精绝，后有人增绘 91 图，计 155 图，编入《四库全书》。这位汤复先生还在书中印上价目单：

枣板绣梓，刷印无多，今包刻价纹银壹钱伍分，纸选精洁者每部贰钱柒分伍厘，用上品墨屑并刷工馈柒分伍厘，共纹银伍钱，今发兑每部壹两，为不二何也，装订处增加贰钱。

汤文光刻道光年间《徽州府志》图。汤能臣刻《黄山志定本》图 16 幅。汤郁文刻《九华纪胜》38 卷、8 册。清光绪二十七年（1901 年）汤信穗刻九华陈蔚辑《齐山岩洞志》《齐山南面图》。

汤姓之外，乔亭刘氏刻工同样技艺超群。

刘光信在金华刻万历三十一年双桂堂本《顾氏画谱》《历代名色画谱》。

刘荣与汤尚、汤义合刻清顺治六年本《离骚图》《太平山水图》，刘荣还刻万历本《凤凰山》图。

刘光旸（生卒年不详），字雨若，擅长鉴别历朝宝器和名贤字画。清顺治初，他应尚书冯谧召进京，令刻《快雪堂法帖》。刻石摹镌精良，进呈顺治

《太平山水图》

帝。帝召见，以王羲之之墨迹试其才智，辨识无误。又取外国进贡一炉，现场鉴定，立判为某朝某年乳母进献某太子饮乳御器。帝惊异，赐号"古董"，命其在鸿胪寺任职。清康熙十六年（1677年），又刻《翰香馆法书》丛帖，以其书斋"翰香馆"命名，由钟繇、王羲之、董其昌等28家82件作品集成。

宋荦作《刘鸿胪歌》称颂其技艺：

十年海内盛翰墨，短碣丰碑尽镌刻。琅华馆与快雪堂，至今处处生颜色。忆昔先皇天纵才，临池学书何勤哉。宸翰精妙古无比，上与云汉同昭回。犹云绝技必古人，穷搜墨宝前具陈。真迹双钩上文石，扬也奉诏无逡巡。玄秘塔，九成宫，经年摹勒何其工。纵横波磔无遗憾，本来面目将无同。拓成匐匐瀛台奏，至尊含笑当清昼。赐金赐绢皆固辞，赐官拜受诚希觏。官列鸿胪承帝眷，从兹出入文华殿。退朝常得奉宸游，日下人争识君面。

刘大德刻万历本《重校十元端巧合红蕖记》。

刘廷爵刻嘉庆二十五年本《宁国府志》。

刘君裕刻《忠义水浒传》插图。

刘光显模仿梅清、蔡瑶、半山等画家笔法，为清嘉庆《宁国府志》（洪亮吉、凌定堪主修）雕琢《北楼》《敬亭》《景梅亭》《麻姑山》《桃花潭》《琴溪》《龙池》《西津》《南湖》等 24 幅山水版图，均为弥足珍贵的艺术品。

俞村合锦鲍姓刻工，同样名振业内。

鲍守业（约 1625—1705），字承勋，擅长雕刻人物，刻有长洲钱谷绘图本《杂剧新编》。顺治末年，他奉召进京镌刻御像，名重一时；清康熙年间，刻吴门汪珊绘图本《怀嵩堂赠言》，又与同邑鲍天锡同刻吴门顾云臣画文喜堂本《秦月楼传奇》等书插图。所镌刻《华藏庄严世界海图》及清雍正五年与鲍昌胤合刻《诸神礼佛图》，刻工纤细（作品现陈列北京法源寺，原雕刻木版现藏南京博物院）。清康熙三十八年，刻明岳端撰《扬州梦》一书插图 24 幅。鲍氏父子刻《秦月楼传奇》，以刀代笔，充分运用阴刻与阳刻，加强线条的变化来丰富画面表现力，刻线纤细精美，运刀纯熟自如，密而不碎，稀而不空，线条刚柔轻重、疾速转换的技巧，都可以在其纹线上看出来。《秦月楼传奇》插图刻技之精，被称为清初徽派版画代表作品之一。郑振铎在《中国版画史图录》中说："旌邑鲍承勋为清初之镌图名手，所镌有《秦月楼》及《杂剧新编》之插图等，此书尤为罕见，故收入焉……可见当时承勋声势之浩大。"他认为鲍承勋、鲍天锡（一说为承勋子），都是旌德刻工高手，其技艺可与徽州版画刻之魁首歙县虬村黄氏相媲美，并论定"承勋为徽派版画之殿军，实刻于苏州，为苏州版画之佼佼者，中国版画至康熙间犹方兴未艾，乃因鲍承勋、朱圭等名家出，使苏派版画崛起，有相帅领先之势"。

除此之外，旌德诸姓刻工，同样身怀绝技。

李予怀，侨居苏州，善镌刻书法，尤其名家墨迹。

洪心之，参与刻万历四十二年本《医便》。

郭卓然，刻崇祯年间剑啸阁叶敬池本《醒世恒言》《警世通言》《西楼梦传奇》《李卓吾先生批评西游记》《水浒传》，崇祯金陵玉洛川重刊本《宣和遗事》。其《李卓吾先生批评西游记》绘刻严谨，细腻精工，无论章法、表现技巧，还是刀刻手法，都具有大家风范和徽派作风。

李金钊与汤汉章合刻道光十年本《医述》。

朱旺村人朱士标、朱长春，被誉为"铁笔超群"。

饶元采，刻天启元年本《御制观无量寿福经》。

饶焕为经卷书刻多种扉页画。

程、孟氏合刻康熙八年本《茅山志》。

隐龙村清时多擅雕者，《方氏宗谱·宗人德生君传》：

乾隆年间，吾宗人逢城者，字仲高，世居旌德隐龙，业剞劂，精于钩
剔，缙绅先生之徒，有所造述、撰著，寿诸梓、悬于思次者，以出仲高之
手为佳……于剞劂之事，以获交海内知名士，简编之末，仲高与焉。

从这段文字中，可以看出隐龙村对当地刻版印刷业是有影响的。

清代书法家张海鹏说："藏书不如读书，读书不如刻书；读书只为己，
刻书可以泽人；上以寿作者之精神，下以惠后来之修学，其道更广。"近代
藏书家叶德辉云："积金不如积书，积书不如积阴德，是固然矣。今有一
事，积书与积阴德借兼之，而又与积金无异，则刻书是也。"

显而易见，那个时代，刻书是和高尚道德相联系的。

无疑，旌德的"剞劂匠"们成功扮演了一个时代文化和道德传承人的
角色。

张岱笔下的"旌阳戏子"

明代文学家张岱在《陶庵梦忆》中有篇叫《目连戏》的短文，记的就是旌阳戏子在绍兴演目连戏之事。介绍那则短文之前，先来说说目连故事及徽州目连戏。

目连故事在中国的流传是一个重要的文化现象。从戏曲史上考察，目连戏确立于宋代，以后传到徽州及旌德。

目连救母故事主要出自《佛说盂兰盆经》，并散见于《经律异相》《撰集缘经》《杂譬喻经》等佛经中。故事说的是目连在祇园精舍悟通佛法以后，就想以济度父母来报答养育之恩。他遍走各地，在得知母亲坠入饿鬼道后，立即用钵子盛了饭去供母亲。然而母亲还没把饭夹进嘴，饭就变为烈火。目连哭着告诉如来佛，佛教他在七月十五日，用盆盛百味饮食，供养十方僧侣。目连依言，终使母亲脱离饿鬼之苦。

约在南北朝时期，我国新疆一带传入印度目连梵剧，目连故事的流传涉及宝卷、敦煌变文、民间传说等多种通俗文艺形式，其内容，涉及佛、道、儒三教以及各种民间信仰和文化心态。目连戏自诞生以来在徽州及周边地区盛演不衰。一度广泛流传于安徽、江苏、浙江、江西、湖北、湖南、四川、山西、福建、河南等地。清代宫廷的《劝善金科》有着目连戏的影子，鲁迅笔下的绍兴"女吊"烙有目连戏的印痕。

郑本目连戏

说到旌德的目连戏，必然要提到徽州，因为旌德不仅地理上与徽州山水相连，而且文化风俗上与徽州相近（虽然行政上旌德一直隶属宁国府）。明清时期旌德戏班之多仅次于郑之珍的老家祁门县。

长久流传的目连故事发展成一部有完整情节的戏曲作品，是祁门人郑之珍的贡献。

郑之珍，字汝席，号高石，祁门县渚口乡清溪村人。郑之珍编撰的《目连救母劝善戏文》，全剧共 102 出，分上、中、下 3 卷，篇幅之大，可谓空前。它设置了傅家向佛及刘氏开荤堕地狱—目连西行求佛—目连地狱寻母救母的基本框架，将以往的各种目连故事串缀其中，前后照应，汇为一部以"救母"为主干情节的戏曲，集明中叶以前故事之大成。

郑本在情节设计上颇下了一番功夫。首先，根据敦煌变文中目连家庭的叙述，扩充了三分之一的目连全家尊佛的内容，为戏文的上卷。目连家庭情况的最早叙述，出自敦煌变文《目连缘起》，"家中甚富，牛马成群"，目连小名"罗卜"，他"拯恤孤贫，敬重三宝，行檀布施，日设斋僧"，但

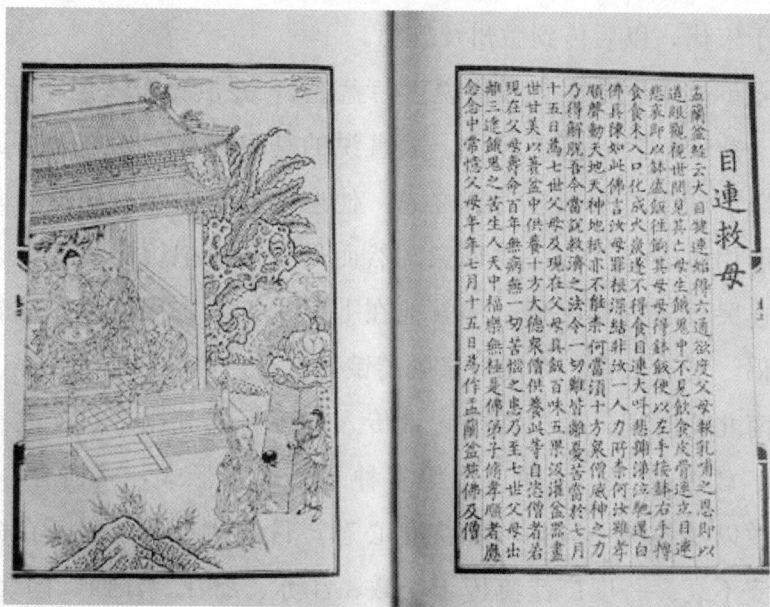

"目连救母"故事

母亲青提夫人在儿子外出经商后，"空中咨情，朝朝宰杀，日日烹脆
（庖）"，"逢师僧时，遣家僮（童）打棒"。在这里，目连是何姓还未出现，
其母仅叫"青提夫人"而未冠"刘"姓。可能在宋元流传的过程中，这一
家庭情况不断得到丰富，到了郑之珍笔下，目连不仅有了父亲，名叫傅相，
而且一心向佛，广为行善。母亲既号青提，也姓刘名四真。戏文上卷32出，
详写傅相斋僧斋道，乐善好施，死后升天；而刘氏本以从佛修行，夫死后
听信弟弟刘贾和侍女金奴的怂恿，遣目连外出经商，开荤破戒，又用狗肉
馒头斋僧，得罪了神灵。戏文将"救母"的故事进行了前期铺垫。

其次，戏文将明中叶前目连西行求佛的故事情节糅入"救母"之
中。目连西行的情节在敦煌变文中语焉不详，郑本中明显与《西游记》
玄奘师徒西天取经故事扯上了关系，使之构成了"救母"故事中的重要
一环。目中有"经黑松林""过火焰山""过烂沙河"，出现的人物有白
猿和沙和尚。《遣将擒狼》一出中，观音菩萨也给白猿套上紧箍，以此
作为制约手段。

通过情节扩充，《目连救母劝善戏文》就形成了傅家向佛及刘氏开荤堕
地狱—目连西行寻佛—目连地狱寻母救母的三大情节板块，每一板块构成
一卷内容，以时间先后为经，形成了可以容纳多种零散故事的大框架。有
此框架后，各种本已形成和流传的故事均可汇入其中，例如已经盛演的
《尼姑下山》《和尚下山》，就被定进下卷，而下卷《地狱寻母》中，尼姑、
和尚又受到惩罚；其他如《拐子相邀》《匠人争席》《哑背疯》《观音戏目
连》等在其同时或以后搬演的片段，均一一采入剧中；甚至在民间长期积
累的片段歌舞以及特殊的表演形式也如小溪汇入大河，例如《观音生日》
一出，观音先后变鹤、虎、道士、长人、矮人、千手形状，在变千手形时
的舞台提示为："先用白被拆缝，占（观音）坐被下，内用二三人升手白缝
中出，各执器械作多手舞介。"本出在目录中注明为"新增插科"，大概是
当时歌场刚刚编创的表演形式。由于题材的规定性，目连故事跨阳、冥、
天三界，人物角色众多，生活场景多变，特别是表现天界和冥间的神鬼生
活场景，表演手段自然多样化，这一切也都被或明或隐地吸纳到作者构撰
的大框架之中。《目连救母劝善戏文》不仅集目连故事之大成，还集目连文

化之大成，综合了当时宗教、民俗、艺术等多种成分，成为目连文化的"大观园"。

郑之珍《目连救母劝善戏文》完成了流传故事由释而儒的改变，强化了儒家文化精神。它的劝"善"主要集中在阐扬儒家伦理的"爱敬君亲，崇尚节度"，突出了儒家所倡导的"忠孝节义"等伦理观念。就个人而言，是郑之珍自小受儒家文化熏陶的结果。从另一个层面上说，一经如此改造，目连戏文迎合了徽州程朱理学浸染这方水土的需要。

除了内在精神上的改造之外，郑本还体现了民间与文人戏曲的双重品格。郑之珍在编撰戏文时既追求"虽愚夫愚妇靡不悚恻涕洟，感悟通晓"，又追求"为劝善之一助"，这就使他不得不吸纳润饰当时的流行片段。

在内容结构上，郑之珍确立了"劝善"的主旨，以"救母"为情节核心，结撰了上、中、下三卷线索清晰的结构框架，并在强化儒家文化精神的创作取向支配下，添加了曹赛英的线索。这样的构架既使戏曲的文化精神得到改变，也实在是一种"文人笔法"。但是，郑之珍又保留了当时业已流传的《哑背疯》《骂鸡》《双下山》《匠人争席》等片段内容，这些片段具有浓厚的民间文化风味和世俗文化品格，有的被郑氏纳入主题与整体结构框架中，有的却仍然保持着独立性，使得戏文呈现出雅俗并陈、文人笔法与民间鄙俚风格杂糅的面貌。

在戏文体式上，一方面采用曲牌格律对曲词予以规范，另一方面又时时穿插民间戏曲没有宫调曲牌的唱段。郑之珍"喜谈诗，兼习吴歈"，可能也接触到新兴的昆山腔，因而在戏文中基本上采用曲牌体式写作曲词。如上卷二十三出"刘氏开荤"中，就让乞丐唱了十七支"莲花落"；下卷第十一出"三殿寻母"中，刘氏唱了三段"七言词"。这些唱段的体式不是曲牌体，而是整齐的七言句；其内容也具有浓厚的民间生活气息，"三殿寻母"中的七言词细数人间母亲辛苦，又名"三大苦"，将封建社会做母亲的艰辛述说得痛切感人，无疑是民间文学的样板。此外，郑之珍对套曲的运用，也是以能"出乎口，入乎耳"为主，并不太故意安排细致的曲子，组套仅以剧情需要为主，往往是滥套，甚至不成套的几支曲子。至于"滚"的运用，在剧中也见多处。体现了郑编戏文作品民间与文人的双重审美品格，语言俗中有雅。郑本戏文有许多片段采自民间，它们的语言原貌难免俚俗乃至粗陋不堪，郑氏将其加以润饰，使之既保持民间戏曲语言的通俗品质，同时又免却粗陋之弊，流畅平易，使之兼具民间戏曲和文人戏曲的双重特色。

往后，在目连文化流传史上有件里程碑的大事，那就是万历十年（1582年），郑之珍编撰的《目连救母劝善戏文》由歙县人黄铤首刻印行，这就使剧本的影响力广泛产生。高石山房本胡元禄在跋语中说："好事者不惮千里求其稿，瞻写不给，乃绣之以梓以应求。"当时许多艺人丢掉老本采用郑本，有的选择采用，还有一些文人对郑本进行模仿。

张岱笔下的"旌阳戏子"

自从郑之珍本目连戏问世后，徽州就成为目连戏演出的重镇之一。祁门、休宁、石台、婺源、歙县、旌德等地广为流传。祁门目连戏初始无固定演出场所，以鼓击节，锣钹伴奏，不用管弦，多用唢呐。其基本唱腔古朴，为明中叶流行于徽州一带的"徽池雅调"，即徽州腔、青阳腔，保留"滚调"特点。脚色分生、旦、末、净、杂、襟，脸谱有鬼脸、标脸、花脸等。表演吸收民间武术、杂耍的一些技巧，能走索、跳圈、蹬桌、滚打等，这些表演特技被巧妙地融入剧情当中，成为表演武戏的特殊招式，为后来徽班的武戏表演奠定了基础。演出班社大多以宗族为单位组班，即一个班社均由同宗同族的人氏组成，外姓人不得加入。目连戏演出形式有二：一为演员直接扮演，谓之"大目连"；二为演员操木偶演唱，谓之"托目连"。一般以春、秋两季为盛，有"稻旺戏（秋收）""堂会戏（每五年或十年一届）""庙会戏""平安戏""香火戏（还愿）"等名目。演唱时间为农历一、四、七、十日不等。逢农历闰年，旌德文庙门口、张家坦、北门观音阁（新桥）等处均有目连戏演唱，驱邪赶鬼、祈祷丰年。

当时在徽属六县的二十来个目连戏班中，除祁门、石台的各班社之外，有歙县长陔的"韶坑班"、长标的"劝善班"，休宁县的"梓杵班"，婺源县庆源村的"舞鬼戏班"，旌德县乔亭的"小儿科班"、桥埠的"李贵红班"、小岭村的"新福木偶目连班"。除祁门之外，旌德的目连戏班最多。各县目连戏班常进行交流，活动面广。歙县的韶坑班在清末民初兴旺时期，足迹遍及旌德、绩溪、太平、黟县等地。旌德的目连戏班也常到外地演出。他们可演七天七夜、五天五夜，至少三天三夜、两天两夜，故称"两头红"或者"三天红"（即从太阳落山演至次日晨日出）。新中国成立初期，祁门、石台、休宁、歙县、旌德等地的目连戏班演出兴旺。在众多的目连戏班社里，旌阳戏子演出的目连戏尤为精彩，堪称上乘，有其独特的艺术魅力和风格。

几百年前，旌阳目连戏班有幸与明代文学家张岱相遇。因了这一遇，今天我们才有机会了解"旌阳戏子"演出的历史画面。

先来看一下张岱的基本情况吧。

张岱，字宗子，后改字石公，号陶庵，又号蝶庵居士，山阴（今浙江绍兴）人。主要著作就他个人所列，有十几种，但大多已失传，今可见者仅有《琅嬛文集》《石匮书后集》《陶庵梦忆》《西湖寻梦》等数种。

"旌阳戏子"，就活在张岱《陶庵梦忆·目连戏》里。

这篇仅300余字的短文专门记述了"徽州旌阳戏子"在绍兴演出《目连救母》的精彩场面：

余蕴叔演武场搭一大台，选徽州旌阳戏子，剽轻精悍、能相扑跌打者三四十人，搬演目连，凡三日三夜，四围女台百十座，戏子献技台上，如度索舞絙、翻桌翻梯、觔斗蜻蜓、蹬坛蹬臼、跳索跳圈之类，大非情理。凡天神地祇、牛头马面、鬼母丧门、夜叉罗刹、锯磨鼎镬、刀山寒冰、剑树森罗、铁城血澥，一似吴道子《地狱变相》，为之费纸札者万钱，人心惴惴，灯下面皆鬼色。戏中套数，如《招五方恶鬼》《刘氏逃棚》等剧，万余人齐声呐喊，熊太守谓是海寇卒至，惊起，差衙官侦问。余叔自往复之，乃安。台成，叔走笔书二对。一曰："果证幽明，看善善恶恶，随形答响，到底来哪个能逃；道通昼夜，任生生死死，换姓移名，下场去此人还在。"一曰："装神扮鬼，愚蠢的心下惊慌，怕当真也是如此；成佛作祖，聪明人眼底忽略，临了时还待怎生？"真是以戏说法。

从张岱对旌阳戏子惟妙惟肖表演的描绘，可以看出旌阳班的规模、精湛的技艺，他们在唱念做打之外，还穿插了惊险而刺激的杂技成分，深受群众欢迎。在娱神之外，起着劝善教化的功用，正如作者所说的，是"以戏说法"。

当时，旌德艺人或参加徽州戏班，或与徽州艺人联合演出，故有"徽州旌阳戏子"之称。

张岱对旌阳戏子演出场景、细节的感性记录，给旌德目连戏留下了珍贵的历史镜头。这个镜头，现在看来是唯一的了。"旌阳戏子"有幸，旌德目连戏有幸！

徽州众多的目连戏班，均以郑之珍的写定本为基础，并加以扩展和丰富，形成各自的特色。祁门箬坑乡马山村、歙县长标乡长标村、歙县长陂乡韶坑村等目连戏班都有自己的演出本，想必旌德众多的目连戏班也应该有自己的演出本，只可惜至今还不曾发现文字依据。

目连戏对旌德文化的影响

目连戏在相当程度上属于"仪式戏剧"。它不是以集中的戏剧冲突、突出的人物塑造、优美的唱腔音乐吸引和取悦观众，而是以严肃的仪式让观众产生对神灵的敬畏，祈求神灵的庇佑。它的演出出于"娱神"和"娱人"双重目的，而目连戏的宗教题材则强化了它的"娱神"性。

从明代开始，旌德的目连戏演出就有浓厚的仪式化色彩。张岱《陶庵梦忆》中记载，旌阳、徽州的戏班被请到绍兴，演到《招五方恶鬼》和《刘氏逃棚》时，"万余人齐声呐喊"，以至于当地的熊太守以为是海盗（倭寇）来了，赶快派人去探听。

徽州本地的目连戏演出，更具有仪式的特点。一般在"正戏"之前，均要"祭猖""斋戒"或者"赶鬼"；而在"三本目连"正戏当中，又都要穿插爬竿、结网、窜火、叠罗汉之类的杂耍。

目连戏的演出固然是出于"娱神"的需要，但公共演出更要有"娱人"的效果。光靠仪式化的表演不足以"娱人"，它的舞台表演同样不乏审美因素。

首先，旌德目连戏的舞台表演不仅有"百戏"遗风还有观众参与，仕川演目连戏时还有为活人"驱灾避邪"的环节。张岱的记载中，旌德艺人可以表演"度索、翻桌、翻梯、厅斗、蜻蜓、蹬坛、蹬臼、跳索、跳圈"等技艺。观众参与演出场面，我们可以借歙县韶坑班来推测旌德戏班。韶坑班在演出《叉鸡婆》一段戏时：叉鸡婆竟跑下台来，在人群中、小摊上抢瓜果、偷老母鸡，群众亦齐呼"抓小偷！抓小偷！"在演出《上吊出鬼》时，穿插了赶鬼的情节，演到出鬼时，吊死鬼被"天尊"追赶，这时台上、台下鞭炮齐鸣、锣鼓大作、焰火弥漫，群众的吼叫声、口哨声响成一片，充彻夜空，群众情绪达到了高潮。突然，吊死鬼纵身跳下戏台，往林中逃跑，此时台下早已准备好的几十个村民，手执火把，身背土铳，在一片喧闹声中，与"天尊"一道对它穷追不舍；吊死鬼从村头逃到村尾，人群就紧随着从村头赶到村尾。村里家家封门闭户，一片漆黑，最后将吊死鬼赶出二三里以外的荒坡，人群才掩锣息鼓罢归。这一过程，观众完全地参与到演出之中，成为戏中追赶"吊死鬼"的一员。这种台上台下打成一片，将演员与观众融为一体的演出方式，使戏剧的情境进入了一个绝大多数观众误以为是真实生活的境地，从而全身心地感受了戏剧所表现的社会气息，并进入真实生活中无法进入的神与鬼活动的宗教环境中去。

其次，目连戏的音乐唱腔，可以用"诸腔杂陈"来概括。因为目连戏是以剧（本）得名，不像后起剧种具有多部代表性剧目来丰富发展。目连戏演出宗教祭祀的严肃性和所传方式均为艺人口授，因此在目连戏中保留有较古老（原始）的声腔。因为是一剧一本，在当时的社会环境中，人们接受的只是因果教义的宣传，而不是欣赏其声腔之美。加之时空关系，以及"向无曲谱，只沿土俗"等原因，目连戏声腔又有了可变性。近代徽州各目连戏班社均学唱"平台"（"平台"，艺人们称目连戏以外的戏，有的学"赣剧"，有的学"京、徽"剧。平台也只是白天唱，晚上一律演目连），艺人们唱了"平台"之后，自然促进了目连戏声腔的变化。有专家将徽州目连戏的音乐声腔归结为高腔类，其中又有散板性高腔、慢板性高腔、道士高腔三种；小调（杂腔）类，除小调之外，还有的唱腔采用了类似民间哭丧及叫卖型音调，以及莲花落、十不闲等说唱音乐。当然，各地的演出班子会有一定的差别。

目连戏在徽州的演出长达三四百年，不仅因为是徽州人写定，徽州人刊刻，还在于徽州有着其传承的文化土壤。目连救母故事与程朱理学所倡扬的"忠孝节义"等伦理纲常天然契合。剧中目连的母亲只是触犯了佛家开荤吃肉的戒律，罪过并不严重，但目连历尽千辛万苦到地狱寻找并营救母亲。母亲犯的戒律并不是杀人放火之类的大罪，儿子救母却被描写得感天动地。目连戏的情节内容既符合佛教的原则，又符合儒家伦理的要求。它通过描写能够感动平民百姓的孝道，从而使这个故事与被程朱理学浸到骨髓的文化成为天作之合。这种文化在民间的正统传播方式，就是通过族规族法予以推行，"忠孝节义"等封建伦理纲常，早已渗透到每一宗族家庭和成员。因此，目连戏的演出不仅能够感动平民百姓，更能使他们从内心和思想上予以接受。某种意义上说，目连戏就是一篇宣传儒家文化广泛受欢迎的通俗教材，在维系人心上起到了不可估量的作用。目连戏流传之广，演出之盛，是一种地域文化的必然。

说到底，目连戏是一种宗教题材戏剧，其宗教色彩十分浓厚，大神、恶鬼充斥其中。因此，不管是徽州还是旌德，都以演出目连戏娱神。由于旌德和徽州一样地处万山丛中，交通闭塞，百姓对鬼神普遍怀有敬畏的心态，目连戏的演出也就格外隆重。流传到现在的"跳五猖"，就是从目连戏的仪式中脱胎而来。

文化意义上说，目连戏既是一种戏曲演出活动，也是一种民俗文化活动。目连戏的一些经典台词，至今仍活跃在旌德人的方言、谚语中，在百姓日常生活中时有耳闻。如"人善人欺天不欺""举头三尺有神明""阎王注定三更死，定不留人到五更""试看屋檐水，点点不差分""但将冷眼观螃蟹，看你横行到几时"等。康熙以前的目连戏对联就有百幅之多，如"善升天堂恶入地狱是真是幻休作一场戏看，好即观音反即马面为凶为吉皆缘寸念自生""两姓告打目连，招来看戏人、听戏人、男人女人、老人少人、士农工商人、巫医僧道人，人山人海，熙来攘往人世界；一杖顿开地狱，放出长子鬼、矮子鬼、赌鬼烟鬼、色鬼冤鬼、孤寡鳏独鬼，鬼精鬼怪，争先恐后鬼门关""只斋僧便开天堂，天堂玉皇倒也嫌贫爱富；因打狗遂入地狱，地狱阎君底是重畜轻人"。这些对联反映了民间百姓对目连戏的接受状况，也反映了旌德人对目连故事的态度。

　　下层社会对目连戏的迎合与"忠孝节义"等儒家文化观念和程朱理学思想在旌德民间长期浸染密不可分,通过年复一年、长达数百年的演出,加之宗族教化活动,目连戏在旌德产生的文化影响必然是巨大而深远的。虽说新中国成立后旌德已无目连戏班,但目连戏的文化影响已不知不觉成为民间或民俗文化的一部分。

"吕姓第一家"是如何炼成的

　　庙首镇庙首村，是一个以吕姓聚族而居的千年古村。

　　按百家姓的说法，吕姓源于姜姓，出自帝舜晚年赐伯夷吕氏，属于以帝王赐氏、部族名、国名、居邑名为氏，其始祖为伯夷。

　　相传上古部族首领神农氏炎帝，因居姜水流域，因以之为姓，称姜姓。帝舜时，姜姓后裔伯夷，帮助舜治理部落联盟，很有政绩。禹代行天子时，伯夷尽心辅弼，成为禹之心腹，组成了一个疆域不过 70 里地的侯爵国，伯夷是吕国（南阳

吕姓图腾

市西面）第一代吕侯，为吕氏始祖。夏商周时，吕国都是诸侯国。商末，伯夷后三十七世苗裔太公望吕尚辅助文王、武王建立周朝，因功勋首封太公吕尚于营丘，曰齐国。后太公之子丁公吕及即位，春秋战国时代，古吕国和齐国并存了 300 余年，到吕尚的第十二世孙齐桓公吕小白时，楚文王发兵北上（前 679 年），借道南阳邓国，攻打南阳古申国。申国被楚国灭掉之后，位居申国以西的吕国人，惧怕楚国发兵来攻，一大部人东迁新蔡，建立了新的吕国，史称东吕国。

　　南阳吕国被楚国灭亡后，吕国子孙均以故国名为姓氏，形成吕氏的主

脉。到春秋末期吕侯支系孙吕尚所建的齐国被田氏家族灭亡后，其裔孙分别以吕、齐为姓氏，称吕氏、齐氏、姜氏等，散居于韩、魏、齐、鲁之地，史称吕氏正宗，是为南阳吕氏。

吕氏族人大多尊奉伯夷为得姓始祖。望族居河东郡（今山西夏县北），河东郡理所当然成为吕氏郡望。以后，吕姓奉周朝太师尚父齐国昭烈武成王太公望吕尚（子牙，授封于营丘），为吕姓一世祖。吕氏五世祖吕胡自营丘（今属山东省）迁薄姑，田氏篡齐后，吕氏子孙流徙全国各地。

始祖吕从庆徙居丰溪

吕姓到旌德的时间是唐僖宗广明年间（880—881），生活在金陵江宁的唐诗人吕从庆，为躲避黄巢战乱，带着弟弟吕从善南迁，走到现在的黄山市歙县塌田。住了几年，吕从庆总觉得塌田不是自己所要的理想居所，和金陵的环境相差太大，感觉不习惯。

修于民国六年（1917年）的《旌德吕氏续印宗谱》载：

公弗安其土，历览山水，见丰溪之佳致而乐焉，由是始迁于丰溪。

吕从庆和弟弟从善分手，迁往旌德丰溪的时间是唐僖宗光启年间（885—888）。

吕从庆时代的丰溪并不是现在庙首村的丰溪，而是今庙首镇里仁村和祥云村之间黄土河边，一个依山傍水土名叫黄土塌的地方，与纠峰岭、金鸡石和栅里为邻。

这里青山相对，溪水横流，森林茂密，禽兽众多，与吕从庆金陵居所的环境相仿。于是，吕从庆就在丰溪的荒野中诛茅辟地，定居下来。

吕从庆诗《忆弟从善》中开头有这样两句："弟贫居歙县，兄老住丰溪。"很明显，吕从庆在旌德生活的地方就叫"丰溪"。

丰溪是个安居兴隆之地。

在那里，吕从庆及其子孙建的房子一幢连一幢，一连好几里，地方上的人都尊崇从庆公的德行和盛名，把他住的地方叫"吕村"。

吕从庆在金陵时"读书乐道，饮谷栖丘。目击时艰，不求闻达，惟寄意于诗，极中晚胜境。与许棠、郑谷辈，号诗中十哲。及从之丰溪，临

庙首鸟瞰（汤道云　摄）

溪把钓，以诗酒自娱"。

丰溪热土，在吕从庆子孙手中成了诗意的家乡。《旌德吕氏续印宗谱》录有《丰溪八景图》，清风镇、明月街、傅婆井、仙姑墩、马蹄痕、英济石、金鳌峰、永丰桥等八景诗均为吕从庆所题。

丰溪八景，饱含了吕从庆晚年的爱心和情感。"镇中寓杰士，日日来清风"（《清风镇》）。在诗人眼里丰溪充满了神仙之气，到处散发出诗情画意，永远让诗人挚爱。

吕从庆一家在丰溪，支衍族繁。但丰溪山多地窄，限制了家族的繁衍发展。吕从庆四世孙吕延瀚支看中四面环山的庙首盆地，觉得这里有足够的地理空间供后代发展，于是吕氏家族这才开始世居庙首，另有子孙迁徙他处。

对于始祖吕从庆所居之丰溪，吕氏后裔不敢须臾忘记。这是吕氏家族的发祥之地，精神之源。"吕氏遂以丰溪望矣"（《旌德吕氏续印宗谱·储大文序》）。

吕从庆的后代将居住地东移至现在的庙首，不仅沿袭了"丰溪"村名，就连地名、桥名都沿袭了下来，这些名字一直保存至今。"丰溪庙首为吾族发源之地"（《旌德吕氏续印宗谱》）。

清代学者储大文在《丰溪吕氏族谱序》中这样写道：

十一世孙从庆，徭歙塌田徙宣旌德之丰溪，号丰溪渔叟，工诗。十五世孙延瀚，又徭丰溪迁庙首，延征迁瑶台。而吕氏遂以丰溪望矣。

从这段文字中可以看出，南迁以后的吕氏多以旌德丰溪为自己的宗族发源之地。

随着古丰溪的消失，今天的庙首自然成了吕氏后人寻根问祖之地。

"丰溪渔叟"传奇

旌德吕氏宗族，谱称周朝太师昭烈武王太公望吕尚（一世）后裔，旌德始祖为吕氏六十八世晚唐诗人吕从庆。

吕从庆（841—937），字世膺，一字彦余，号"丰溪渔叟"，祖籍大梁（今河南开封），早年随祖父吕伸（朝廷官吏）寓居金陵。

吕从庆生活在金陵江宁时，就过着准隐士的生活。"以耕山莳田为事"，每年能收千百斛（一斛为十斗），家资巨万。不难想象，吕从庆家是相当富裕的。老吕家对待宾客以及祭祀的礼节是"简而不烦，严而加敬"，一年四季行祭祀礼，全是家中主妇亲自主事，不用仆人，祭祀用品"肴洁酒清"，不仅不焚烧祭祀用的猪羊，还不燃烧纸帛，像对待活人一样对待祖宗。这位吕姓先人，一千多年前就能如此开明，真的不简单。

吕从庆的生活方式，还有那么点贵族的做派。吕家养鸡千百成群，畜狗几十。用现在的话说，不仅是种粮大户，还是养鸡养狗专业户。老吕家的狗和现在人的宠物狗大概也没什么差别，不仅每条狗都有一个名号，还训练有素，叫哪条哪条到，其他的狗绝不乱动，也不会起哄。吕从庆家周围古木参天、虎豹往来，早上开门晚上闭户都须鸣金击鼓。家族繁衍得请人捕猎，砍伐树木，开垦土地，用以建房扩舍。

唐僖宗广明元年（880 年），黄巢率

吕从庆像

农民起义军渡江攻打金陵，打破了吕从庆平静的生活，中断了他扩大家园的梦想。

这个时候，吕从庆的祖父吕伸已经不在世了。

朱温篡唐之后，当时许多南迁的北方士子，认为局势已经基本稳定，纷纷返回故里。吕从庆感叹说：我在吴越之地，好像仍然生活在唐朝。儿皇帝石敬瑭时，派人请吕从庆回京城做官，他说：从今往后我都是唐朝的子民。

在旌德丰溪，吕从庆在溪水上建丰溪桥，在纠峰岭上构筑别墅，寄情山水，诗酒自娱，醉了就睡在山石上，山下就是一条迂回曲折的溪水，老人就在那里临溪垂钓，修身养性，"他乡作故乡"（吕从庆《冬尽》），自号"丰溪渔叟"。

吕从庆常以陶渊明自比，有《偶兴》诗云："吾亦陶彭泽，从来懒折腰。"明示自己不忘唐犹陶不忘晋，愿永为唐民。

吕从庆在丰溪青山绿水间活到97岁，一生最为看重的就是自己的诗名。这是他隐士生活的精神寄托，垂老之年声明不要墓志铭，自己题墓碑"唐诗人丰溪渔叟之墓"。

吕从庆是个充满传奇色彩的人物。晚唐文学家、散文家皮日休写过一篇《从庆公传》：

唐诗人丰溪渔叟六四公，讳从庆，字世膺，一字彦余，本金陵之江宁人也。秉性刚介，摧强扶弱，重然喏乐善施。以耕山莳田为事，岁收千百斛，家至巨万，治生有法。宾客之奉，祭祀之礼，简而不烦，严而加敬。四时祀先，必妲女亲事，不任婢妮。肴洁酒清，不燔炙，不焚纸帛，以生人之礼事之。养鸡千百成群，畜犬数十，各有名号，一呼即至，余不乱行。居有山林大木，虎豹往来，不常役户甚众。晨夜起闭必鸣金鼓，募人捕猎剪夷，垦辟以广其居。

唐僖宗广明间，曹州人黄巢作乱寇江宁，公乃与弟六七公避地于古歙之塌田，公匆安其土。至光启间，复徙于旌川之丰溪，诛茅辟地，筑室于方元荡将军墓地之余。临溪把钓以养志自荣。生子二人，孙十人，曾孙二十四人，玄孙六十二人。立数宅，散居连墙，相望数里。乡党尊公之德，荣公后裔之盛名，公所居曰：吕村。

公既家于丰溪，弟犹居于塌田，公尝以诗寄之。曰："函罢家音又拆看，添书绝句报平安。丰溪渔叟生涯定，明月春风一钓竿。"六七公复曰："兄处丰溪弟塌田，思兄常望岭云巅。何时借得王乔舄，一写离情共榻眠。"

公享年九旬有七，以寿终于正寝。临卒时嘱其子曰：勿请撰志铭，书："唐诗人丰溪渔叟之墓"，足矣。及卒，葬于通贵乡兰堂余墓冲。

公既没，诸孙或迁他乡，或徙外郡，或微弱乏传。惟行昕公之孙、彦环公之子、延瀚公一派实为隆盛。与夫行锡公之孙延季、延征、延卿数裔之孙，犹振振散处一邑。代有闻人，谨传家牒，慎守纪纲，故相与会，立宗法，庶后人知所自，而不忘报本之心。

赞曰：神尧祚衰，群凶反侧，权臣专国以自私，正士直道而远斥。烟霞之谷，泉石之滨，有隐君子焉。悲末世之难支，拽长裙而永逝，歌溪上之清风，钓竿头之明月，凭诗寄傲，浩然自适。使当时际遇，明君渭阳卜猎，其亦师尚父之流欤。

惜夫天子不知其名，史臣不书其概，乃致志和之徒，专誉于前，而照乘之珠，竟沦没于泇也耶。

（唐鸿胪少卿皮日休题）

《丰溪存稿》口耳传世

极富戏剧色彩的是吕从庆诗集，历代史志书目都没有记录。湮没 800 年之后，到了清代才有裔孙将其诗汇编成《丰溪存稿》。手录口传的功力，世所罕见。

无疑，这是吕氏作为文化世家的一个范例。

我所见的《丰溪存稿》刊印于清嘉庆七年（1802 年），本子是吕氏裔孙积祚所刊，称其叔高祖元进所手录。前面有任启运写的小传，黄之隽、邵泰、储大文、沈德潜、洪亮吉或写序或题词，序跋达 42 篇之多。由此可以看出，吕氏后人为刊先祖这部诗稿作了不少的努力，请了一批当时文坛大咖来捧场。

清代学者宜兴人任启运写有《唐隐士吕从庆传》：

吕从庆，唐之大梁人，其祖曰伸，宦金陵。庆侍，黄巾贼起，阻乱不得归。广明元年，黄巢渡江，攻金陵，伸已卒，庆偕弟从善走歙之塌田。后朱温篡唐，朱温故黄巢部将降唐封梁王。当是时，晋有李克用，吴有杨行密，以及燕、蜀、闽、楚，各建国，而梁最强，受唐禅，改元开平。蜀、闽诸国均奉正朔，惟三镇尚称唐，以天祐纪年。时自梁南徙者，谓梁已大定，皆归其故里。庆曰："嗟，吾在吴，犹唐也，然不可以仕。"遂遁旌德万山中。

越十七年，李克用灭梁称后唐，庆乃即其所居地治生，家大殖。又十四年，石晋篡唐，父事契丹，而南唐受吴禅以兴。南唐，故唐裔，史所称烈祖者也，契丹浮海来聘，以兄礼事唐。庆喜曰："吾今而后始终为唐民矣。"筑别业于纠峰岭，以诗酒自娱，醉则卧山石间。山下一溪，碧水萦回。庆于此垂钓，自号"丰溪渔叟"，诗有"明月清风一钓竿"及"一幅烟云拥醉人"句，卒年九十有七，自题墓石曰："唐诗人丰溪渔叟之墓"，乃心王室，念念不忘乎唐，犹彭泽之念念不忘晋也。有子二人。溯叟没八百年矣，士人至今犹称道之。

（《清嘉庆旌德县志·艺文》）

吕诗描述自然风光，记载乡里风俗，反映战乱，感时抒怀。格调清新明畅，语言通俗易懂，有白居易诗风。

读吕从庆的诗，我们不仅能感受到诗人流离失所的悲惨境遇、丰溪的唐代时光、晚年的田园之乐以及隐居不仕的淡泊心境。

幽 居

茅茨何潇潇，丘园复寥廓。
黄冠此中居，眷言寄高托。
理乱无闻声，荣辱不相着。
有书聊把娱，有酒自斟酌。
侵晨课田桑，归来日华薄。
盘桓松林间，鸟动残云落。

山中作

人生自古少百年，弹琴饮酒须欢然。

老子于今得此趣，纵有尘事难纠缠。

左安药炉右茶具，失记朝来与朝去。

偶因送客出前溪，便过溪桥拾诗句。

贼 警

兵火逾风疾，绕西巳及东。

苍翁灾海内，赤子哭途中。

城关兼旬闭，邮书彻旦通。

不知调国者，何以慰时匆。

偶 兴

吾亦陶彭泽，从来懒折腰。

焚香怀落落，对酒意嚣嚣。

世态云多幻，人情雪易消。

最佳猿共鹤，间里日相邀。

避 乱

海内风光半血污，杀人声过似樵苏。

一身驱路忙如蚁，八口无家散若鸟。

粟里无踪空怅望，桃源有梦失招呼。

饥来野店供食饭，敢怨匙前脱粟粗。

阅田禾

村南村北稻花明，碧影清光夹望平。

节弄暑风轻拂拂，尖悬晚露澹盈盈。

道旁妪妇呼鸡返，坡外儿童骑犊行。

独坐小桥幽兴满，蟪蛄声在柳俏鸣。

寄 弟

函罢家音又拆看，添书绝句报平安。

丰溪渔叟生涯定，明月春风一钓竿。

细读《丰溪存稿》凡45首诗，说这位自称唐遗民的吕从庆有陶渊明之节，白居易之风，实不为过也。

庙首吕氏子孙在刊印《丰溪存稿》的同时，还修建了吕公祠，并请大学者江苏宜兴人储大文写了一篇《唐诗人丰溪渔叟吕公祠碑记》：

> 唐诗人以处士传者，如襄阳孟浩然，洛卢仝，闽秦系、周贺、浙方干，西江陈陶名尤焯著。而宣州世胄吕公，日坐丰溪石赋诗，公尝自署其墓曰："唐诗人丰溪渔叟之墓"，故祠特揭署字焉。盖公诗在晚唐，实克埒于贺、陶者也。予考唐季战争，率凭奥岖，如禁谷、龙尾坡、嵯峨山、摩云山、峥山口、三泉、平水镇之属，胥书于史，而古所谓商山、谷口、严陵濑、栗里、白牛溪、鹿门山者，亦必宜勤卜，以称幽人贞士所栖止之地，于唐季金戈铁马中尤甚，如西山、九华，抱朴事胥焯著，此世胄公丰溪之卜，所以弥克肆其力于诗也。盖晚唐一代之诗，胥宗阆仙贾氏，阆仙实宜附处士。唐人赋曰："年年谁不登高第，未许骑驴入画屏。"然则阆仙之骑驴入画屏，偕世胄公之日坐丰溪一片石，胥可入图画，此即唐东西都成，都阳瞿道子吴氏飞扬秀发之坛场神迹也。
>
> 公裔最繁，尤盛于庙首，宗者族望，复建墓碑，镌"唐诗人丰溪渔叟"，而公裔孙积初特镌公诗集庋于祠，以藏公唐诗人之雅志焉。
>
> （清嘉庆《旌德县志·艺文》）

经过这一批鸿儒之手，吕从庆的诗算是热了一阵子。清代《四库全书》通过安徽巡抚采进本录了《丰溪存稿》之目，但对它越宋、元、明至清，忽显于世，论者颇以为疑。

晚唐文学家皮日休在《从庆公传》中，叹惜说："惜夫天子不知其名，史臣不知其概。"叹惜吕从庆诗名之不传。没有想到的是，孝子贤孙们还是让从庆公淡远超秀的诗文代代相传了。

这一传，又是两百多年的时光。不管怎么说，吕从庆的诗至少是一方水土上的经典。

耕读自守，诗书传家

《丰溪存稿》的传奇，其实就是一个家族最引以为傲的文化传承。

在阅读吕氏宗谱及相关资料时，我有意搜集了一下吕氏家族一些比较有影响的诗人，兹列举如下：

最早继承吕从庆衣钵的是宋朝一位叫吕仲法的隐逸之士。

吕仲法，字遵王，后易名发。性闲逸，工诗。当时他的兄弟子侄有十来人科举进仕，自己却恬退自知。"政和间，屡膺荐辟，皆不就。独爱城西东山之胜，遂卜筑隐居，莳竹栽松，吟咏为乐，自号东山居士。"（清嘉庆《旌德县志》）

吕光亨，字嘉仲。清乾隆十六（1751年）进士。为官正直廉明，深受百姓爱戴。清《云南省志》和《安徽省志》，均将他列为"名臣"。吕光亨写有《旌阳十景》诗，现仅得三首（见《时光深处的"旌阳十景"》文）。

吕兆麒，吕光亨之子，清嘉庆七年（1802年）进士。先授翰林院庶吉士，后到四川等地任职，"人以为清白吏"。平生寡交游，嗜吟咏，作诗以五律最工，内容以吟咏景物和田园风光为主，如《早晴》诗："更漏罢山城，峰头雨乍晴。鸟啼分曙色，蜂翅乱经声。野渡趁凉过，荒田及早耕。可堪兼吏隐，虚慕长官清。"有其父《旌阳十景》韵味。

庙首吕氏以诗名世，最为风光的当推民国四大才女之首的吕碧城。不独吕碧城，她家四姐妹个个是诗人，可谓：一门四诗女。

吕惠如（1875—1925），女，词人、教育家。原名湘，行名贤钟，字惠如（一作蕙如），又字云英。九岁能诗，工书善画。曾任南京两江女子师范学校校长。1900年，北上途中，目睹镇江"洋楼重叠，番舶参差"，感赋一首《金缕曲》，盛传一时。早年所绘花卉扇面，被《国华》杂志印行。其诗稿多佚，唯有《惠如诗稿词稿文存》《惠如长短句》存世。

吕美荪，女，诗人。字清扬，号仲素，行名贤鈖，后改眉生、美荪，别号"齐州女布衣"。吕碧城二姐。五岁读文，十一岁能写四书命题文章，十二岁学写格律诗。后因父亲去世，在家服丧侍母。二十岁后外出谋生，先后任天津北洋女子公学教习兼北洋高等女学堂总教习，奉天女子师范学堂总教习，奉天中日合办女子美术学校教员、名誉校长，安徽省立第二女子师范学校校长等职。1935年，东游日本，回国后旅居南京多年，晚年寄寓青岛。工诗词，尤精古体诗，与当时社会名流赵尔巽、梁启超、严复、林纾、陈三立等都有诗词酬答。著有《眉生诗稿词稿》（《吕氏三姊妹集》

之一种）以及《辽东小草》《菡丽园诗》《阳春白雪词》《菡丽园随笔》等。

吕碧城（1883—1943），女，词人。原名贤锡，字圣因，号曼智。自幼受家学熏陶，七岁能绘巨幅山水，十二岁诗文俱已成篇。1903年只身赴津，《大公报》经理英敛之特邀其为助理编辑。此后，在京津各报主持笔政，文名大起。每有词作问世，读者争相传颂。诗词多出新意，反映现实，脍炙人口，有"一代词媛"之称。1904年，为天津女子公学总教习。1906年，任北洋女子师范学堂校长，致力于妇女教育。曾协助秋瑾创办《中国女报》，提倡女权，宣传革命。辛亥革命后，赴美留学，后留居瑞士。第二次世界大战爆发，移居香港，著有《信芳集》《晓珠词》《香光小录》《欧美纪事》等。

吕贤满（1888—1914），女，字坤秀（昆秀），诗人，吕碧城妹。幼从母严士瑜受教，终身事母不嫁。清季任吉林女校教师，后受聘于厦门女子师范学校，1914年去世于厦门，年仅27岁，由吕美荪将其归葬于上海。诗集《灵华阁诗稿》《撤珥集》均已散佚。唯其父《静然斋杂著》后附其诗九首。

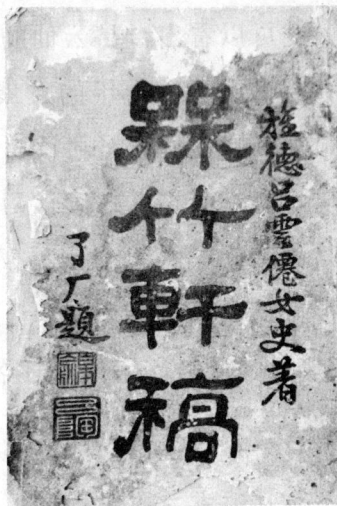

《梅竹轩稿》书影

庙首吕氏家族用民国时期一位文人的话说，是"旌邑山水清奇，其男子多秀而文，女子多美而才"（《梅竹轩稿·叙》）。

这里要特别介绍一下布衣宅女吕云仙。

吕云仙（生卒年不详，约清末民初），女，诗人，吕襄长女。其父曾游学荆衡齐鲁，"胸罗典籍"，晚年隐居山中，不问世事，"举生平之学，量能而授于女之长"。吕云仙一生酷嗜文墨，女红之暇，吟咏不辍。著有《梅竹轩稿》，录诗词赋212首（篇）。时人评其诗"清真澹朴，不事雕饰，摹写物情，寄托深远。若文若赋亦缠绵婉约，含毫渺然，咨嗟咏叹，使人流连"。

囿于了解吕云仙的人少，这里选录二首，以飨读者：

村　女

两三村女趁新晴，陌上提筐笑语迎。

几处柔桑人露影，一林密树鸟和鸣。

云鬟雾鬓梳妆淡，裙布钗荆结束轻。

采叶罢时归已暮，野花斜向鬓边横。

山庄野趣

桐子松花屋数椽，豆棚篱落淡炊烟。

冬锄香芋春抽笋，秋采红菱夏赏莲。

众鸟争巢飞影乱，群鸡竞食啄声连。

洗蔬农妇溪头坐，引得鱼拖一叶鲜。

由此可以看出，吕云仙的诗风与吕从庆、吕光亨一脉相承，淡远超秀。

纵观吕氏家族千年的发展历史，可以看出吕氏始祖吕从庆，给予后世子孙最大的财富，就是耕读自守，诗书传家。

耕，是立命之本；读，乃修身之策。

吕氏家族提倡读书，不仅仅是为了科举进仕，更多的则是为了在耕作之余提升文化涵养。

《旌邑吕氏续印宗谱著述名目录》，从吕从庆始计著作53部。

唐吕从庆著《丰溪存稿》。

宋吕仲法著《东山遗稿》。

宋吕枋著《桂芳楼集》《采江吟集》。

清吕云栋著《使黔吟稿》《观亭杂著》。

清吕起彬著《焚余诗草》。

清吕祥龄著《四书质疑》《五经辨证》《椿园诗赋钞》。

清吕觐光著《四书宗旨》《左国稽疑》《唐书考辨》《耿堂诗钞》《豸峰纪略》。

清吕潮元著《经传笺注》《相业汇纂》《女史参订》《律吕方舆》《井田图考》。

清吕成济著《肖严诗草》。

清吕培著《说文笺》《五代史补注》《四书典制类考》《欓桐剩稿》《鄂附堂经解》。

清吕生潮著《庙考》、《古文词》、《禹贡考》（二卷）、《乡党考》（二卷）、《禘祫考》（二卷）、《十三经注疏删翼》（二百二十二卷）、《听月楼》。

清吕文翰著《四书要义》《抱真堂文集》。

清吕兆麒著《星泉诗钞》。

清吕自林著《周礼汇要》（六卷）、《尚友录》（十二卷）、《尚友录续集》（二卷）、《玉石宝镜录》（二卷）、《试帖分类诗笺》（四卷）。

清吕伟标著《飞虹阁诗集》。

清吕伟庚著《诗经集解》《说文引经考》《诗韵异同条辨》。

清吕朝飔著《禹贡注疏》《九河异同考》。

清王安人（吕朝栋妻）著《写韵轩诗稿》。

清吕凤岐著《说文异字录》《睡甜吟草》《静然斋杂著》《行年录》《集句楹联》。

在读书致仕的年代，科举进仕，是一个家族文风昌盛的首要标志。庙首吕氏家族，从宋至清吕氏文武进士达22人，在旌德县名列前茅。

吕应黄　宋嘉祐年间，翰林院修职郎。

吕用闻　宋崇宁二年（1103年）。

吕应递　宋嘉定十三年（1220年），以赋中。

吕应辰　宋绍定二年（1229年），以赋中。

吕　泾　宋淳祐元年（1241年），辞官归养。理宗书"阅古"二字，敕枢密院程元凤为文，赐之。

吕应梦　宋淳祐七年（1247年）中礼部试，濠州钟离县尉，迁招签郎。

吕　伄　元至正年间，翰林院学士。

吕飞熊　清康熙二十七年（1688年）（武科），陕西甘州右卫守备，监理河务，升济宁州中营守备。

吕光亨　清乾隆十六年（1751年），历任部曹员外正副郎，山东道监察御史，山西、云南学政，戊戌会试同考官，授甘肃庆阳府知府。

吕文光　清乾隆十六年（1751年）。

吕云栋　清乾隆三十七年（1772年），内阁中书，丁酉科贵州主考官，庚戌科会试同考官。由主事历任正副郎，监察御史，除贵州贵西兵备道。

吕兆麒　清嘉庆七年（1802年），翰林院庶吉士，四川西昌县知县、同知。

吕祥龄　清嘉庆十四年（1809年），任直隶蓉城县知县。

吕伟标　清嘉庆十九年（1814年），以知县用，自请改教，任江苏江宁府教授。

吕登鳌　清道光六年（1826年）（武科）。

吕贤基　清道光十五年（1835年），翰林院编修。

吕锦文　清咸丰二年（1852年），翰林院侍读。

吕朝瑞　清咸丰三年（1853年），翰林院编修。

吕贤桢　清光绪二年（1876年），庐州教授。

吕凤岐　清光绪三年（1877），庶吉士，山西学政。

吕佩芬　清光绪六年（1880年）。

吕祖翼　清光绪三十年（1904年），授户部湖广司主事，分部学习。后任参议院议员安徽省代表。

透过这两份长长的名单，读者自然会得出这样一个结论：吕氏家族是个崇文重教的名门望族、文化世家，吕从庆的影响早已成了千年不更的化雨春风，沐浴着一代又一代吕氏子孙。

陈玉堂所编《中国近现代人物名号大辞典》收录吕姓名人63人，旌德吕氏一族就占了全国近现代吕姓名人的近六分之一，共10人，依次为吕飞鹏、吕凤岐、吕世芳、吕贤钟、吕贤基、吕贤满、吕佩芬、吕美荪、吕朝瑞、吕碧城。

由此，旌德吕氏被称为近代"吕姓第一家"。

旌德贡品数玉枣（芮枣）

明清时旌德县地方特产被列为"土贡"的仅枣一物。毫不夸张地说，这是一粒神奇之枣。

由于产地不同，枣在旌德的白地镇洪川、孙村镇石井、俞村镇仕川都有各自的名称，分别是"芮枣""玉枣"和"喻枣"，有点类似于现在的地理标志产品了。

玉　枣（芮枣、喻枣）

洪川产芮枣

清代洪亮吉、凌廷堪总纂的《宁国府志·食货志》载：

芮枣出旌德县幽竹山，其山芮姓管业，故名。山中枣树不下数千，内有二树，相传葛仙翁炼丹遗炉灰培拥而生，每岁结子不过数百。小儿出痘或不灌浆，煮二三枚服之，痘浆立满。近年采买作土贡，惟枣色与他枣无异，售者得以伪乱真耳。

清嘉庆《旌德县志》上的记载与此大同小异。

短短几行字，有关芮枣的信息十分丰富：产地、冠名、传说、药效、声誉、市场诸方面情况介绍得一清二楚。

洪川幽竹山为芮姓所属，以姓名枣，故有"芮枣"之称。因枣呈琥珀之色，又名"玉枣"。

奉为贡品的芮枣，均一核两仁，故又名"双仁枣"。据传，结双仁枣的枣树枣刺弯曲；而树刺直的枣树，枣核则不一定双仁。

相传幽竹山枣树受到了葛洪炼丹炉灰的滋养。

明万历二十三年（1595 年）榜眼及第的宣州人汤宾尹，曾在洪溪芮氏村口的白云庵讲过经，亲书题额。汤司成（学官名）对洪川幽竹山上产的枣子十分熟悉，写了一则《旌阳芮枣赞》，刻在一个木印上，有点像产品说明书。

汤宾尹撰《旌阳芮枣赞》木印

三十多年前我在洪川村吕祝明先生家就见过，赞文是这样的：

洪川之南，山名幽竹。昔有葛仙，炼丹空谷。九转灰余，培其嘉木。

蒂固根深，离离秋熟，非蜜而甜，经汤更馥。小儿灌浆，天花簇簇。如此园珍，宜垂青目。

（睡庵汤宾尹撰）

汤先生文句里，旌德种植芮枣的历史要上溯到葛洪生活的晋代，比建县要早一大截。芮枣"非蜜而甜""小儿灌浆，天花簇簇"等各种奇妙之处，都要归功于神仙培植。为人治病的葛仙，或许就以芮枣为药为患者治过病。

芮枣是有幸的，在幽竹山受葛仙浇灌，有了神奇之功；经汤宾尹笔墨滋养，自然盛名于朝野了。

乾隆《旌德县志》云："枣有三种，出洪溪（洪川别名）、仕坑（仕川别名）、石井，而以芮姓幽竹山所产为佳。"

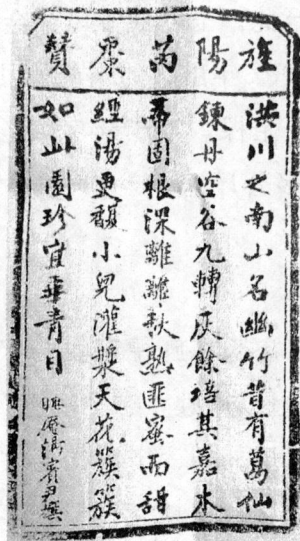

《旌阳芮枣赞》文

民国二十九年（1940年），旌德分庶乡（洪川等地）产芮枣10石。南京等地客商专程来采购，始终供不应求。

双仁枣果大、肉厚、皮薄、核小、双仁，味甜鲜嫩，不仅含糖量高，蛋白质丰富，而且健脾胃、止痢泻，具有滋补、养颜和防治小儿天花的作用。

按传统工艺加工双仁枣，要经过选洗、蒸煮、焙烤、回卤、烘干等工序，此法加工而成的芮枣别具风味，深受食客喜爱。

石井生玉枣

枣生洪川，为"芮枣"；枣生石井，则成"玉枣"。

石井玉枣，生世同样不凡。

说是古时候有仙人坐在水井边，井旁就长出一棵枣树，结果满枝，因井名"玉井"，故叫"玉枣"。

这还不算，最为传奇的是石井人将玉枣带进了皇宫。明太祖朱元璋在位时，皇宫中一石井村的差役，将家乡的枣子进贡给了皇上，备受赞赏，赐名"御枣"，列为贡品。

玉枣为何入贡？"非蜜而甜"是其一；"小儿出痘或不灌浆，煮二三枚服之，痘浆立满"（《宁国府志·食货志》），即能治天花、痢疾是其二。

至此，玉枣成了风靡金陵的尤物，枣商纷至沓来，争相购买。

1992年出版的《旌德县志》载："现在洪川枣树濒临绝种，石井玉枣尚存300余棵，年产量5000公斤左右。"这是鲜枣的数字，换算成干枣，也就1000多公斤。

仕川名"喻枣"

玉枣长在旌德东乡与宁国、绩溪搭界的仕川村，同样烙上了地域"商标"，冠以族姓，名"喻枣"。谨防假冒的意识同样明显。

仕川外甥、宁国知名文人周赟就为"喻枣"捧过场。周赟在太平天国战乱之后，田地荒芜、玉枣不兴的背景下，写了一首《仕川玉枣歌》寄望喻氏子孙：

仕川之山产大枣，冠以姓则曰：喻枣。珍其名亦曰：玉枣。有五异。不植自生；实大倍常；皮细不裂，核小双仁，核不粘肉；服之助精神，补筋力延年益寿；小儿痘陷不起，得三四枚煮汤服之，有起死回生之功，亦山川之灵秀也。然物产虽由天生，而培养端借人力。兵后人稀，山地荒芜，苗而不秀，因作歌以示喻氏。

仕川之山高莪匕，神枣实大如频婆。

不植自生本天产，人功培养劳护呵。

花开烂漫纷碎锦，狂风暴雨经折磨。

秋实累匕坚且好，半紫半碧垂条柯。

山厨夜分蒸术火，筠筐玉手频搓挪。

琥珀光莹谷纹细，双仁同核阴阳和。

味甘性温补元气，寿世功比参苓多。

起死回生奏神效，小儿痘症尤专科。

我来正值兵燹后，沧桑改变尘劫过。

欲学养生觅火枣，手足疲倦劳奔波。

田园荒芜人力少，孰担粪草登岩阿。

盛时岁收数十石，儿女分甘囊紫荷。

千钱斤枣尚嫌贵，到此悬金空搜罗。

灵根岁岁亦自长，蔽塞无奈荆榛何。

欲访安期往东海，闲对枣竿发浩歌。

从诗的序文中可以看出周赟写玉枣歌，是仕川村经历太平天国战事后，玉枣由盛而衰的时候了。写作者的目的，是想提醒喻姓后人要善待玉枣。

周赟总结了玉枣的 5 大特点：一是"不植自生"，枣树自然生发，根蘖繁殖，生命力强；二是"实大倍常"，果实比平常的枣子大；三是"皮细不裂，核小双仁，核不粘肉"，玉枣皮薄，蒸煮不裂，小核双仁；四是"服之助精神，补筋力延年益寿"，营养价值高，强筋健体；五是"小儿痘陷不起，得三四枚煮汤服之，有起死回生之功"，治小儿痘疾有神奇之效。

洪川、石井、仕川均是石灰岩产地，碱性土壤加昼夜温差大的山中气候，适宜玉枣生长。但如果不善管理枣子产量就低，加上加工环节考究，非用心者不能成事。

时光在走，物换星移。周赟对喻氏后人的寄望，在以后的岁月中终至落空。

5 年前，我到仕川做田野调查时，问村民可知道"喻枣"，回答早已"不知有汉"了。

寻访制枣人

有济世之神功的双仁枣虽为古之园珍，可惜在现在的旌德洪川、仕川濒临绝种，唯在孙村镇碧云村石井一枝独秀。

我在故纸堆里寻找到了玉枣的所有过往，也曾见过从石井移居县城的玉枣树，但始终没有见过玉枣的成品。

2021 年中秋节前，孙村镇党委委员姚小俊微信中发了一张玉枣成品照片，我立马问她："现在可有人做？"得到了肯定的答案。节前两天，我们赶到了石井村玉枣的最后传人方荣和家。

一进门，年过七旬面生红光的方荣和，就装出一盘"玉枣"放在八仙桌上，要我们尝尝。

老实说，这是我第一次看到玉枣成品。仔细端视，果大、肉厚、皮薄，颜色没有红枣那般红，也没有蜜枣那种腻态，色如琥珀，润泽生光。想来"玉枣"之名，名副其实。

我拿了一个，细细品尝，鲜甜生津。不似蜜枣那样甜得过分，也不像红枣那样嚼后有皮。吃完枣肉，我转身进厨房，拿了一把菜刀用刀背在青石门槛上敲开了小小的枣核，确实看到了志书上所说的"双仁"，只是把两仁敲破了皮，显得不太完整。

接着，我向老方了解起玉枣的加工方法来。石井玉枣的加工方法就两个字：蒸、烘。比县志上说的老法少了"回卤"环节。

玉枣"蒸""烘"大有讲究，体现的是民间手艺人的真功夫。

玉枣在"蒸"之前，有一个选枣过程。

玉枣加工首先是在树上采摘红了四分之一的枣子。摘枣子是个辛苦活，不能用竹竿打，得用梯子到树上按标准一颗一颗地采，一棵树根据枣子的成熟情况要采六七次。采回来的枣子得在铁锅上架上枣甑蒸上一两个小时，一枣甑能放四五十斤。将蒸熟以后的枣子放进特制的枣笼中先用旺火烘一晚上，而后文火烘两天，其间还得根据火候进行多次翻炕。周赟诗说"山厨夜分蒸术火，筠筐玉手频搓挪"，这种劳作在老方家还在演绎。通过炭火的烘制，最终修成"琥珀光莹谷纹细"的正果。铁锅中蒸枣子的水，在不断熬制中成了浓稠的枣膏，这也算是玉枣的副产品吧。过去，枣农用其治小儿痢疾，非常灵验。

听完老方和其老伴相互补充的介绍，我们好奇地想看看制枣的工具。于是老方带我们上到三楼，只见楼上放着二十来个烘笼。烘笼呈圆柱状，用毛竹编成，高与直径，目视起来约一米，烘枣时用圆竹匾当盖。罩在竹笼下的木制饭甑，比蒸米饭做甜酒的饭甑大出数倍。

看完工具，老方便开着自己平时上山劳动的三轮车带我们去枣园。好在我们去时开的是越野车，因为那两里水泥路，全是大于六十度的陡坡。老方的五亩枣园在梯田之上、树林之下，看上去应该是曾经的梯田。枣园里的杂草全部被清理干净了，老方说是儿子用机器打的，枣园坚决不用除草剂，一年要翻四次，施的都是菜籽饼、鸡粪、牛粪等有机肥。我问老方：枣园有多少枣树？老方说大概两百多棵，都是 20 世纪 90 年代栽的，由原来的老树根蘖苗发展的，品种纯正。去年枣子不多，今年是个丰收年，加工了一百多斤干枣，两百来块钱一斤，卖了两万多块钱。交谈中，老方担心的是这么好的枣子以后可能没有人种，再则就是对枣树的产量不高有些发愁。他说自己已摸索出一些经验，但还是不太理想。这些枣树有几十年了，其间有领导及农林部门的人来调研过，看的时候都说要把玉枣发展成产业，但也就是讲讲而已，直到现在还是一个美好的愿望而已。

不知不觉到了傍晚，我们告别了在山上还要放牛的老方，回孙村镇了。

"味甘性温补元气，寿世功比参苓多"的玉枣身后是山，山的身后是神，神的身后是众生，以及众生的幸福。

"如此园珍，宜垂青目"既是汤宾尹的希望，也是周赟的心愿，更是方荣和和枣农发家致富的梦想！

补记：2021 年 11 月 23 日，农业农村部就全国农业优异种质资源及资源普查进展情况召开新闻发布会，发布全国农业优异资源，旌德苪枣（玉枣）入选"农作物 10 大优异种质资源"。

这是一则昭示旌德苪（玉）枣新生的信息。

朱旺《创捐豫立义仓碑记》里的公益

　　蔡家桥镇朱旺村与绍训堂面对面的豫立义仓，是目前皖南古村落中保存最为完整的一处义仓。

　　要说豫立义仓的外表其实很平常，和其他的古民居差不多。内部十大开间，比一般的民居要高，似乎赶得上现在的三层楼，上面开一排窗，从门楣到窗头什么雕饰也没有。

"豫立义仓"外貌（江建兴　摄）

　　豫立义仓是朱旺村朱家祠堂储粮赈灾的一个仓库。"豫立"在这里是事先防备的意思。义仓建好后立有"创捐豫立义仓碑"，并记载有初始捐资人姓名、银两及田亩数。这个碑一直保存了下来，如今仍嵌在义仓墙上。

碑记如下：

仓名豫立，志备也。古者有备无患，亦不废也。仓人掌粟入之藏以待凶颁，有司秉仓廪之令以赐贫穷，自古国家保庶之谋，即加以富患贫之计，莫善于安其体恤之用不同而示备，豫之义一也。吾族分派肇自文公淳熙六年提举浙江常平，公事后改浙东，时值大饥，公即日单车就道，设立宏规，议定夏受冬偿，不数十年，积贮三千一百余石，因时敛散，民被实惠。其法诏行天下者，此社仓之名为公所立，而公之成谋早已深远矣。历朝以来，天灾流行，何处蔑有，然彻土绸缪，宜先阴雨，掘井及泉，致成毋临。如族内麟书公，昔日倡首捐田为义仓之举，于乾隆年间业经禀请奉行，已历有年，厥后好义者接踵而起，每遇凶年不惜数千金之费，而究不能为一族长久之计者。缘创始维艰，章程不易，非敢缓也，盖有待也。夫立法期于绵远，必先筹划来源定制，责在速成，难免因循末路。今幸上天降康，屡有丰年，爰集合族父老，共襄善举，捐田捐地捐钱，期年之内，无不各自奋勉，踊跃乐输，其始基矣。适奉陶抚宪告谕谆谆，及时丰备，若不早为积贮，一旦水旱螟蝗，仅可补于目前，终难及之久远也。吾族思患豫防，议立此义仓，倘遇俭收，按户润恤，既无偏颇之忧，水分平施，奚有争论之患，纲领整齐，条目严肃，是诚好义者永垂不朽之功。惟是厂尚须经营，仓名自当素定，须同志者克俭始终，意美法良，世守勿替，虽不能仰体圣

《创捐豫立义仓碑记》（局部）

主一视同仁之大德，亦不失先公豫立社仓之遗风焉。乃名曰豫立，并志之。道光六年岁次丙戌冬月之吉。里人则班谨撰，德泉书丹。

读完这则碑文，对中国古代基层百姓通过家族制度自主进行社会救助，有效完善社会保障充满敬佩。

设立义仓的动机是有备无患，以待凶岁，以解国家救助百姓之不足。《创捐豫立义仓碑记》保存和透露了有关社会救助和社会保障方面的一些珍贵历史信息，其启示意义有两点：

其一，设立义仓是"好义者"集体之功。朱旺村设立义仓的时间大致在乾隆年间，首倡之人是朱麟书，有关史料载："（朱麟书）例贡生（不由考选而由援例纳捐），治家有法，同居逾百指，肃肃雍雍，略无诟谇。家本不饶，积田二十亩，立仓备赈。又多购良药，躬制丸散，以馈贫病。设水龙水柜水斗之属，以救火灾。族党钦其素行，每有事端，一言平理，无不解散。其享遐寿，见曾玄，屡膺恩赐，盖修德之报。"又有"天性孝友，好善乐施。寿八十有三，夫妇齐眉。恩赐'五世同堂'匾额并绢缎银两"。由此，我们可以得知，朱麟书有一个和美的大家庭，虽然只有二十亩田，一大家人过日子不算充裕，但竟然首先站出来"立仓备赈"，还买来优质药材制成药丸，救济贫困的病人。此外，还购买水龙、水柜、水斗等消防器材，以防火患。朱麟书为家族做了许多公益事业，无怪乎他长寿，族人送他一个"修德之报"的美誉。正是在他的影响和带领下，家族其他人不停地跟上来，继续完善他的事业。

仅仅靠家族少数几个人的努力，把一个在凶岁真正能发挥赈济作用的义仓建立起来，毕竟还是困难的。到了清道光年间，正好赶上接连的好年景，又正好赶上清道光三年（1823年）正月擢任安徽巡抚的陶澍提倡兴修水利发展农业生产，建立义仓，以期救灾济困。朱旺村迎来整个家族人人捐输家家贡献修筑义仓的高潮，终于把一个能够惠及整个家族的义仓修建完毕。我们不妨把捐赠者的姓名抄录如下：

祥庆众捐钱一百两，春分会、宅富众、盛应众各捐钱五十两，宅原众、宅福众、宅□众、再兴众，各捐钱十两，遇应众捐钱五两，士海众、家雯众各捐钱一百二十两，华生众、则钿众各捐钱一百两，则铇众捐钱八十两，则永捐钱六十两，守绚众捐钱五十五两，朝京众、家兰众、德驯各捐钱五十两，永周众、守玖众、则攀各捐钱三十两，隆进众、德生众、胜生众、朝典众、朝资众、士觉众、士邦众、永财众、守忍众、守顺、家铉、德普各捐钱二十两，志生众、国椿众各捐钱十五两，国兴众、万昌众各捐钱十四两，相进众、贞生众、士誉众、家浪、从伴众、则发、朝言众、守翰众、守惟众、家芸、则东、概进众、从敬众、朝垣众、守统众、家璜、家珖、则慎众、则明、则煜、则纲、德驮、一协众、士匠众、宪应众、一南众、德锄众各捐钱十两，守素众捐钱七两，智兴众、守烈、昶应众、寄应众、荣应众、宣进众、士祯众、永柏众、守瑾众、守勤众、守菊众、守瑚众、守琚众、守现众、守彦众、守种众、守梧众、守品众、则铉、士腊众、士垣众、守富、万甚众、家塘、则烜、保生众、召生众、为威众、家富众、家宝、家康、家茳、则扬众、则宇、则助、则红、则涟、德太众、德好、朝质众、永霍众、永组众、永恒众、守礼众、守绲众、家骥众、则鐄、则铁众、则灼、德庆、德亭、德来、德宣、德顺、德召、守达众、守科众、守惠、守喜、家闵众、家怡众、士富众、从召众、朝都众、义应众、各捐钱五两，通应众、则道各捐钱四两，士村众、家欢众、则灿、从良众、守则众、家爱、家钦、守亮、守相、守顺、则楚众、则围众、则镶、则铸、永国众、家开众、家典、永盆众、永梅众、守恒众、守魁众各捐钱三两，则坚、则龙、则笃各捐钱二两，家赐、家创、家福各捐钱一两五钱，守柿、守梅、则桃、则涂各捐钱一两，永栲众捐钱二十两，宅安众捐丈田三分三厘，关应众捐丈田一亩五分五厘，承启堂捐丈田一亩六分五厘，一志众捐丈田一亩七分五厘、丈塘一分二厘，一宫众捐丈田二亩四分三厘、丈塘三厘，士效众捐丈田三亩五分八厘，永德众捐丈塘六分，永荐众捐丈田四分，化鹏众捐丈田三十亩五厘九毫六丝、丈塘三分八厘，羽鸿众捐丈田一百五十五亩八分二厘、丈塘五亩五分四厘五毫、丈基地三毫、丈地二亩八分四厘、丈山三亩六分四厘九毫，守满众捐丈田一亩八分，家夔众捐丈田五分，家萃众捐丈田五分，则治捐丈田七亩二厘三毫三丝三忽、丈塘六厘，德逑捐丈田五亩、丈塘三分九厘，朝应众捐丈田五分、丈塘三厘，朝林众捐丈田八分，守贡众捐丈田一亩、丈塘一分五厘，则穆众捐丈田八分、丈塘一分，则友捐丈田八分，家佐捐丈田三亩八分，家偁捐丈田三亩、丈塘二厘，广进众捐丈基地一分八毫，从弼众捐丈田二亩三分五厘、丈塘二分一厘，胡宾众捐丈基地四厘，元我众捐丈田一亩五分、丈塘二厘，守明捐丈田九分二厘五毫、丈塘一分，家书捐丈田三分，则永捐丈山四分五厘，宾兴众捐丈田五亩六分三厘五毫、丈塘四分一厘、丈地二分五厘五毫、丈山二分九厘，一环众捐丈田八分七厘六毫、丈塘二分二厘八毫，士海众捐丈田三亩五分五厘七毫、丈塘三分三厘、丈地二分三厘三毫，守烈众捐丈田五分、丈塘六分，麟书众捐丈田二十亩六分七厘八毫、丈塘一亩八分八厘五毫，守固众捐丈田一亩、丈塘二厘，家旺捐丈田一亩四分一厘、丈塘二分二厘，德富捐丈田七分、丈塘二厘，朝鼐众捐丈田一分一厘，守灶众捐丈田一亩、丈塘一厘三毫三丝，守御众捐丈田五分，士熊众捐丈田八分，永械众捐丈田五分，祥应众捐丈田一亩、丈塘一分八厘三毫四丝，富应众捐丈田二分，一南众捐丈田二亩二分六厘、丈塘一分，仁应众捐丈田三亩二分八厘，丈塘一分五厘，巽宗众捐丈田五分、丈塘二厘，添兴众捐丈田一亩一分五厘、丈塘五厘，成德众捐丈田二亩一分六厘五毫、丈塘三分三厘三毫，嘉伦众捐丈田一亩、丈塘一分，嘉佑捐丈田七分三毫。以上共捐折钱二千一百七十五两五钱，共捐丈田、塘、地、山三百亩二毫六丝三忽，创设豫立平粜义仓。

朱旺义仓共收到捐钱 2175.5 两，捐田、塘、地、山 300.263 亩，有姓名者 216 人，加上以"众"代者可能至千，捐钱有多有少，捐地有大有小，户户出力，人人奉献，可见捐赠是朱姓祠众的一种集体行动。

其二，义仓的救济原则是"水分平施"。碑文对义仓在家族中的救济原则阐述得十分明确："倘遇俭收，按户润恤，既无偏颇之忧，水分平施，奚有争论之患"，即对整个家族所有成员一视同仁。清道光五年（1825 年），旌德县人口 44 万；咸丰三年（1853 年）增至 50 万。可想而知，那是个谷不足食的年代，朱旺义仓对整个家族一定发挥了不小的稳定作用。

朱旺义仓同一时期旌德修建的义仓共有 14 个，分别是："大西关汪祠敦本仓""一都隐龙方仲祠义仓""南村积功仓""五都万丰义仓""七都梅里村汪祠丰备仓""赵川程应祥众有诒仓""六都姚祠永丰仓""八都俞祠井养仓""芳川王祠豫丰仓""十二都刘茂昭堂义兴仓""十三都大甘村庆裕仓"
"十四都朱旺村朱祠义仓""十八都孙村记荣仓""周急义仓"。以朱旺义仓
投入最大，捐赠者最多。

如此众多的义仓，在当时一个时期内发挥了社会基础稳定器的作用。
据清道光《旌德县续志》载，常平仓捐积 27100 余石，但历任各官亏缺，此
时实存 3400 石；社仓共贮谷 6300 石，此时实存 4050 石。"按常平仓、社仓
为州县积贮要务，而奉行既久，恒患亏缺侵蚀，惟各坊都自置之仓，皆各
祠族长经理，其事胥吏无从借端侵扰。旌邑地瘠人稠，而水旱不至离徙者，
实系于此，亦可见风俗人心犹睦姻任恤是尚也。良有司奖劝风厉，俾垂永
乐，而弊窦不生，岂非旌邑之大幸与！"由此可以看出，义仓对官仓起了重
要的补充作用。义仓的捐建者享有全部的自主权，官府无权干涉。

写到这里，有必要介绍一下中国古代社会救助体系的轨迹。

常平仓是中国历史上最早的建制化的一个官办公益赈济机构，汉代设
置，初衷是"以谷贱时增其贾而籴，以利农，谷贵时减贾而粜，名曰常平
仓。民便之"。既平抑物价，又兼具政府救济功能，但很快常平仓就沦为
"吏以为市、垄断渔利"之法，并遭到批评："外有利民之名，而内则侵刻
百姓，豪右因缘为利，小民不能得其平。"到汉元帝时就有人请罢常平仓。
为了救常平仓之病，到了隋朝，朝廷又提出官办义仓，即由官府"令民间
每秋家出粟麦一石以下，贫富差等，储之间巷，以备凶年"。之后，唐太宗
又将义仓之法加以推广完善，规定"王公以下垦田，亩纳二升"，"贮之州
县，以备凶年"。但很快义仓之粮就被官府挪作他用，以至于有人批评：
"常平出于官，义仓出于民。出于官者，官自敛之，官之出之，其弊虽不足
以利民，亦不至于病民。出于民者，民实出之，官实敛之，其弊也不惟民
无所出，而官从而病之。"

社仓起源于南宋，由南宋士绅魏掞之在绍兴二十年（1150 年）创立于
福建招贤里。稍后（1168 年），魏掞之的好友朱熹也在福建五夫里设立社
仓。宋儒设置社仓的初衷，是因为他们认为当时的官方救济（如常平仓）
不尽可靠，士绅应当担起造福乡里之责，建立民间的自我救济体系。这样，
乡人在遇到凶岁饥荒时也不必全然依赖于有司。

朱熹制定了一套完备的社仓结保制度。按照朱子的设计，社仓大体上是这么运作的：由地方政府先垫付一定数额的大米作为贷本，"富家情愿出米作本者，亦从其便"。社仓每年在青黄不接的五月放贷，每石米收取息米二斗，借米的人户则在收成后的冬季纳还本息。等收到的息米达到本米的十倍之数时，社仓将贷本还给地方官府或出本的富户，此后只用息来维持借贷敛散，不再收息，只是每石米收取三升耗米，以弥补米的损耗。

在朱子的规划中，社仓由地方士绅组织并管理；人户是否参加结保也采取自愿原则，"如人户不愿请贷，亦不得妄有抑勒"。抑勒，就是强制、摊派的意思。不过人户"入保"有资格审查："产钱六百文以上及自有营运，衣食不阙，不得请贷。"也就是说，有财力的人家不能申请社仓的救济。有的社仓还规定"细民无田者不得预也"，将放贷对象限定在具备一定还贷能力之人的范围内，这是出于保障仓本安全的考虑。朱子社仓不是慈善机构，而是民间互助组织。南宋淳熙八年（1181 年），朱熹还上奏朝廷，建议在全国推行社仓之法。宋孝宗采纳了这个建议，下诏推广，四五十年下来，朱子社仓"落落布天下"。

一个中国历史上由社会基层自治的社会救助体系，并作为中国传统救助体系的另一极就这样诞生了，它不仅使老百姓救助了自己，更在于其也为国家排了忧解了难。《创捐豫立义仓碑记》中说其先祖文公朱熹建社仓之事，虽然起始时间有些出入，但内里恰恰透着的是朱旺村朱熹后人对其先祖遗训的自豪之情和自觉继承互帮互助的精神。

旌德"徽州粮仓"之名始于民国

近年，旌德县兴隆镇三山村、白地镇汪村"云上梯田"凭美如画卷的春容秋貌扮演起网红大腕，颇受央视、人民网、新华网等诸多媒体的青睐。

我曾以"'徽州粮仓'入画来"为题写了则短文发表在 2022 年 5 月 5 日《人民日报·海外版》上，其中有这样一段文字：

清晨登高，朝霞中的滚滚云浪飘浮在万亩水田之上，给春田罩上了忽隐忽现的朦胧面纱。霞染云涛之中，散布于春田中间的村居农舍、树木修竹挣扎着露出婆娑的身影。村是一二十户组团，房是粉墙红（青）瓦，树是新绿披身，它们就在波光粼粼的水田中间，在云和雾、光和影的流动中闪现。

暮色远眺，夕阳将远山近景抹上一层金色，灿烂的晚霞把山间云涛染成层层红色波澜，使人不禁赞叹大自然造化之神奇。当你置身于版画般的春田中，看着耕牛在田间犁耖，闻着空气中新鲜的泥土味，你会感觉到这是人和土地最亲密的接触，记忆中所有的乡愁都在瞬间被唤醒。

田间小道绿树成荫，农家倚田临水而居。纵横阡陌，似筋如骨，呵护着一丘丘水田。池塘或大或小，溪流或直或曲，与成百上千块蓄水的春田臂挽手牵，幻化为万千魔镜，映射着天光、云雾、树木、房舍……这样的画面从高处看、从空中看，云雾光影在流动，实景和留白在交替。粼粼水田、幢幢树影、俨然屋舍、鸡鸣犬吠之声相和，就像一幅从天上飘洒下来的巨画，铺展在兴隆大地上，那种五彩斑斓、如仙似梦的淋漓动态，怎不勾人心魄？

兴隆镇三山村"云上梯田"（朱学文　摄）

2020年5月1日，央视首次以"安徽旌德：千亩梯田美如画，徽州粮仓春耕忙"为题在兴隆三山村作实况转播。新闻播出后就旌德为"徽州粮仓"引发了一些议论，质疑的理由无非是旌德不在古徽州一府六县版图内，何以称"徽州粮仓"？

其实这个问题需要弄清一个逻辑关系：旌德在不在古徽州"一府六县"与旌德是不是"徽州粮仓"没有必然联系，有联系的是旌德供应了徽州多少粮食，足不足以成为"徽州粮仓"。

来兴隆采访的央视记者王宁老师辗转打通了我的手机，我说新闻标题没错，稍后给了他一个书面答案。

旌德"徽州粮仓"究竟始于何时？旌德人在"徽州粮仓"前还习惯加上"素有"两个字，以表达自豪之感。这个"素有"的时间概念到底有多长？

据笔者考证，旌德"徽州粮仓"之称，始于民国年间。

清嘉庆、道光年间（1796—1850），旌德人口有40余万，谷不足食，每年粮食消费半由芜湖、湾沚等地运米以济。查嘉庆《旌德县志》，顺治十七年（1660年）旌德县"实田一千五百二十三顷六十四亩三分五厘（约152364亩）"，照这个田亩数计算，清道光五年（1825年）旌德人口统计数是447357人，人均才0.34亩。清咸丰三年（1853年），旌德人口达50万，人均仅0.30亩。那时粮食产量又低，缺粮是县令们得共同面对的头等大事。明万历二十二年（1594年）任旌德县令的苏宇庶撰有《重建芜湖仓记》就是最好的证明，文章开头有这样几句话：

> 是旌德官仓也，其在芜湖，何也？邑刍挽之役，至是有所递受之也。其未有所递受之也，必有贮焉，仓而后有贮也。古有之，非自今昉也。

早在苏县令之前，旌德就已在芜湖建仓贮粮了。

清咸丰、同治年间（1851—1875），因兵燹与瘟疫，旌德人口锐减，全县仅剩2万余人。此后随着农业渐次恢复，粮食自给有余。

旌德盛产稻米，源于优良的自然环境。境内岗峦起伏，山谷相间，田畈平展，梯田重叠；气候和煦，雨量充沛，光照适中，季风明显，地貌与气候的结合，构筑了宜农宜粮、物阜粮丰的格局。这在山高林密、丛岭叠嶂的皖南山区可谓得天独厚。

白地镇汪村"云上梯田"（江建兴 摄）

水稻土是旌德主要的耕地土壤，布局广泛：

> 东自滑渡，西及南源；南起洪川，北至剥岭，从海拔130米的三溪溪潭

到海拔 790 米以上的华坦八亩，都有分布。但以徽水、玉水、俞村河两岸平坦开阔的河谷、盆地、山冲、低垮较为集中，面积 169347 亩，占全县土壤总面积的 16.91%。近河地段多呈条带状分布着砂砾或沙底泥沙田，离河稍远处分布着质地均一、土层较厚的泥沙田。

水稻土是一种人为水成土，具有独特丰富的剖面特征和理化性状。如灰色耕作层，紧实的犁底层，明显淋溶的渗育层，铁锰淀积较多的斑淀层以及青灰色的潜育层等基本层次。酸性母土经水耕熟化发育成水稻土以后，pH 值上升，在肥沃的耕作层，有铁和有机物结合形成的橘红色"鳝血斑"；在结构面上，有粘粒停留而形成一种发亮的灰色胶膜。

摘自（《旌德县志·自然环境》黄山书社 1992 年版）

1949 年，旌德全县耕地面积 139608 亩，平均每个农业人口 2.77 亩。在总耕地中，水田 135912 亩，占总耕地面积的 97.35%。1954 年耕地面积达到 198653 亩，比 1949 年增长 42%，平均每个农业人口占地 3.5 亩。其中水田 168117 亩，占总耕地面积的 84.63%。

《旌德县志》又载：

在 14 万亩水田中，有 90% 以上的土壤是在花岗闪长岩及河流冲积物上发育而成的。主要土种是麻沙泥田、黄麻沙泥田和麻沙陷泥田，其次是麻沙泥骨田、青麻沙泥田等。这些水稻土，土体较深，多为轻壤，通透性较好，保水保肥能力中等，供肥较快，熟化程度高，主要分布在海拔 140～300 米的河谷两岸、山间盆地及低山岗地。其中千亩以上的大畈有 20 多处，最大的俞村凫阳畈面积为 3000 亩。

近 100 多年以来，旌德富产稻米，可谓占尽天时、地利。

旌德稻米不仅以产量见胜，且以米质优良著称。旌人注重农事技艺源远流长，农学名著《农书》就是元代旌德县尹王祯所著。王祯元贞元年至大德四年（1295—1300）在旌德当县令时，以农治县，在全县各社置立通晓农艺的社长 1 人，专司农事。他还身体力行，躬身实践，不断探索改进农技，对农民的智慧和经验尤为推崇，"岂知创物利于民，唯有老农真智者"，乃其真知灼见。许是遗风所及，长期以来旌德百姓一直倾心于农作物品种改良。民国时期，旌德种植的水稻"青秆籼"品种，米质洁白晶莹，煮饭香软可口，被视为食用佳品。"麻壳籼"等品种以其耐旱抗逆、适应山区易旱的自然条件而广为栽植。这些地方品种虽因产量偏低，早为优良品种所取代，但其所具有的某些优异遗传基因，若能保持至今一定是珍贵的种子资源，可供育种学家发掘利用。可惜，世间事没有假如这一说。

在传统农业社会里，商品余缺调剂，各地互通有无。20 世纪初以来，旌德米市长盛不衰，形成一道独特的风景，名著皖南。

旧时旌德县北门大街，是米市一条街。这条狭窄的街道，麻石路面，坑坑洼洼，长年累月被运粮的独轮车碾磨，一条凹槽顺街蜿蜒。街道两旁，一家接一家的米店紧紧连接。民国三十年（1941 年）全县有私营粮商 30 户，从业 70 余人，总资金 32600 元，年营业额 48870 元。粮食供应市场主要集中于县城和三溪、庙首、白地、俞村等集镇，由粮商自由购销。县城米行以光明碾米公司为最大，其次为正丰、恒丰、和丰、瑞丰、源丰、大丰、鼎丰、广丰等 20 家（有的兼营糟坊）。这些米店有的长途贩运，有的就地买卖，大多前堂开店，后堂住家；一般店主雇两三个学徒、伙计，以米业为主业，兼售杂货，规模较大的还兼营酿酒、糟坊、酱园、面坊。一个小县城大小米店林立，竞争激烈，长期以来店主们在经营之术中，煞费苦心，形成了一套行规。

一是"接米"。米店伙计们从四乡农民手中购进稻米时，不是等粮上门，而是每天清晨，早早伫立在城郊进城路口，拦住挑粮运米进城的农民，议价收购。这些米店伙计能说会道，他们凭着如簧巧舌讨价还价，说得那些老实巴交的农民心动，把粮食卖给他们，往往讨到不少便宜。各家米店相互之间既有争夺也有协作，他们订有君子协定，哪些米店挡哪条道皆有不成文的规定，配合默契。

二是"量米"。那时计量不用秤称而用斗量。在用斗量米和刮米时，有很多技巧。用力不同，着力不一，可以多进少出，从中取利。商场上尔虞我诈，你争我夺，在旌德米市上表现得淋漓尽致。

早在当年，商场上的竞争就有人才的竞争，由于米市上靠人的口才和手技能够营利，一些身怀绝技的米店伙计身价倍增，成为店主们竞相聘用的"香饽饽"。旌德米市的情景是颇为独特的,它宛若一幅展现生活百态的历史风情画卷,耐人寻味。每天山城晨曦初露,米店伙计们纷纷出城竞相接米,带回店里将米倒入米桶,紧接着是量米。边量米边呼唱着既计数又吉利的劳动号子,什么"一本万利""二龙戏珠""三羊开泰"等,如同唱着高亢有节奏的山歌。这时在街道上,运粮的独轮车在前进中车轮摩擦发出吱吱呀呀的响声,不时夹杂着运粮骡驴的嘶叫,此起彼落,交相回荡,奏出了旌德米市的美妙晨曲,韵味无穷,情趣怡然。

如果说熙熙攘攘、热热闹闹的城北米市带给人们的是表象上的欢快轻松,那么将视线转向徽宁古道,映入眼帘的成群结队的运粮大军,则令人感到无限苦涩。当年来旌德买粮挑粮的主要是毗邻的歙县、绩溪等地的缺粮农民,他们尤其是歙县南乡被称作"南乡佬"的淳朴勤劳的徽州山区农民,他们身着土布衣,脚穿草鞋,肩挑沉重的米袋,或赶着驴骡,翻山越岭,汗流浃背,风餐露宿,饿了啃着怀揣的苞芦馃(玉米饼),渴了汲着随身携带的竹筒茶水,一步一拐地盘旋在古道上,无论是骡驮还是人挑都异常艰辛。

徽宁古道是指从徽州府歙县通往宁国府(宣州)的一条古官道。这条道,从歙县出发,走城西北门,过万年桥,经富朅至许村;由许村北上,经五猖庙、茅舍、茶坦至箬岭关,往东北经贴壁洞至天星洞到旌德县白地镇高甲,全长约45千米。歙县段今天习惯称"箬岭古道",旌德人叫顺了嘴称"旌歙古道"。

我生长在歙县,少年时常听长辈说起到旌德驮米的故事。

徽州围于山地及丘陵占十分之八九,"徽之为郡在山岭川谷崎岖之中",歙县等地的粮食缺口很大,因而与之毗邻的旌德县成了歙县人买粮驮米的首选之地。

民国二十七年(1938年),旌德县长田易畴呈报,常熟之年,稻米自给外多余15万担,这些粮食均调往山多田少与旌德邻近的徽州各县。抗日战争爆发后,旌德每年有1000吨糙米(军粮)运往徽州各地。

旌德粮食自给有余,而邻近的徽州各县因山多田少,口粮不济须从外地调入,这里遂成为粮食供应的大仓库,"徽州粮仓"之名因此而扬。

俞村镇凫阳畈"云上梯田"（曹积宏　摄）

新中国成立至1987年旌德属徽州地区，富余之粮，仍调往歙县、屯溪。改革开放以后，"旌德大米"一直享誉黄山市。1949年销售506吨，1987年销售5728吨。20世纪80年代，旌德"标一籼米"曾获商业部"信得过产品"称号，产品远销北京、黑龙江、河北、青海、山东、浙江、四川、上海、天津等十多个省市，赢得了各地的赞誉。

时至今日，虽然产业结构大变，旌德"徽州粮仓"却盛名不衰。在老徽州屯溪、歙县一带市场上"旌德大米"品牌，仍然博得消费者青睐。"旌玉屏"大米，被国家质量监督检验检疫总局评为"生态原产地保护产品"。或许，这就是"旌德大米"的口碑传承力之所在。

一尊马克思银像的百年传奇

安徽省旌德县档案馆珍藏着一尊马克思银质半身塑像。这尊塑像高15.5厘米，重250克，为纯银空心浇铸而成。塑像底座正面铸有俄文"卡尔·马克思"，底座下方有两行俄文："第6·莫斯科"。

这尊马克思银质胸像，来历和意义非同寻常：19世纪由莫斯科流传到中国，它同中国共产党相依相存，风雨同舟。茫茫黑夜，它送给神州中国一缕光明；迷漫征途，它给予中国共产党人以真理、信念和前进的力量。

100年前，这尊珍贵的银质塑像是如何被带到了中国？又如何辗转到了皖南的一个小山村里？最后因何被珍藏在旌德县档案馆呢？笔者在这里为您解读这段鲜为人知的历史。

马克思银像从莫斯科来到中国

19世纪末20世纪初的中国，是苦难深重的中国。

马克思银像

1917 年 11 月，俄国革命一声炮响，给中国送来了马克思主义。在十月革命的推动下，1919 年 3 月，来自 21 个国家的 35 个政党和团体的 52 名代表参加了在莫斯科召开的国际共产主义者代表大会。大会根据马克思主义学说和列宁领导的十月革命经验，确定了"宣传马克思主义，团结各国工人阶级和广大劳动群众，为推翻帝国主义和资本主义统治，建立无产阶级专政，消灭剥削制度而斗争"的任务。

为帮助东方民族培养革命骨干，共产国际于 1921 年 4 月，在莫斯科创办一所东方劳动者共产主义大学（简称"东方大学"）。同年 7 月 1 日，中国共产党诞生。为培养革命人才，党先后派出任弼时、彭述云、萧劲光、王若飞、赵世炎、陈延年、陈乔年、刘伯坚、萧三等同志赴莫斯科入东方劳动者共产主义大学学习。

当时中国班的学员，都是一群朝气蓬勃的热血青年，一心追求革命真理，通过系统学习马克思的学说，对马克思主义信念更坚定，因此也更加崇敬马克思。那时，马克思逝世已 30 多年，学员们在学习马克思学说时，总是千方百计打听马克思的形象、生平、遭遇，以及马克思坚韧不拔的学习和钻研精神，很想找到马克思的遗像，带回国内永作纪念。

中国班学员有这个愿望，东方劳动者共产主义大学其他国家各班的学员同样有这个愿望。意见很快传给了校领导，校方将这些意见反映给共产国际。共产国际经过研究，接受了各国学员的意见，挑选美工人员进行设计，又挑选银匠师精心铸造，共铸造出 10 尊马克思银质半身塑像，赠送给各国共产党组织。

中国班的中共党支部，接受共产国际赠送给中国共产党的一尊马克思银像为"第 6 号"。

1924 年 1 月 21 日，伟大的革命导师列宁在莫斯科逝世。在东方劳动者共产主义大学学习的中国班学员陆续回国。

曾在江西安源路矿工作的中共党员萧劲光是被派往苏联东方劳动者共产主义大学和军事学院学习的第一批学员，共产国际赠送给中国共产党的这尊银像，当时就由他暂为保存。萧劲光回国后，中国班党支部就把马克思银像带回国内的任务交给了他。

梅大栋将马克思银像带到旌德

回国后,萧劲光将马克思银像带回了安源路矿。此时,刘少奇担任安源路矿工人俱乐部总主任(该俱乐部于 1922 年 5 月成立,由李立三担任主任、总主任,刘少奇于 1923 年 4 月代理总主任,8 月起正式担任总主任),萧劲光向刘少奇汇报学习情况后,将共产国际赠送的马克思银像郑重地交给了刘少奇。

1923 年 11 月,安徽旌德三都梅村小学教师梅大栋(1901 年出生于三都梅村)应安源路矿中共党员李延瑞函约,并经中共党员、宣城省立第四师范学校教务主任恽代英介绍,到江西安源路矿担任职工子弟学校教师。由于工作出色,经李延瑞、吴华梓介绍,梅大栋于 1924 年 1 月加入中国共产党,2 月起担任安源路矿工人俱乐部秘书,俱乐部主任刘少奇将这尊马克思银像交给梅大栋保管。

1925 年 9 月,安源路矿工人运动遭到江西军阀镇压,发生"九月惨案",俱乐部副主任黄静源被杀害,路矿党组织遭破坏。为保存革命力量,安源党组织及时将干部疏散各地。在梅大栋离开安源之前,党组织郑重地嘱咐他,希望他把马克思银像保管好,安全地带回皖南,开展革命活动。

为了完成党组织重托,确保将马克思银像安全带回皖南,梅大栋把自己化装成矿工,整理行装时,用一件破衣服把银像包好,放在背包下面,上面放着未洗的袜子和装着烂腌菜的碗,离开了安源。行走不远,忽然发现前面有敌人的盘查,梅大栋心里不禁一颤,转而又镇定下来。此时梅大栋已被敌人发现,又不好改道,只好迅即赶上前面过路的几个人,想趁机一道过关。岂料敌人搜查十分严密,包裹行李都要翻看。轮到检查梅大栋时,敌人抢过他的包裹,打开一看,见上面两双脏袜和一只装着烂腌菜的碗,散发出臭气,哨兵捂着鼻子将包裹扔向梅大栋,要他快滚。有了这番经历,梅大栋格外小心谨慎,以后遇到敌人盘查都机智地混过关卡。为尽量避开敌人,梅大栋夜行晓宿,绕大道走山径,终于在 1925 年 10 月,把银像安全带回了自己的家乡旌德县三都梅村(今版书镇龙川村)。

马克思银像点燃旌德革命火种

梅大栋虽然把马克思银像安全带回了旌德，但他心里知道这并不意味着结束，而是一个新的开始：既要保护好银像，更要发挥好银像宣传革命的作用。

三都梅村，地处旌德县城西 15 里的岩山脚下，龙川河自南向北从村前流过。小河两岸，土地肥沃，盛产水稻。旧社会，这些良田大部分被土豪占有，贫苦农民缺衣少食，满腹怨愤。梅大栋在宣师就读时，曾利用假期，

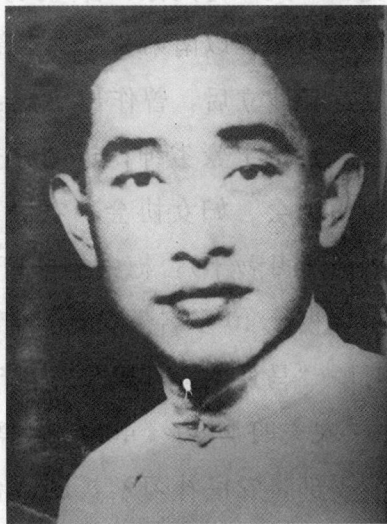

保护银像的梅大栋

回乡联系青年农民，宣传革命道理，传播科学文化，劝导农民不要搞封建迷信活动。

梅大栋回到家乡后，没有辜负党组织和刘少奇的殷切期望，效法安源经验，创办了一所农民夜校——旌德三都农民补习学校，白天教农家孩子读书，晚上教青年读《平民千字课本》。他卖掉自家的粮食，去芜湖买回汽油灯和凤凰琴等教学用具，学校学生很快发展到 40 多人。芜湖团地委负责人曹谷云，根据梅大栋的要求，派中共党员曹宣天（安徽和县人，梅大栋同学）来到旌德，协助补习学校的工作。在学校里，梅大栋向一些进步青年展示马克思银像，郑重地告诉他们：马克思是德国人，是革命先导，是他提出了共产主义的崇高理想，为人类翻身解放指明了方向。

1925 年 11 月，梅大栋接到上级指示，可在夜校学员中发展一批进步青年入党。一天深夜，农民补习学校墙上挂着一面绣有镰刀、斧头图案的红旗，桌上摆着马克思银像，经梅大栋、曹宣天介绍，梅大梁（梅大栋胞弟）、王士桢、朱观发、朱明林、朱甲、程朝干、张照谟等 7 名在校学员站在银像前宣誓加入中国共产党。

随后，梅大栋在夜校基础上，建立了中共旌德三都农民补习学校支部，

共有党员 9 人，梅大栋、曹宣天为支部负责人，支部直属中共中央领导。这是安徽境内长江以南第一个党支部。从此，点燃了皖南革命的星星之火。

党支部建立后，曾作出决议：决定开展宣传、传播马列主义；建立农民协会，打击土豪劣绅；进城办书店，发行进步书刊；选派骨干去外地学习；组织工会、妇女协会、农民自卫军，开展革命活动。1925 年 11 月 25 日（农历十月初十），梅大栋、曹宣天利用城隍庙做庙会，各乡群众云集县城，带领夜校 40 多名学员，打着有镰刀、铁锤图案的红旗，到县城进行宣传，呼喊"马列主义万岁""列宁精神不死"等口号，高唱自己编写的《八平歌》《农夫四季歌》《革命歌》等歌曲，传播革命思想。

党支部、农民补习学校的革命活动，引起土豪劣绅的恐慌。劣绅方楚平向官府密报：三都梅村有"色彩"，"赤化"了。1926 年 3 月，县当局便颁布"如今后再有擅自集会结社者，一定追究查办"的告示，查封了补习学校，党支部活动遂转入地下。

三都农民补习学校被查封后，党支部活动旋即转移至县城，梅大栋继续领导支部工作。他邀集进步人士汪易如、胡庶民、汪青萍、吕文龙等 8 位进步人士，筹措资金，在县城江夏街胡淦记面店内租赁了一个店面，开设"辅仁书店"，去芜湖等地购买书刊数千册。

"辅仁书店"以出售一般书籍作掩护，秘密出售和转送各类进步书刊，如《资本论》《共产党宣言》《唯物史观》《无产阶级之哲学》《农民纲要》《列宁纪念册》《俄国新经济政策》《社会主义论文集》《独秀文存》《新青年》《孤军》等，还有鲁迅、茅盾和高尔基等人的名著以及马克思、恩格斯、列宁等领袖画像。书店一开业，门庭若市，各地青年纷至沓来，争相购买，辅仁书店还在三溪、下洋设了分店，为大革命时期旌德县广大青年积极参加革命活动，提供了思想武器。

梅大栋白天在书店售书，晚上在店里或召集会议，或开展党的活动。书店成了三都农民补习学校党支部的秘密机关和革命活动的地下联络点。1926 年 4 月，曹宣天被调回芜湖，梅大栋、朱观发继续领导党组织工作。当年 7 月，中共党员谭梓生从上海法政大学毕业后回到旌德，协助梅大栋工作，也成为支部负责人。他们以书店为阵地，在各乡建立联络点。梅大梁去东乡仕川小学任教，王瘦之在三溪黎明小学任教。这些学校，当时都成了传播马列主义理论和革命思想的阵地。

随着马克思主义革命真理在旌德各地传播，中共党组织得到发展壮大。梅大栋在城里发展王廷甫、汪君实、胡茂勋、汪青萍等人入党；谭梓生在下洋吸收谭笑萍、谭铁肩、谭冰瓯等人入党；梅大梁在仕川介绍喻世良、汪守仁等11人入党，全县共发展党员30多人，

在发展党组织的同时，梅大栋奔赴各地，组建农民协会和农民自卫军。1926年年底，旌德全县农民自卫军发展到800多人，主要分布在梅村、仕川、庙首、孙村、石井、三溪、朱旺、汤村等地。其中以仕川最为活跃，有农民自卫军108人，农协会员80多人，妇协会员50多人。

1926年5月，北伐战争揭开序幕。遵照中共中央关于"实行国共合作，帮助国民党建立组织"的指示，仕川村的中共党员均以个人名义加入国民党，建立了旌德县第一个国民党组织——仕川独立区分部，梅大梁担任区分部执行委员。6月，国民党组织在全县各乡普遍建立起来，设立4个区党部，每个区党部下辖3个区分部，每个区分部有7名以上国民党员。城区建立旌德县第一区党部，仕川改为第二区党部，朱旺、三溪、下洋分别建立第三、第四、第五区党部。各区党部的执委，绝大部分由共产党员担任。这时，全县国民党员有200多人。梅大栋、汪君实等人还组建了国民党旌德县党部筹备委员会，团结国民党左派，进行反帝反封建的革命斗争。

1926年初秋，中共党员、国民党安徽省党部秘书长柯庆施到旌德县城、仕川等地巡视工作，在辅仁书店秘密召开会议，对国共两党的地方工作作了重要指示，并介绍王廷甫、朱良桐、张照谟等一批热血青年去武汉学习和受训。

1926年10月，梅大栋被调往武昌，担任共青团湖北省委秘书。辅仁书店交给吕文龙、胡庶民负责，农协会工作由朱观发负责，国民党工作由汪君实负责，中共党组织工作由谭梓生、王廷甫、朱观发3人负责。

1927年1月，北伐军进军安徽前夕，梅大栋在武昌召开旌德县在武汉的共产党员会议。商议推翻反动县长黎在符的办法，并写信给汪君实，要他做好本县革命力量的组织工作，以配合北伐军，在旌德建立民主政权。

当年 3 月，北伐军二军六师党代表萧劲光委任谭梓生为旌德县县长（系安徽省第一个中共党员县长）。此后，旌德共产党组织活动由秘密转为公开，工会、农会、商会、妇女会、农民自卫军相继成立或公开活动，县农会还组织群众游斗土豪劣绅，开展禁赌禁烟、剪辫放足等群众运动，革命火焰越烧越旺。

1927 年 4 月，蒋介石发动"四一二"反革命政变，大肆捕杀共产党人，旌德山城也随之受到波及。新成立的旌德县红色政权仅 53 天就遭反动势力扼杀。反动知县唐绍尧，奉命前来镇压革命力量。谭梓生等人迫于形势，远走武汉。半个月内革命群众、知识青年朱甲、王观明等 80 余人被捕入狱，革命暂时陷入低潮。

这时，远离县城的仕川，共产党人梅大梁点燃的革命星火正在燃烧，建立了党的秘密组织，办起了平民夜校，成立了"农民自卫军"，革命活动轰轰烈烈。正在这时，西乡方面又派了党的特派员王廷甫和程朝干来到仕川，积极联络各乡，营救被拘捕的同志，支持恢复新政权。

王廷甫、程朝干等在仕川秘密会商，决定 5 月 16 日拂晓（农历四月十五大月亮，以便行动），联合本县三都、二都、十五都以及西乡各地农民自卫军，一举攻下旌德城，营救被捕的同志后，立即进军绩溪并向屯溪挺进，与武汉北伐大军会师。当场决定由王廷甫为攻城总指挥，先潜伏在城内，相机联络各路人马；决定程朝干负责西乡片；喻乾林、吕贡南负责东乡片；喻运火、汪守仁负责仕川片；以仕川为主力，打出"旌德第二区农民自卫军"大旗，会合一、三、四、五各区，届时首先出击。

经过十多天的酝酿准备，仕川农民自卫军除有土枪、步枪六七十支外，又从宁国下中川借来两门檀树土炮，以壮军威。没有枪的则以马刀、大刀、长矛、铁尺、虎叉为武器，大家磨刀擦枪，群情激昂。

5 月 15 日晚饭后，农民自卫军在仕川喻氏支祠集合，他们提出："打土豪、分田地！拥护谭梓生再当县长！"等口号，108 人浩浩荡荡向县城出发。黎明时分，到达旌德城下东门瑞市桥。由于是仓促凑成的队伍，素未训练，又缺乏临阵实战经验，队伍刚到时，既未取得各方联络，又未按照原来部署寻求统一指挥，便鸣枪开火。其他各路自卫军因仕川农民自卫军提前行动，均未能及时赶到。城里的攻城农民自卫军指挥部，由于组织不纯，泄露机密，攻城总指挥王廷甫等 7 人被捕。城里也早已防备，除了本县反动武装外，还有绩溪新县长上任路过旌德，随行卫兵也参与作战。加上西乡、北乡 700 多名自卫军未赶到县城接应，战斗持续一小时后，攻城失利。第二天，暴动总指挥王廷甫等 13 人惨遭杀害，暴动失败。

旌德武装暴动，是在"四一二"反革命政变发生后仅仅一个月零四天就举行的，比"八一"南昌起义早两个半月，是在"四一二"反革命政变之后安徽省内的第一次革命武装暴动。旌德武装暴动，是中共党组织直接领导的以革命武装反击反革命武装的壮举，是对背叛革命、残酷屠杀共产党员和革命群众的国民党右派的坚决斗争。这次暴动虽然失败了，但为今后继续进行革命斗争积累了极其宝贵的经验。

梅家三代人守护马克思银像

1927 年 8 月，旌德重新恢复建立党组织，中共旌德特支在西乡下洋成立。11 月，梅大栋回到旌德，继续重整旗鼓，在三都、三溪、下洋、朱旺等村恢复组织，在教育界知识分子中发展党员。1928 年 3 月，梅大栋与汪昂等分别到各地安抚暴动中死难烈士家属，了解逃亡归来的人员情况以及农会、自卫军的情况，并在下洋召开了中共旌德县党员研究会第一次代表会议，会议决定成立全县平民教育促进会，以反动县长吕宝章的爪牙、县教育局局长江养吾为主要攻击目标，在全县教师中散发传单，列举其劣迹，发起"倒江运动"。11 月，当局以"组织教师暴动"的罪名，逮捕了梅大栋、谭笑萍、梅大梁等十余人，梅家兄弟被判处死刑。执行前，梅大栋越狱逃离，梅大梁遭杀害。县当局查封了梅大栋的房屋。当时，留在家中的梅大栋生母宋坤荣、胞妹梅竹娥、外甥女汪兰英在遭封门的情况下，被迫搬到柴棚里去住。梅家当时居住的柴房是由木板搭成的一个简易阁楼，柴房上有一堆破瓦砾。搬家的那天晚上，平时受儿子言行耳濡目染的宋坤荣，深知这尊银像的重要性，她将银像用纸包起来，外面裹上几层布，埋在了柴棚的地下，上面堆上瓦砾、木板和稻草，当作床铺使用。反动势力几次抄家，都没有发现，这尊银像也就一直保存了下来。

　　宋坤荣去世后，保护银像的任务落在了梅大栋后代的身上。新中国成立后的 1959 年，为了进行革命历史传统教育，旌德县人民政府从梅大栋儿子梅本华处征集到这尊珍贵的马克思银像后，存放于旌德县档案馆展出。1986 年下半年，安徽省举办"安徽革命斗争史展览"，徽州地委党史研究室将这尊马克思银像照片提供给展览小组。此后，安徽省博物馆按马克思银像原样复制了一尊作为展览使用，并对原件进行了技术鉴定，认定该像系纯银铸造。

　　2010 年 7 月 6 日，安徽省文物局组织文物鉴定专家组专程赴旌德县鉴定文物。旌德县档案局馆藏文物马克思银像，经李广宁研究馆员，周京京、傅慧娟、王刚副研究馆员共同鉴定，马克思银质半身胸像为国家一级文物，并于 7 月 7 日出具了《安徽省馆藏文物鉴定意见书》，其藏品编号为 78－4，这也是目前全国唯一的一尊马克思银质胸像，其历史价值弥足珍贵。

　　这尊珍贵的马克思银像，在风雨飘摇的年代，犹如一盏明灯，点燃了皖南革命发展的星星之火，书写了安徽党史上光辉灿烂的篇章，也给后人留下了一份独特的红色记忆。

杨桃岭古道

——胡适、江冬秀联姻之道

杨桃岭古道从旌德县白地镇江村经三节桥、杨树下，越杨桃岭至绩溪县黄会山村、会川村、下舍村、旺川村、鲍家村、西村、宅坦、上庄。全程 15 千米，旌德、绩溪境内各 7.5 千米。

杨桃岭古道起点是中国历史文化名村——江村。《济阳江氏金鳌派宗谱》载："江韶以先世曾官是邦，因留居旌德县之西乡，子孙后裔繁衍，同村居者以万计，遂名其地为江村。"按谱记江氏迁入时间推算，约在唐朝永徽年间（650—655）。江村又以金鳌山之名名村，别称"金鳌村"。清咸丰初年，"男女八万口，官商在外者不与"。当时有梅杏居、桐竹居、松筠书屋、鳌峰书屋、双凤书屋、梅坞、西麓、雪堂、传恭堂、龙山书屋等 29 个书舍。崇文重教的风俗，让江村明清至民国初十年，出进士、举人、学士、博士 127 位。江希舜、江藩、江绍源、江泽涵、江冬秀、江春泽等都是江村的优秀儿女。抗日战争期间，安徽六邑联立中学由宣城迁至江村，前后 8 年，培养学生 8000 多人。江村古有十景，分别是黄高晓日、箬岭晴雪、天都耸翠、金鳌飞瀑、矛顶桃花、茆龙红叶、狮山暮雨、羊岗夕照、双溪月夜、聚秀荷风。今天，聚秀湖、孝子祠、江氏总祠、溥公祠、父子进士坊、笃修堂、茂承堂、江泽涵故居、江冬秀故居、闇然别墅、老街等明清建筑均为全国重点文物保护单位。

　　江姓是旌德的名门望族，在讲究门第观念的宗法社会，姻亲的选择大多是周边的大姓名族，比如江氏与庙首吕氏、江氏与孙村汪氏、江氏与绩溪上庄胡氏等，都是互为选择姻亲的最佳选项。从江村至绩溪上庄的杨桃岭古道，几百上千年来自然成了江、胡两姓的联姻之道，成了婚嫁的情爱之道，从这一条道上走过的最著名的莫过于上庄的胡适与江村的江冬秀，她们的婚恋传奇依然在早已被冷落的山间古道上随风传送。

　　江村到三节村3里，道路两边均是大片肥沃的良田。三节村早先称"三节桥"，以村口两孔三节石桥得名。三节桥更土的名字叫"油坊"。过去，三节桥是在江村的版图之内，村中居民也以江姓居多。现在三节桥却被撤并到了白地村，失了传统章法。

　　三节桥到杨桃岭的古道路口已是茅草丛生，零星的一些路段还剩那么点青石板，时隐时现。上山的路忽上忽下，左拐右弯，走一个多小时，山道上出现了一些石阶，在荆棘中蹒跚而行，不一会工夫，一个古老的石亭出现在隘口。石亭利用隘口两边山崖顺势修建，上有"拱天济美"四个大字，落款是"明万历十七年仲冬月绩邑旺川曹世科立"。由北而南，穿亭而过，亭内左边墙上嵌着两块新碑，其中一块刻："徽池古道杨桃岭，拱天揽胜客留连。联姻之路多佳偶，伟人故里若比邻。公元2011年春立，绩溪旺川村委会重修此亭。"

　　明万历五年（1577年）前后，绩溪旺川人曹世科娶了旌德江村女儿。曹世科夫妇经常在旺川和江村两地之间往来，觉得山路崎岖难行，就在岭顶两边修建了十余里的石板路，并建造了一座石亭。亭长而高，形似隧洞，后人称之为"世科亭"。洞内两头门顶镶嵌有铭文，南边一块为：

　　大明国直隶徽州府绩溪县七都旺川信士曹世科宝中江氏；男：应儒、应试；喜舍石□□□石路。文福有攸归。万历十七年，岁次己丑仲冬月吉旦立，万历四十六岁次戊午信士曹士科宝中江氏，男：应试、应训；孙男：光绍、光习、光学、光惠为重修立。

　　北边一块门额被风雨长期侵蚀，字迹模糊不清，大致意思是清嘉庆二年（1797年）世科派下孙光如、曾孙明仰、玄孙国柱重修。清嘉庆《绩溪县志》载：杨桃岭为旌德西乡往来路道，蚕丛荆棘，行走艰焉。旺川曹世科独力砌石板路十余里，遂成康庄，建"拱天济美"石亭。

石亭历经四百多年的风雨侵蚀，依然屹立在杨桃岭古道上。

杨桃岭，顾名思义，是山岭遍布众多的猕猴桃（旌德称杨桃）。岭头左边是座废弃的露天石英矿，翻起的矿渣废料顺着山坡倾倒，掩埋了的植被至今没有恢复，破碎的石英石折射出闪闪的亮光，在这高山之巅显得非常刺眼。

站在岭头向北俯瞰，旌德县西乡白地、洋川、里仁、庙首、水北、孙村均尽收眼底。冈峦起伏，村庄星罗棋布，良田万顷，河渠纵横，水库如镜，宛如一幅田园风景画。向西遥望，美丽的黄山就隐身在云雾之中，光明、天都诸峰时隐时现。眼前那些沐浴在云雾之中、盘根于石上、枝干曲生、形态奇美的苍松，或与奇岩怪石相伴，或与清泉相携，山形树影亦真亦幻。

杨桃岭岭口只能算是半岭，从这里往东上山是海拔 1200 米的黄会山，往西是东箬岭。春天的时候，通往黄会山山巅的大小冈峦上杜鹃似海，奇丽无比。

"拱天济美"三百年之后，杨桃岭迎来了胡适和江冬秀那顶大红婚轿。

江冬秀出身旌德的名门望族。祖父江绍理生有两个儿子：江世贤、江世才。江世贤是江冬秀的父亲，"布政司经历，加二级"，37 岁病故；江世才是数学家江泽涵的父亲。江冬秀母亲吕贤英是光绪进士、翰林院编修吕佩芬之女。

胡适与江冬秀的联姻，纯粹是"父母之命，媒妁之言"。故事还得从一次庙会讲起。当时，绩溪乡下盛行"喜会"（又名"火把会"）。每逢闰年，为纪念南霁云、雷万春抗敌有功，举行"喜会"，游龙灯、玩花灯、放焰火、演徽戏……喜会举办地，四乡村民汇拢，家家户户亲友盈门，非常热闹。胡适 14 岁那年，轮到七都（旺川）举办，适逢胡适外公冯振爽（金灶）家新屋落成，来了不少客人。吕贤英（菊花）带着冬秀，冯顺娣偕胡适都来了。江家与胡家本有表亲关系，两位姐妹自然一见如故。吕贤英见胡适眉清目秀、模样英俊，想以女许之。吕贤英把这事告诉了胡适舅母的兄弟曹诚钧，同时还请了冬秀的私塾老师、胡适的族叔胡鉴祥一起做媒。

两个媒人来撮合，江家门第又比胡家高，冯顺娣见江冬秀面容端庄、性格热情开朗又不失矜持，待人彬彬有礼，自然愿意接受这门亲事。但担心冬秀（属虎）这头老虎会克儿子胡适（属兔）这只兔子，于是只好像她嫁胡铁花那样，请瞎子算命排"八字"。胡适的"八字"是：辛卯、庚子、丁丑、丁未。

算命先生神乎其神地把两人的"八字"推算一番，说女方命里宜男，与男方生肖不冲不克，大一岁也无碍。

冯顺娣松了一口气，不过还是不大放心，又将写有冬秀"八字"的红纸折叠好，与其他几家来说亲的姑娘"八字"一起放进一个竹筒里，虔诚地供在灶神面前，谁也不得去惊动它。过了一段时间，家中平安无事，没有一点不祥之兆，于是冯氏在灶山燃烛焚香，拜了灶神爷，取下竹筒，使劲地摇了又摇，然后用筷子夹出一个折好的"八字"来，拆开摊平，一看正是冬秀的。这可真是天赐良缘！

于是，14岁的胡适和15岁的江冬秀就这样定下了婚约。时间是1904年1月。

订婚后一个月，胡适走出皖南大山，到上海去求学。与未婚妻一别14年，直到1917年12月30日结婚时才第一次谋面。

1910年胡适考取第二期"庚款"留学美国官费生，在大洋彼岸一待就是7年。江冬秀则每年不定时到上庄去伴婆婆，尽"儿媳"的义务。

1917年6月胡适渡洋回国，7月尚未到北京大学应聘，先回乡拜见慈母，接着专程去江村看望江冬秀，准备践婚约了。

8月盛夏的一天，胡适独自一人兴高采烈地翻越上庄与江村唯一的通道杨桃岭，来到江村。只见村道阡陌纵横，民舍鳞次栉比，"父子进士坊"牌楼矗立，两条清溪贯穿全村，林木茂盛。他略一打听，就找到了江家，进了已经破落的"通转楼"大宅。岳母已在一年前（1916年）故世，"漫劳外母多情，老眼望穿未婚婿"（胡适寄女方挽联句），而今女婿归来了，却终于见不到了。岳家由舅兄江耘圃主持，设盛宴招待这位自美国归来的乘龙快婿。席间，胡适要求见见江冬秀，然后议定完婚日期，这当然是女方望眼欲穿的大好事。席终，胡适由耘圃陪同去江冬秀闺房。近门处，胡适被留在门外稍候，耘圃进去通知。这时楼上楼下聚集了很多江家的男男女女，争相一睹洋博士姑爷的风采。胡适在回忆这一场面时写道："耘圃出来面上很为难，叫七都的姑婆进去劝冬秀。姑婆（吾母之姑、冬秀舅母）出来，招我进房去，冬秀躲在床上，床帐都放下来了；姑婆要去强拉帐子，我摇手阻止了她，便退了出来。"胡适回首一瞥，帐幔下垂，密不见缝，但隐隐觉得似有颤动。殊不知这位"望眼欲穿"候"适之哥"（闺中书信语）的老姑娘想见又不敢见，只好躲在帐中既激动又难为情地暗暗哭泣呢。

胡适究竟是胡适，在这"危机一发"的时候，他没有打轿回家，也没有搬到客店（旅栈）去住，更没有闹起来，令江家人强迫冬秀出来，他冷静思忖："我有了面子，人家面子何在？"于是大度地到"子隽叔"（即江世才，江泽涵父亲）家宿了一夜，清晨留一封信给冬秀，才返回上庄向母亲复命。他向母亲说了真情，冯氏知道后愤愤不平，要去江家讨公道，却被胡适劝阻了。至于对村里人，他说了谎言："见着了。"最后对自己，他把这恼人的"闭门羹"化作两首《如梦令》：

她把门儿深掩，不肯来相见。难道不关情，怕是因情生怨？休怨！休怨！他日凭君发遣。

几次曾看小像，几次传书来往。见见又何妨？休做女孩儿相。凝想，凝想：想是这般模样。

胡适对自己未婚妻的怜爱之心跃然纸上。不仅如此，他在临走前致冬秀的信中，表示自己完全理解，并写下了结婚日期。

昨日之来，一则欲与令兄一谈，二则欲一看姊病状。适以为吾与姊皆二十七八岁人，已常通信，且曾寄过照片，或不妨一见，故昨晚请姊一见。不意姊执意不肯见。适亦知家乡风俗如此，绝不怪姊也。适已决定十三日出门，故不能久留于此，今晨须归去。幸姊病已稍愈，闻之甚放心。姊好好调养，秋间如身体已好，望去舍间小住一二月。适现在不能定婚期，然冬季决意归来。婚期不在十一月底，即在十二月初也。

1917年阳历12月30日，高高的杨桃岭终于等到了洋博士胡适的迎亲花轿。一位海外博士、世界名人，一位山村小脚女人，把婚姻传奇写在弯弯的山道之上。

按照绩溪岭北习俗，新人结婚后三天要"回门"，即携新娘子去拜见岳父母。江家此时已门庭冷落，冬秀慈母已长眠黄土。新婚夫妇在坟前默默凭吊，恭恭敬敬行三鞠躬礼。胡适心中感触尤多，由于自己的坚持和留学学业，使岳母不能如愿，抱憾终生。胡适《新婚杂诗》中有一首，就是对这件往事的回忆：

回首十四年前，

初春冷雨，

中村萧鼓，

有个人来看女婿。

匆匆别后，

便将爱女相许。

只恨我十年作客，

归来迟暮，

到如今，

待双双登堂拜母，

只剩得荒草孤魂，

斜阳凄楚！

最伤心，

不堪重听，

灯前人诉，

阿母临终语！

胡适携新婚妻子江冬秀"回门"返回上庄时，再次登上了杨桃岭。他回首来时路，望着江村及重重叠叠的山峦，突然涌起了一种在时间长河中时代兴亡及个人沧桑之感，写下了有关杨桃岭的著名诗篇，其引言是：

与新妇同至江村，归途在杨桃岭上望江村、庙首诸村，及其北诸山。

重山叠嶂，

都似一重重奔涛东西！

山脚下几个乡村，

一百年来多少兴亡，

不堪回想！

——更不须回想！

想十万万年前，

这多少山头，

都不过是大海里一些微波暗浪！

这是胡适《新婚杂诗》五首中的第三首，这首诗将上庄和江村相连，和杨桃岭一起载入史册。

江冬秀婚后相夫教子，料理家务，成就了胡适奔走国事、潜心学问的丰伟事业。这是一个徽州女人的朴素情怀，这是一个徽州才子的爱情故事。崎岖的杨桃岭山道，留下了他们的爱情足迹，见证了他们终生不渝的爱情！

我曾在杨桃岭岭头上，看到户外游人用石子精心排出的两个心形图案，这些人一定为胡适和江冬秀的故事感动过。

曹世科造亭修路的义行，同样出现在胡适夫人江冬秀身上。

江冬秀在漫长的订婚期中，走着杨桃岭古道去上庄孝敬婆婆。当时江家家境充裕，善良的江冬秀就让家中捐资修葺这条古道。江冬秀婚后随胡适出了远门，依然惦记着古道，惦记着古道上过往的乡亲。民国三十年（1941年）江冬秀回江村省亲时，又捐银洋1000块对古道进行重修。

过了杨桃岭，古道随着山势一路下坡，古道上石板路保存完好，古道或伴密林而行，或伴溪水而前，一个季节有一个季节的图画。古道口会川，背倚黄会山，面临昆溪水，如今利用闲置的民居发展民宿，古村焕发出勃勃生机。

会川到上庄，一个村落连着一个村落。昔日一村一姓，阡陌相连，鸡犬相闻。如今，村与村之间水泥路相连，来往车辆行驶，早已不是从前的慢节奏，节奏变了，情调自然也就变了。

这一条道上，胡适、江冬秀、曹诚英、汪静之、胡冠英、曹秋艳等，曾经编织了一场场纵横交错、真真假假的凄美爱情故事，至今让人或羡慕、或叹惋。

旌德无为移民始末

故土难离，是中国人几千年来根深蒂固的观念。1958 年 4 月，从无为县移民 20000 人到旌德的历史事件，有关史志未见详细记载。

64 年前的无为县和旌德县同属芜湖专署管辖，当时专署计划组织无为移民 40000 人到旌德县，实际完成 2643 户 26501 人，真正安家落户旌德24000 余人。笔者分别查阅芜湖市、无为县和宣城市、旌德县档案局历史档案，根据收集到的资料进行梳理，对旌德县无为移民情况作一介绍。

起 因

解决盲目外流人员安置。根据 1958 年 2 月 9 日芜湖专员公署民政科《制止盲目外流情况简报》记载：

> 我区无为、和县、巢县、庐江、宣城、郎溪、芜湖、南陵、繁昌、当涂等 11 个县的部分地区农民盲目外流，甚为严重；仅据去年（1957 年）12 月份至今年（1958 年）1 月 20 日不完全统计，外流 5271 户，16172 人。其中无为县 2694 户，9042 人……外流原因：一是尚未落网的反革命分子和少数坏分子，以造谣、煽动、破坏生产之机，企图流往外地，逃脱人民对他们的管制和监督改造。二是少数人盲目听信传言，如含山县运槽镇已返回的流往江西的陈某说："过去听别人说江西怎样好，现在才知道上当了。"三是家庭困难，外出打工养家。无为、和县、含山，由于临近芜湖、马鞍

山等城市，少数农民外流找工作做。外流人员中以无为县最多，约占总人数的一半。外流人员中，绝大多数是农民、少数是一贯不务正业的游民，极少数小偷和个别逃犯。

安徽省芜湖专员公署"关于1958年上半年移民工作初步
总结和今后意见的报告"

1958年1月18日，安徽省芜湖专员公署以民字第054号文件《关于制止无为等县农民盲目外流情况和意见的报告》向省人民委员会详细汇报了芜湖专署农民外流情况。采取了四项措施："加强与建立组织领导机构"，成立"芜湖专署制止农村人口盲目外流办公室""具体负责劝阻工作"；"各地应即加强对盲目外流地的群众教育""使其安心生产"；"加强上下联系"

"建立报告制度"；"沿江各县在人口稠密地区，以乡或以社为单位组织开发山区远征生产队，向本县山区或我区江南山区迁移，开发山区生产。但目前只限于计划报地委、专署审批，以便有组织的领导开发山区。"

开发山区，增加皖南山区劳动力，发展山区生产。芜湖专员公署曾以民字第 193 号文件报告省人委，计划移民 4.8 万人开发山区。称：我区无为、含山、和县、芜湖等县地少人多，在部分地区内，人均土地只有 1 亩左右，劳动力多余。而旌德、石台、太平等县又地多人少，劳动力甚感缺乏。根据这一情况，为了充分鼓励农民的生产积极性，大力发展山区生产，拟以无为等县移民 4.8 万人到旌德等县开发山区。1958 年 4 月 27 日芜湖专署致旌德、祁门、休宁县人委《关于认真做好支援山区农民的安置巩固工作的通知》："截止 4 月 20 日止，计组织劳力 22556 人，其中无为 12650 人、芜湖（是自发去的）3184 人前往旌德，和县 4710 人前往祁门，含山 2012 人前往休宁。"

经　过

准备阶段。一是强化组织领导。1958 年 3 月 14 日芜湖专员公署召开了农民移出县和接收县县长会议，会上决定了移民工作一系列政策方法。成立"芜湖专署移民办公室"，民政科副科长谈浩天负责办公室工作，并由地委农村工作部、工交部、共青团、妇联、民政科等有关单位抽调 7 个干部驻办公室办公。各移出县和接收县，分别成立"移民办公室"和"接收移民办公室" 确定一名县长或副县长负责，并从有关单位抽调干部专职办公；区、乡、社均确定一个主要干部专门负责。专区会议之后，无为县迅速贯彻会议精神，决定由县委书记处书记王亨昌、副县长王翠华、农工部副部长杨文治分工负责移民工作。3 月 20 日，无为县人民委员会发出《关于动员多余劳动力往旌德县开发山区问题的通知》并召集县委组织、宣传、农工、财贸、工交等部门和公安局、民政科、县团委、妇联会等单位负责人会议，正式成立了"无为县支援旌德县开发山区劳动力办公室"，从农工、民政、航运等单位抽调 7 名干部，留 1 人在附设生产办公室办公，其余 6 人均分配在沿江的刘家渡、泥汊、小江坝 3 个小轮码头，负责落实移民过江问题。3月21日，县委第一书记姚奎甲、书记处书记王亨昌、施惠之、副县长周志坚等领导干部分片召开区委书记会议，结合中心工作布置移民工作，下达移民任务。3月29日，县委第一书记姚奎甲又在区、乡党委书记会议上再次强调，以引起区、乡干部的重视。

分配任务。无为全县共计移民4万人到旌德，各区乡任务层层分解落实到乡、社。分两批行动：第一批2万人，第二批2万人。无为县委于2月27日正式发文将任务分配到各区。

无为县1958年各区移民任务分配表

区 名	第一批（人）	第二次（人）	合计（人）	备 注
汤沟区	3400	2600	6000	此任务是县委于
陡沟区	3400	2600	6000	1958.2.27 以正
泥汊区	3400	2600	6000	式文件通知分配
襄安区	3200	2800	6000	各区
石涧区	1400	2100	3500	
严桥区	1000	1500	2500	
新民区	1000	1200	2200	
开城区	1500	1500	3000	此任务是县委于
蜀山区	1000	1000	2000	1958.2.27 以正
牛埠区	—	1300	1300	式文件通知分配
白茆乡	—	800	800	各区
无城镇	500	—	500	
襄安镇	200	—	200	
合 计	20000	20000	40000	

动员对象。各地农村必须在土地少、人口多、劳动力确有剩余的地方动员，集镇必须是能参加体力劳动的无职业或无固定职业的居民（包括农村非农业人口在内），自愿到山区参加生产者，每户移民最少要有一个劳动力。地、富、反、坏分子，一律不准走；中小学生、荣复军人、老弱孤寡，懒汉都不是动员对象；移民中党团员、积极分子要占10%。

移民和安置原则。一是移出地区应不影响本地区农业生产；二是安置上要注意到大多数是分散安置；只有在土地等条件许可的情况下，安置地区才可集中安置，分别将移民组建生产社或生产队。

动员工作。"根据中央提出的发展山区生产和提前实现全国农业生产发展纲要的精神"，提出"组织劳力，支援建设山区"的口号（见于 1958 年 7 月 7 日芜湖专署以民字第 693 号文件报告安徽省人民委员会《关于 1958 年上半年移民工作初步总结和今后意见的报告》）。以片或生产队为单位召开社员会议，充分说明情况，进行座谈，让有意愿者有一两天时间酝酿，自愿报名，由生产队登记，经汇总审查报乡，再会同旌德县乡社派来的干部复查批准。对符合条件的男女劳动力（50 岁以下，17 岁以上）即由乡给予办理户口、粮油关系转移证明，定期动身。对不符合条件的予以说服，动员留下来。采取动员好一个社、结束一个社的办法。基本做到去的愉快，留的安心，对生产不妨碍。动员成熟之后，再由社召开管理委员会，在不妨碍生产大跃进的前提下，具体将名额分到生产队，召开群众会议，自报公议，确定对象，队社审查，报乡批准。乡批准后，将移出农民户口迁移、粮油关系证明、党团员组织介绍信等转好。再以乡编队，以社编组，由党团员或积极分子担任队、组领导，每人带 10 斤省内流通粮票和一些干粮，以便途中食用。并以乡为单位编选好移民花名册，一式三份，一份存乡，一份交旌德县，一份报无为县。最后，由无为县移民办与旌德县接收移民办联系，派干部来接。

接收移民的旌德县，在移民队伍到来之前，召开有关会议布置工作，发动群众为移民找房子，筑锅灶，借用具。旌德县政府替移民预购了锄头 2096 把，粪箕 3186 担，铁锅 1691 口；准备住房 6462 间，并为移民准备了菜园地和部分菜蔬。如俞村乡仕川村让每户拿出 3 斤干菜，总计 672 斤，支援移民。

移民时间、路线及经过。据无为县《关于支援旌德县开发山区劳动力工作总结的报告》载：第一批移民自 1958 年 4 月 2 日动身，至 4 月 9 日结束（第二批移民计划未实施），共移民 5991 户，26004 人，男女整半劳力 13101 个，超额 30％完成原计划。另据旌德县赴无为接收干部按途中伙食补助发放资料统计，共计接收 5743 户，24754 人，男女整半劳动力 11982 个。这个数字少于无为县统计汇报数，究其原因，是有些农户，在未正式动员或起程前，自发先到旌德寻亲靠友安家落户了。

旌德县接收无为支援劳动力情况统计表

乡 别	户 数	人 数	成 份			男女正半劳力	共产党员	共青团员	社队干户
			贫农	中农	贫民				
南关乡	367	1641	287	80	—	779	2	40	17
版书乡	144	720	104	40	—	360	4	5	—
俞村乡	279	1291	227	52	—	552	7	32	—
板桥乡	392	1643	361	31	—	841	16	36	12
云乐乡	591	2687	481	108	2	1227	25	67	22
乔亭乡	387	1729	352	35	—	757	10	28	14
朱庆乡	510	2137	400	110	—	1004	15	49	54
华坦乡	440	1957	352	88	—	916	16	56	51
三溪乡	557	2253	358	170	2	1119	8	17	—
兴隆乡	531	2112	374	167	—	1068	9	51	—
庙首乡	509	2093	381	128	—	1037	12	53	—
孙村乡	566	2546	484	64	18	1387	31	58	—
白地乡	470	1915	429	41	—	938	11	35	16
合 计	5743	24754	4617	1104	22	11982	166	523	186

移民路线。无为县移民按各乡、社编队、组，从原居住地起程，经狄港－繁昌－南陵－泾县－椰桥－旌德，再分散到旌德县各接收移民的乡、社，全程200多千米。移民队伍由旌德县派来的干部带领，各队、组由定好的领导负责，过江以后，沿芜湖至旌德的公路步行。

移民接送。早在起程前的1958年3月23日，旌德县就派出民政科副科长张文义（中共党员）去无为接洽移民事项，另派叶光华等23位干部去无为县带领移民队伍来旌德。移民时，移民所在地及时组织欢送大会。会上旌德县的带队干部按照移迁手续完备的劳动力户主姓名发放转移费用：包括路费每人4.5元；过江轮渡票，行李托运费按每户50公斤计算；途中伙食补助每人按3天计算，每天补助1元；生活补助15天，每天按0.1元算；房屋补助，按移民总数60%补助，每户20元；小型农具、家具每户补助3元，共计发放转移费用215500元。移民家庭成员的衣服、被单、锅、碗、瓢、勺等日用品和小型农具铁锹、锄头尽量自带。

艰难迁移。迁移途中，无论晴雨，都必须赶路，前后走了6～7天，每天50～60华里，到达预定地点投宿。芜湖至旌德公路上移民肩挑背扛，艰难跋涉，遇到不少困难。如少数人没有带粮票、干粮，路经繁昌、南陵等地，擅自去找当地政府部门要钱、要粮、要房子住；甚至出现偷窃、弃婴等现象。部分户携家带口，难以抗拒风险。例如石涧区合法乡团结社二大队贫农社员范庆祥（46岁），全家6口人（妻子和4小孩），4月9日动身，在迁移旌德途中，范于4月11日病故，只得将尸体运回原籍安葬，家属以五保户在原地被照顾。1958年5月15日，无为县人委送芜湖专署《关于支援旌德县开发山区劳动力工作的总结报告》指出："从3月20日起至4月17日止，在不到一个月时间内，即顺利的转移5991户，26004人，男女整半劳力13101个，与原分到任务10500个劳动力比，超额完成30％。"

细心接收。旌德县为接收无为移民，宣传发动群众让房或利用公房安置移民。共安置5991户，26004人。其中贫农4720户，中农1197户，贫民74户，男女整半劳动力13101人（其中党员198人，团员591人，社干208人，学生17人）。

旌德县在移民到达后，召开了安置工作会议。对住房、粮食、小型农具等，将征集到的全部物资作了统一安排，分配给移民户使用；并组织干部，挨家逐户检查安置落实情况，帮助解决问题。1958年4月21日《关于做好移民的安置工作和教育工作的指示》："截止4月15日止已实际到达15000人，据悉还有11239人，已经渡江，将即到达我县。除此，还有芜湖、南陵等县盲目流入的估计5000余人，总计约31239人。"1958年5月1日，旌德县委送芜湖地委《关于移民和生产种子中的几个问题请示报告》中说："我县从无为移民6243户，26501人，除逃走1915人，实际人数24586人和自由盲目迁入5750人，合计30336人。"

接着，旌德县召开了移民代表会议进行政治教育，帮助移民解决生产、生活中的实际困难，稳定移民思想情绪，促使移民户树立长期在旌德安家落户的思想。据统计，当时移民户出勤率一般达到90％，有的社队达100％，多数移民情绪稳定，投入各项生产，树立了长期在山区安家落户的思想，少数移民思想动摇，不久返回原籍居住。

安徽省蕪湖專員公署
關於進一步做好移民巩固工作的通知
民字第838号

旌德、祁門、休宁、无为、和縣、含山、蕪湖縣人民委員会：

近來，少数地区移民返藉現象增多，截至7月底止，旌德約有4千人返回无为，祁門約有4余人返回和縣，并有少数人冒流至江西景德镇、浮梁等地。對当前夏粮生産和社会治安均有一定影响。据初步了解，其主要原因是：(1)某些干部把安置移民当成負担，對移民巩固失去信心；有的为了防止移民返藉，竟来取定製發粮（一次只發三、四天）、放鬆監視等消極方法；(2)少数移民的小型用具（如女人便盆、便桶等）以及疾病医治等实际困难仍未現到适当解决，加上因缺乏山区生産技术，做的工分少，題又多，對今后生活有生顧慮；(3)有些移民原藉家屬、亲友写信要移民回鄉，反、坏分子乘机造謠、慫恿；同时移出縣少数鄉地對已返藉的移民，还未妥善安置地区。为了進一步切实做好移民巩固工作，根据上述情况，特作如下通知：

一移入縣结合当前生産大检查，對移民的巩固工作应進行一次全面的检查。通过检查，對有返藉現象的地区，要求以鄉为單位（空濶时間）召开一次代表会議，或以此为單位召開移民和当地小型座談会，通过座談帮助解决一些可能解决的实际問題，密切移民和当地群众的關係。并应加强当地干部和群众思想教育，說明做好移民巩固工作，積極的方法是主动团结移民，从思想上、生産上、生活上關怀他們，使他們感到温暖。严禁来取看管的消極方法。對於移民巩固工作做的好的鄉社，应及时表揚鼓励豊结經驗予以推广。

二對於少数移民的小型用具、疾病等实际困难，必須給以适当解决。解决方法，可通过群众互济要業社支持，必要时給以部分社会救济。移民

安徽省芜湖专员公署关于进一步做好移民巩固工作的通知

结　果

由于转迁和安置工作中出现较多实际问题，因而部分移民返乡。据1958年6月份统计，无为县移往旌德县的已返回856户，3338人。如1958年5月15日石涧乡人民委员会给无为县人委会《关于对迁往旌德县农民盲目回乡情况的报告》中说：

为支援山区建设，我乡曾在4月上旬动员迁往旌德县的农民224户911人。在未动身前，均争先恐后，情绪很高。不到一个月时间，就发生盲目回流现象。据5月5日统计，全乡已经流回的有31户73人，目前还在陆续流回，回来的这些人，不仅没有粮油、户口迁移证明，是党、团员的连组

织关系也未带回。现在，绝大部分人没有房子住，（因我乡房屋作了规划，在积肥中拆掉一部分），农业社又不能安排他们干农活，有的回来整天睡在家中。如王合社、宋敬水（转业军人）夫妇二人睡了三天未起床；有的自行参加生产；有的没有粮食，如合兴社刘配金因没得吃，要外出乞讨。

针对这一情况，经反复动员，要他们仍到旌德去，他们都表示不同意。如青苔二社秦正元（共青团员）说："我死也要死在无为，不到旌德去。"合兴社刘配金说："我愿意在无为讨饭，也不愿到旌德去生产。"五合社李永民（共产党员）说："小队不给我记工分，我也参加生产。"

1958 年 8 月 30 日芜湖专员公署《关于进一步做好移民安置工作的通知》指出："到 7 月底旌德约有 4000 人返回无为。"促使移民返回的主要原因，大致是两个方面：

一是安置上的缺失。对移民工作的政治思想教育未能跟上，一些干部把安置移民当成负担，对移民巩固失去信心。譬如解决移民生活上的问题不热情、不及时。个别社队干部认为部分移民提要求太高，什么东西都要找到社里解决。一些移民家庭不但缺油盐钱；而小型用具（如女人便盆、便桶）以及小伤小病医药费等实际困难未能及时得到解决。在生产劳动上，由于新来乍到，移民生产技术跟不上，在分工分业上得不到照顾，评工记分少于当地劳动力，认为不能同工同酬。也有部分当地社员认为移民住他们腾出的房子，用他们提供的工具，甚至高级社的钱都优先给移民用来买油盐粮米；而原来的社员预支不到零用钱，颇有埋怨。更有部分社干工作作风粗暴，为了防止移民逃跑，采取定量发粮、放哨监视等消极办法，造成移民反感。

二是移民本身问题。部分移民对支援山区建设的意义，思想上不明确，认为是国家安排，理应万事皆顺。动员时移民以为旌德条件比无为好，所以一到旌德，遇到困难，反差很大，就想往回跑。还有些移民到旌德后见到房子不如原来的好，用具不够用，干农活比无为还吃苦；听说旌德山田多，旱情频繁，自然条件比不上无为，借口水土不服，想回老家。还有些留在无为的亲友寄钱寄粮票，迁出的社打证明叫他们回去。甚至告诉他们迁移证、粮油关系不要，只要回来就有饭吃；有个别党团员连组织关系都不要跑回去，也影响移民群众。

1958 年 8 月 8 日，无为县人民委员会向各区公所、乡人委会发出《关于制止移民亲属去信至旌德动员移民回家的通知》中说：

为了支援山区，开发山区，加速山区社会主义建设，我县曾于本年春季动员移往江南旌德县的农民计有 26000 余人。……有一部分移民存有"这山望那山高"的不正确思想，随意往返和轻信少数坏分子的煽动，以致盲目跑回来达数千余人。主要原因：有些农业社私自发证明，以及移民中的一些亲属要他们回来，如田桥乡新河农业社曾两次发出证明给旌德县三溪乡，要徐永平、徐世银、黄能水、徐永木等四户回来生产；汤沟区五星社杨先河与表兄湛为沛两人去信给旌德三溪乡志祥社，要其兄杨忠标及早回来。无城西门外，袁和祥和刘明树写信给他老爷（小叔）袁先顺要他回家；确山乡爱国社阮道仙母亲马兰芳寄给其子 10 斤粮票和人民币 2 元，要他回家；新民乡马厂社第二耕作区红光小队李发长妻子陈效珍由旌德回家后也去信劝其夫回家；石涧乡姚新太店何道啄去信给其兄何道谋要其火速回家。此外，还有些信件未注明发信地址，所有这些都将严重影响旌德移民的巩固工作，这是一种不顾政策的错误行为。因此，各区、乡必须引起注意，予以检查纠正。

对一些任意回来的移民要采取一切办法，坚决动员回去。个别确有困难的，可由所在地农业社帮助解决路费；对有些户目前确实无法再走的，可通过借粮食的办法解决当前生活问题，但亦应在秋后坚决动员回去。各地不得自行帮助安插户口和介绍去做工，而影响移民归队工作。在动员中必须严加注意方法，防止意外事故发生。

随后，很多回流移民陆续回到旌德。

1958 年 7 月 7 日芜湖专署以民字第 693 号文件报告安徽省人民委员会《关于 1958 年上半年移民工作初步总结和今后意见的报告》载：

我区 1958 年上半年的移民工作，是在工农业生产大跃进的形势下进行的。自 3 月 20 日至 4 月 20 日止，计移民约四万人。无为、芜湖 30924 人移民旌德（芜湖 4423 人是自流去的），和县 7000 人移往祁门，含山 2070 人移往休宁。

据 1992 版《旌德县志》记载，1957 年年报统计，旌德实有户数 20540 户；总人口 74059 人（其中农业人口 67025 人）。1958 年年报统计，实有 21770 户，总人口 90109 人（其中农业人口 81999）。

据 1958 年 7 月 26 日旌德县民政科张文义写给中共无为县委的报告《关于支援我县移民返回情况的报告》记载：

截至 6 月统计，无为移往旌德县的已返回 856 户，3338 人。加上部分劝返人员，实际无为移民旌德县并长期定居的约 24000 余人。

凫阳姚姓家族腊月二十六过小年的由来

中国传统节日中，腊月二十三或二十四称"小年"，是民间祭灶的日子。民谣中"二十三，糖瓜粘"，指的即是每年腊月二十三或二十四的祭灶。有所谓"官三、民四、船家五"的说法，也就是官府在腊月二十三日，一般民家在二十四日，水上人家则为二十五日举行祭灶。小年是整个春节庆祝活动的开始和伏笔。旌德县过小年的日子基本上是腊月二十四，独俞村镇凫阳村姚姓人家腊月二十六过小年，其风俗与姚姓先贤姚本有关系。

凫阳村古有蒋、汪、姚三大姓。村民们基本上是根据姓氏分三片居住。据村里老人说，最先入住凫阳村的是蒋姓，后来汪姓来到村里，最后入住的是姚姓。姚姓一族看中这方水土，是因家族繁衍之需，从县城姚家田迁居凫阳，房屋沿着村里的雪溪河而建。随着家族人口越来越多，居住地慢慢地由河边向村内延伸。

据说凫阳姚姓是湖州人姚应辰的后代。南宋隆兴元年（1163 年），姚应辰（通直郎）到旌德任知县，为政宽简，待民慈惠，为地方百姓做了不少好事。旌德县城自唐中叶建县以来，至宋隆兴年间 400 年来，路巷都是用砖铺成，年深日久，圮坏陷没，东、南街尤甚，时暴雨集中，潴涽浊淖，雨止流息，积水不去，往来之人很不方便。隆兴二年，姚应辰修整东街，用花岗岩石板铺就宽十尺、长七百尺的路面。第二年八月修整南街，又用花岗岩石板铺就宽十一尺、长二百八十尺的路面。所用资金都是姚应辰带头募捐筹集而来。宋乾道四年（1168年），姚应辰卸任，百姓们不舍其离去，劝他留在旌德。姚应辰对旌德怀着深厚情感，于是让长子回湖州，自己和次子留下来住在县城东关外，也就是后来的姚家田。

姚氏家族经过十几代的繁衍，子孙遍及旌桥、凫山、华丰、版书等地。后来，有一户姚氏四兄弟看中了凫阳村的风水，带着家人迁居凫阳村。起初姚姓和村里的"汪、蒋"两姓一样，都是二十四过小年，直到明朝，因为家族中有一人在外为官，发生了一些变故，才改变了传统，这个人叫姚本。

清嘉庆《旌德县志》载：

姚本，号雪溪。嘉靖戊子举人。廉介有干略。初知冠县，多惠政，邑人祠焉。城临清有功，赐食四品俸。迁知邠州，与曾总制计复河套，会曾为仇鸾所中，策不果用，改知独山州，土贼董索踩独山，所画战守，咸中机宜。寻乞归，贫甚，鬻故产以终余年。自题鬻契尾云：老夫归来卖却田，只因宦职不贪钱。尔曹莫道吾官冷，留与人间作话传。

雪溪河畔的凫阳姚家

明朝时，旌德举人姚本在山东冠县任知县，他清正廉明，修建学宫、城堤、城楼等利民工程，还修纂了第一部《冠县志》。在任6年，建树颇多。升任知州时，当地百姓为他立了"去思碑"。因一直在外地为官，只有过年才能回家看看家人，漂泊久了，自然有了归隐之心。那年姚本受朝廷委派，去贵州独山县平定叛乱，叛乱平定后，他与士兵们走散，早已想归隐的他身无分文，眼看就要过年了，他一路乞讨，却还是没有赶上到家过小年。腊月二十六那天，姚本赶到家时，脚底已起泡，鞋底只剩薄薄的几层布条。族人见姚本归来，敲锣打鼓，欢天喜地。自那以后，姚本一直留居凫阳，再也没有出门做官。姚本清廉刚正，得到了姚姓族人的集体敬重。自此之后，族人将过小年的日子改为腊月二十六，沿袭至今。不仅如此，还将姚家门口的河称为"雪溪河"，以纪念先贤。

清道光年间凫阳《重建大夫第碑记》

凫阳姚姓以姚本为榜样，腊月二十六过小年不仅成了习俗，更是家训美德的一种传承。

几百年来，姚家人在这片土地上落地生根，枝繁叶茂。姚姓人祖祖辈辈家族观念特别强，当年的姚本要叶落归根，现在的姚氏儿女，未来的姚氏子孙，不论走到哪里，都不会忘记，是雪溪河陪伴自己长大，河边有年迈的家人，有熟悉的乡音。河里流淌着姚家人的故事，河水洗涤过自己的衣裳。只要到了腊月二十六这天，都会尽可能地赶回来和家人团聚，浓浓的亲情就会在雪溪河畔升温蔓延，丰盛的菜肴已上桌，大红灯笼也已高高挂起，年已到，游子归！

旌德历史上的上海小三线

旌德县曾经有过一段 22 年辉煌而又沉重的上海小三线历史。

20 世纪 60 年代，遵照毛泽东同志"备战、备荒、为人民""要准备打仗"的指示，上海市根据"靠山、分散、隐蔽"的战略要求，决定在皖南山区兴建一批军工企业。当时担任上海市仪电工业局局长的谭浩是旌德县洋川村人，他倡议并得到同意，将上海仪表系统后方建设任务重点摆在旌德，由 674 工区负责组织实施。

1965 年 5－6 月间，谭浩亲自带领局有关处室负责人，考察安徽山区电子仪表小三线工作，走遍了散布在方圆数百里的十余家企业，吃睡在厂里，倾听意见和呼声，重视科技人员的重要作用，注意调动他们的积极性。

为配合这项工作，旌德县成立了"山区建设办公室"，配备专人。1966 年春开始择址到 1969 年冬，三度寒暑，上海市仪表工业局根据市政府和第四机械工业部的部署，在旌德县人民政府的大力支持和密切配合下，先后在德山里、玉溪、厚儒、高溪、高甲、下洪溪、旌阳等地建成立新配件厂、工农器材厂、延安机械厂、险峰光学仪器厂、卫东器材厂、井冈山机械厂、星火零件厂、满江红材料厂、旌旗机械厂、东风机械厂、韶山电器厂、向阳小型轴承厂等 12 个工厂，并相继生产军工产品。同步建成通讯站、供电站、汽车队、计量站、供应站、仪电中学、仪电技校和上海市后方仪表电讯工业公司（负责分布在绩溪、屯溪、祁门、黟县等 7 个厂的管理工作）等配套服务单位。

12 家工厂中井冈山机械厂（曾名国营 5309 厂和上海电子器材二厂）规模最大，创建于 1969 年 4 月，由上海无线电二厂包建，是一家军民结合的电子产品整机厂。总投资 1599 万元，1970 年年底基建完成，1971 年正式投产。1985 年年底，固定资产原值 1489.9 万元，主要设备 357 台，仪器仪表 3222 台，厂房占地面积 108212 平方米，厂房建筑面积 57206 平方米，职工人数 1430 人（其中技术人员 108 人，管理人员 187 人）。主要产品是 305 型炮瞄雷达与 372 型地炮雷达、收音机等。1973－1985 年，累计生产 305 型与 372 型雷达 79 部、收音机 165.4 万台、电唱机 16.9 万架、音频电疗仪 96 万台。工业总产值 11145 万元。

在旌德的上海小三线企业有"三个九"之称，即总投资 9000 万元、占地面积 91 万平方米、干部职工近 9000 人。旌德县一次性建起 12 个上海小三线厂，成为全省小三线厂建设最多的一个县。

上海小三线发展大致经历了三个阶段：1966－1971 年是基本建设阶段；1972－1978 年进入辉煌时期，军工产品从试制到配套再到全面投产；1979－1984 年是军转民阶段，实行军品民品生产相结合。虽然已经转型，但大势所趋，从 1984 年年初开始，上海小三线进入调整交接时期。为贯彻"调整、改造、发挥作用"的工作方针，根据国务院批准的《关于上海在皖南小三线调整和交换的商定协议》精神，1986 年，上海决定将所有小三线企业无偿交给旌德县，沪旌双方成立专门机构，于 1986 年 4 月开始办理交接工作。1988 年 4 月底交接完毕。上海小三线干部职工除部分留皖和去外省市安置外，绝大多数干部职工及家属都撤回上海。

上海小三线企业主要分布在安徽省徽州地区（皖南）东西 260 多千米、南北 130 多千米的山区中。从 1966 年开始建设，到 1988 年全线撤走返回上海，历时 22 年。统计到 1980 年年底，共建成 54 个工厂，有 2 万多职工。"算得上是全国各省市'小三线'中门类最多、规模最大的一个"。

上海小三线有完全独立于地方的社会生活系统，企业都有自己的商店、菜场、中小学校、幼儿园、医院、供水和供电系统，甚至治安管理部门（保卫科及公检法）也独立于当地，直接受上海市公检法等部门领导，是严格意义上的一块块"飞地"。上海小三线虽然独立于皖南，但对皖南地区的经济社会发展有很大帮助。上海小三线建设促进了旌德通信、交通运输、电力事业的发展，道路水利等基础设施得到改善。同时，由于近万名上海职工入境，占到当时旌德全县人口的十分之一，对山区民众开阔视野、观念更新、文化交流、生活改善都创造了很好的条件。经过20多年的发展，上海小三线已具备一定的规模和生产能力，这对合作开发比较落后的皖南、促进内地经济的发展都发挥了巨大的作用。旌德12家上海小三线工厂全部移交地方后，当时基本得到改造利用，先后在原上海小三线办起电子元件厂、苎麻纺织厂、羊毛衫厂、胶囊厂、台钻厂等一批国有、集体和乡镇工业企业。

上海小三线虽经调整返沪，但是上海人民开拓奋进、扎实苦干、团结友爱、无私奉献的崇高精神，却永远值得旌德人民学习；旌德人民勤劳勇敢、发愤图强、诚实纯朴、热情好客的优良品质，也永远铭刻在上海人民心中。为体现沪旌友谊，经双方磋商，同意由上海帮助新建"旌德星火电子元件厂"，负责技术培训、补贴3年利润等。建厂5周年时，旌方出资2万元建筑一座别具风格的方形"友谊亭"，由谭浩同志题名。1991年5月，上海方面30余人来旌出席揭幕仪式，旌德县人民政府常务副县长刘纯济致欢迎词，上海市仪表局局长宋仪侨发表了热情洋溢的讲话。

旌德上海小三线建设，既是20世纪特殊历史时期的产物，也是旌德历史发展进程中的一个重要里程碑！上海小三线企业移交地方，成了旌德工业发展的摇篮；上海人的文化生活观念在旌德这方土地上产生了潜移默化的作用；上海人与旌德人的友谊早已穿越时空，成为一笔宝贵的精神财富，影响深远。

旌德灵芝为什么这样"火"

灵芝文化源远流长

灵芝，是生长在童话世界里的一株瑞草。

孕育灵芝的山峰一定有甘泉，托起灵芝的一定是灵光四射的五色土，喜鹊总在灵芝左右上下来去，仔细听来周边的环境一定是仙乐悠扬。

只有这样的世界，才配灵芝生长。

灵芝，在宫廷有皇权护佑。

相传汉武帝时，宫廷年久失修，栋梁腐朽，灵芝降生，臣子惧怕皇上降罪，便诡称这是皇上的无量功德感动了天地，乃教灵芝降生宫廷，此乃国泰民安的象征。灵芝图案绣在皇帝龙袍上，成了王朝大臣跪拜的对象。历代帝王都热衷于灵芝祥瑞，尤以宋徽宗为甚，形成了"四方以芝来告者万数"的景象。

灵芝，在民间有神药威信。

"山川云雨，四时五行，阴阳昼夜之精，以生五色神芝。青芝生泰山，赤芝生霍山，黄芝生嵩山，白芝生华山，黑芝生常山。"这是《神农本草经》上说的。

"紫芝生于山，而不能生于盘石之上。"这是《淮南子·山训篇》上的记载。

"采三秀兮于山间，石磊磊兮葛蔓蔓。"这是屈原在《楚辞·九歌》中的吟咏。

"芝，瑞草，一岁三华，无根而生。"这是《尔雅翼》下的定义。

炎帝幼女"瑶姬"精魂所化的"淘草"即灵芝，这是《山海经》中的传说。

"肉芝状如肉，附于大石，头尾具有，乃生物也。赤者如珊瑚，白者如截肪，黑者如泽漆，青者如翠羽，黄者如紫金，皆光明洞彻如坚冰也。"这是晋代葛洪《抱朴子》上的描述。

白娘子为救许仙曾上峨眉山盗取灵芝草，这是《白蛇传》中的经典戏文。

灵芝文化几乎贯穿于整个中华文明史。

据《史记》记载，秦始皇为求长生不老，曾派徐福率三千童男童女远涉东海寻求灵芝仙草，这就有了蓬莱仙岛的神话地位。蓬莱不远处有个和大陆相连、状似灵芝的岛屿，被赐名为"芝罘岛"。

曲阜孔庙，泰山岱庙，北京故宫、天坛等等，其建筑都可看到灵芝图案和灵芝祥云。不仅如此，日本、朝鲜、韩国及东南亚地区的古寺、佛殿均采用灵芝如意及灵芝祥云图。2008年北京奥运会的火炬设计灵感，就来源于传统文化中的灵芝祥云。第24届冬季奥林匹克运动会中国家跳台滑雪中心"雪如意"的名称，同样源于祥瑞灵芝。

灵芝图案雕于梁画于栋，这是老百姓日常生活中的灵芝形象。

想一想，在中国，有哪种生物能像灵芝这样长期拥有如此神秘、灵异、奇幻的光环？有哪一种生物会似灵芝一样被视为可以令人起死回生、长生不老的"仙药"？又有哪一种生物在朝野拥有如此高的地位？古埃及古希腊人视蘑菇为"神物"；日本人奉松茸为"神物"；法国人迷恋松露为"钻石"。而在中国，灵芝不仅仅是"瑞草"，更是美好、吉祥的象征！

皖南灵芝出上品

黄山灵芝源远流长，民间一直流传着轩辕黄帝在黄山采芝炼丹的故事，相传轩辕峰即是黄帝采芝处。宋代诗人汪莘《沁园春·忆黄山》中有"洞里桃花，仙家芝草"句，即谓此事。今轩辕峰下有采芝源，旌德县有祥云村，折射出黄山地区人们心中的灵芝情结。曾做了六年旌德县尹的元代大农学家王祯所著《农书》记载，旌德灵芝品质上乘。李时珍《本草纲目》说"皖南灵芝出上品"，自然包括了旌德县所在的黄山地区。

1958年秋，黄山地区药农杨春羊在黄山狮子峰海拔1700多米的悬崖峭壁上冒着生命危险，小心翼翼地采得一株状若鹿角、高达半米的"神草"，它叶如伞盖，茎似铜铸，紫润耀眼，大小15个分枝。经安徽省有关专家鉴定，这是一株千年肉灵芝，并被命名为"黄山灵芝"。当时，有人愿出重金收购，但杨春羊不为所动，坚持把"黄山灵芝"献给了国家。《人民日报》《新民晚报》很快以"人间罕见的灵芝草"为题作了报道。由于当时灵芝十分珍稀，而鹿角状的灵芝更为罕见，故"黄山灵芝"在合肥展出后观者如潮；接着送北京展出，轰动京城，人们无不感叹大自然的神奇造化。郭沫若先生参观后，作诗《咏黄山灵芝草》（发表于1958年12月28日《人民日报》第4版）：

> 狮子峰头灵芝草，离地六十多丈高。
>
> 采芝仙人究为谁？黄山药农杨姓老。
>
> 芝高四十九公分，枝茎处处有斑纹。
>
> 根部如髹光夺目，乳白青绿间紫金。
>
> 赤如珊瑚有光辉，定为肉芝最珍贵。
>
> 视为祥瑞不足奇，如今遍地皆祥瑞。
>
> 出现灵芝实草因，兽中早已出麒麟。
>
> 草木虫鱼同解放，社会主义庆长春。

北京展览结束后，当时的安徽省委研究决定，将"黄山灵芝"送给毛主席，以表达江淮儿女对人民领袖的深情。毛主席接到这份寓意福寿双全的特殊礼物后，指示将其送往人民大会堂，在安徽厅展览室陈列。如今，郭沫若笔下的"黄山灵芝草"珍藏于安徽省食品药品检验研究院中药标本馆，成为镇馆之宝。

旌德灵芝甲皖南

旌德县位于黄山东麓，北纬 30 度线上，也是长三角的几何中心。山区均是海拔 600 至 1000 米的中山，千岩竞秀，万壑争流，加上雨量充沛，云雾多、阴凉湿润的气候特点特别适合灵芝的生长。

旌德的每一座山，都有一个神奇的故事；旌德的每一条溪，都弹奏着一个美丽的传说。

传说禅宗六祖慧能大师，夜里梦见佛祖坐在他的身旁说：峨眉山上有一株灵芝草，你若能把它采回来，栽在一块宝地上，这地一定年年风调雨顺，丰衣足食，人畜兴旺。后来，慧能大师历经千难万险，找到了那株灵芝草，却不知栽于何处。一日，云游至黄山余脉的旌德，发现这里山峰染黛，清泉水萦绕，云蒸霞蔚，古树森然，心中的主意就定下了。灵芝就这样与旌德结下不解之缘。

《本草纲目》载："芝乃腐朽余气所生"。作为一种菌类，灵芝不像绿色植物那样通过光合作用摄取营养，而是依靠分解植物的营养赖以生存。温暖湿润、山峦叠翠的南方山林自然成了灵芝繁衍的乐园。

坐落于绿水青山间的旌德山区，山里人靠山吃山，吃山养山。在云乐、祥云、兴隆的一些山里人家，堂前案桌上时常能看到一株株野生灵芝摆在那里。野生灵芝大多生长在峻峭山崖间的参天古树的根部或腐烂的干基上，或单株傲立，或三五成丛，相互依偎，状如小伞，玲珑别致，形如蘑菇，耀眼夺目。灵芝菌盖油亮，呈半圆形或近肾形，颜色有紫、红、黄、黑等，菌柄浑然一色，晶莹闪亮。每到秋冬季节，灵芝成熟时会放出大量粉孢，借风力传播，林海安家。孢子会在春夏温暖湿润的环境中萌芽，随之长出菌丝体伸入树皮内定植，待菌丝体大量生长后，又形成第二代灵芝，如此周而复始。当地老人说，灵芝通灵，无病可以祛邪，身体病弱服一剂灵芝汤，立竿见影。

旌德不仅深山密林中产天然灵芝，更以培育人工灵芝著称。

天然灵芝，即使"一岁三华"也同样有限。灵芝的人工培植，使得仙草走进寻常百姓家成为可能。人工培植灵芝需要三个条件：宿主树、气候条件和菌种。灵芝从菌种到长成虽然只短短的三个月，它的养料取决于宿主树的营养元素，而优良的自然环境又是提升灵芝品质的关键所在。

旌德的土地，一根讨饭棍子插下去都会发芽。在这个充满灵性的地方，适合灵芝生长的林业用地达数十万亩。

旌德人工培植灵芝，源于20世纪90年代。当时，利用间伐淘汰的薪柴和枝丫材、木材加工厂的边角料、锯木屑为原料，仿野生培育灵芝。这样的做法，8至10倍提高了山区薪柴林资源的生物转换利用率。为保护森林资源，旌德县积极引导灵芝种植户减少椴木栽培，开发桑枝、木材加工剩余物和农作物秸秆等现代栽培料培栽。近年，还仿野生灵芝生长环境，探索出林下种养新方法。这种方法在兴隆、庙首、孙村、蔡家桥等镇先后得到示范推广。

仿野生灵芝种养基地山峦连着山峦，溪水连着溪水，森林覆盖率达90%以上，晴天早晚遍地雾，阴雨整天满山云。林下灵芝种植采取轮休轮种法，既提升灵芝品质又保养地力。灵芝初长时，犹如林中生长了亿万只灵巧的小耳朵，十分可爱；灵芝成熟时，一株株蘑菇上布满了厚厚的孢子粉，像待产的孕妇把所有的喜悦都写在脸上。灵芝盆景，则如一朵朵花张挂在超常的伞柄上，姿态万千。有的基地既培育灵芝还培育石斛，灵芝和石斛在林间沐浴雨露阳光，汲取日月之精华，啜饮植物之精华而后结芝生斛。

置身林间，人们既能感受到生物的神奇，更能感受到种芝人的聪慧，还能生出热爱自然，欣赏自然，感恩自然之情！

2017年9月8日，中国作家协会副主席叶辛，考察旌德仿野生灵芝种植基地后，饱含深情写下了《芝萃灵芝》诗：

其一

黄山岭东万千谷，

翠绿秀竹林间路。

清溪滋润坡上土，

育出灵芝和仙菇。

其二

一朵一朵又一朵，
四朵五朵六七朵。
惊喜不断八九朵，
灵芝翠谷深处躲。

著名作家叶辛考察旌德林下仿野生种植灵芝

在灵芝培育上，旌德人技胜一筹，改变了浙江、福建灵芝产区只培育灵芝体，而灵芝体成熟时自然弹射产出的约占灵芝干30％的孢子粉却任其飞扬飘失的现象，研究推广出收集高产、高纯净灵芝孢子粉的科技方法，采用"全生长期大通风培育收集""物理分离法"加工高品质孢子粉。在灵芝种养和加工上，云乐镇"黄山灵芝"公司先后获得10多项国家专利。公司与多所高校合作，建立科研基地，开发灵芝系列产品，是国内著名药准字号、卫食健字号90％以上灵芝加工企业的主要原料产地。

灵芝是一种真菌生物，模样有点似肾形，菌柄不像蘑菇那样撑在中央，而是长在菌伞侧旁，成品灵芝多呈黑赭色。现代医学证明，灵芝含有多种生理活性物质，能扶正固本，增强免疫功能，提高机体抵抗力，在整体上调节人体机能平衡，促使内脏或器官之机能正常化，对神经衰弱等有协同治疗作用，还具有抗疲劳、美容、养肝、延缓衰老等功效。旌德灵芝系列产品衍生至数十种，"云乐牌"破壁灵芝孢子粉已成为安徽省知名品牌。"徽亦健""仙芝谷"等灵芝产品，均是市场上的香饽饽。

2008年，中国经济林协会授予旌德县"中国灵芝之乡"称号。以后，旌德县又建成了全省第一个灵芝小镇。灵芝元素，渗入旌德城市建设之中，灵芝广场、灵芝酒店、灵芝公园应运而生。以灵芝为主导的健康文化在旌德蓬勃发展。

2021年，安徽灵芝产业链实体位居全国前四位，旌德进入全国灵芝生产基地县域分布30强。"旌德灵芝"以品牌价值10.81亿元，荣登"2021中国品牌价值评价区域品牌（地理标志）"榜单。以灵芝为代表的药用菌，已成为皖南地区脱贫攻坚和乡村振兴的支柱产业，续写了"黄山灵芝"的崭新篇章。

灵芝寓意吉祥、长寿，是中医药文化的代表性符号。近年来，我国国内灵芝消费渐热，越来越多的消费者出于预防和辅助治疗肿瘤、提升机体免疫力而购买灵芝产品。欧美消费者对灵芝等中药的健康养生价值日渐青睐，带动了我国灵芝产品出口持续增加，灵芝产业迎来了大健康的风口。旌德县政府和古井集团签订了战略合作协议，组织团队研究灵芝有效成分的现代化加工提取、破壁技术、发酵工艺、化学萃取的方法，研制成功古井灵芝酒，既最大限度保留灵芝富含的灵芝多糖、灵芝三萜、核苷、多肽、氨基酸类的化合物，又完全保留古井贡酒甘美醇和、回味经久的大曲浓香特质。这既是白酒文化和灵芝文化的完美结合，又是灵芝文化的新境界。

相信旌德灵芝产业，在大健康、大食物、大生态、大文化理念的指导下，面向国内外市场，以科技内功提升品质，以徽宣文化铸其魂，定会写下更为华美的篇章。

茶界宗师陈椽与"天山真香"

中国地理标志产品旌德"天山真香"茶，区域范围包括庙首、兴隆、白地、孙村、三溪、蔡家桥、云乐、俞村、旌阳 9 个镇海拔 400～700 米的高山茶园。

旌德天山真香茶为黄山大叶种。茶产地自然土壤以薄层粗骨扁石土、薄层黄壤性扁石土和砾质中层扁石黄红壤土种为主，土壤有机质和全钾含量较高，pH 值 5～6，土体厚度一般为 100 厘米，具有良好的团粒结构。茶产地森林覆盖率达 60%～80%，山林面积为茶园面积的 8 倍以上，自然肥源丰富。

"天山真香"茶始发于庙首镇祥云村狭坑村天山。距黄山天都峰景区直线距离仅 8 千米，与太平猴魁主产地猴坑一山之隔。周围群山起伏，溪涧密布，山高林密，崖谷深邃，土层深厚，土壤肥沃。晴天云雾缭绕，雨期云海茫茫，茶树受山川秀气滋润，兰香味醇。

1992 年祥云乡撤并到庙首镇前，狭坑村民小组辖两个自然村，一个是狭坑村，一个是天山村。天山村仅 6 户人家，住的是茅草房，为避免火灾迁移到了狭坑。这 6 户人家，随后在十几亩宅基地上栽种了茶叶。1978 年，祥云公社开始试制毛峰茶。1981 年，旌德县科委把"天山毛峰"（因产于天山，故名）列入科技开发项目，经过两年努力试制成功。1985 年，"天山毛峰"参加徽州地区茶叶评比，在 22 个新茶样品评中名列前茅。

要说狭坑天山的知名度、祥云种茶的知名度乃至于旌德县名茶的知名度都与"天山真香"有直接关系，而"天山真香"的横空出世又与茶界宗师陈椽教授的画龙点睛密不可分。

1987年，旌德县政府为把"天山毛峰"打造成省级名茶，召集林业、水利、农业、民政、税务、企业等6个局筹资6000元，用于名优茶试制工作，遇到难题时均向制茶专家陈椽教授求教。1988年4月16日，著名茶学家、茶叶教育家、安徽农业大学八十高龄的陈椽教授应邀到旌德指导名茶生产。陈椽教授品尝了"天山毛峰"，觉得香味突出，赞不绝口。17日，时任县长欧阳季元陪同陈椽教授到祥云狭坑天山考察地形、地貌。陈椽教授兴致勃勃地给茶农讲解茶树的栽培、采摘、烘焙技术，并与村民合影。他认为狭坑生产的"天山毛峰"具备优良的地理条件，其香、形、味、色只要经过精制加工，完全可以上档次。18日下午，陈椽教授在狭坑茶房里现场监制，对杀青、理条、初烘、摊晾、足火等工序指导把关，制作出3公斤新茶样品。其间，旌德县政府在农业局召开有关单位负责人会议，对新制毛峰茶进行品尝，通过冲泡品评，大家都觉得茶叶具有醉人的高香和清醇甘鲜的品质，那股浓浓的"兰香"味让人啧啧称奇。欧阳季元县长为茶叶取名"天山月芽"。经过讨论，最后以陈椽教授提出的"天山真香"作为新制天山毛峰之名。陈椽教授还欣然命笔，在宣纸上泼墨挥毫："安徽旌德'天山真香'。"

从此，安徽名茶新品种"天山真香"脱颖而出。

1988年5月，宣城地区名优茶评比中，"天山真香"名列第一。

1988年6月，安徽省名茶评比中，"天山真香"居全省7个新名茶榜首，填补了旌德县名茶空白。

1992年，"天山真香"获"安徽省优质农产品"称号。

1992年9月16日，茶学家、安徽农业大学王镇恒教授到狭坑考察茶园，品尝"天山真香"后，即兴赋诗一首：

> 不知旌邑山之崖，春风苗此香灵芽。
>
> 两茎细叶雀舌卷，烘焙功夫应不浅。

1992年10月，"天山真香"获中国首届农业博览会银质奖；同年被评

1988 年 4 月 17 日，陈椽教授（后排右三）与祥云狭坑村民合影

为"安徽省名茶"。

1997 年 6 月，"天山真香"获第二届"中茶杯"全国名优茶评比一等奖；同年，"天山真香"茶在中国嘉德拍卖公司（北京）以单价 6500 元/500 克拍卖成功，被评选为中国六个极品名茶之一。

2008 年，"天山真香"茶获中国有机产品认证，并被中国国际品牌协会推荐为中国著名品牌。

2016 年 11 月，中华人民共和国农业部批准对"旌德天山真香茶"实施农产品地理标志登记保护，茶园总面积 1600 公顷。

"天山真香"茶外形挺直略扁，茶芽肥壮，嫩绿显毫。开汤时，汤色嫩绿清亮，滋味嫩鲜清爽，香气清花香，叶底嫩绿明亮。天山真香茶茶多酚含量≥23%，氨基酸≥3.0%，咖啡碱≥2.5%，水浸出物≥38%，水分≤6.5%，粗纤维≤10%，总灰分≤6.5%。

"天山真香"茶制作技艺为宣城市非物质文化遗产项目，其制作流程为：鲜叶采摘→摊青→杀青→理条做形→烘焙→拣剔→包装→出售。

鲜叶采摘：标准为单芽至一芽二叶初展，芽叶完整，色泽嫩绿、匀净、新鲜。鲜叶品质分三级。采摘方法为提手采，不能用指甲掐。当茶芽有 5% 左右达到标准即可开采，适时分批采摘。采摘容器最好选用竹制茶篮，不

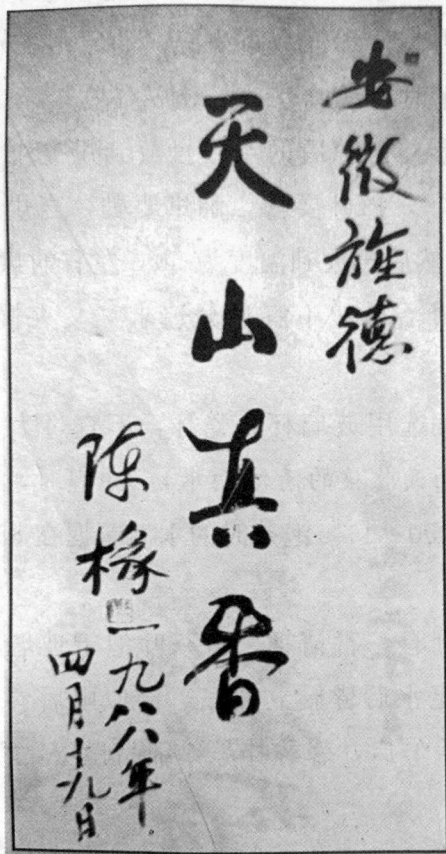

陈椽教授为旌德"天山真香"命名题字

能紧压，避免日晒雨淋。鲜叶应轻放、轻翻、禁压，以减少机械损伤。采摘后 4 小时内送厂加工。

摊青：把不同等级的鲜叶分别摊放到阴凉通风的室内竹簸中，摊放厚度为 1 千克/平方米左右，摊放时间为 4～6 小时，以减轻茶叶中的生青气与苦涩味。

杀青：锅温掌握在 120℃～140℃，每锅投叶量在 200 克左右。先抛炒 1～2 分钟，当叶温均匀上升后，操作手法以焖炒为主，炒 1 分钟左右；当杀青叶烫手时改为抛、焖交替的操作手法，当叶色转至暗绿并散发清香时为杀青适度；杀青时间掌握在 7 分钟左右，失水率控制在 30％左右为宜。

理条做形：锅温先高后低，做形前期由于芽叶含水量较高，温度掌握在 80℃～90℃，做形后期随着芽叶含水量的逐步降低，温度降为 60℃～

70℃为宜。做形时采用"抓、压、甩、带、拢"等手法，把茶胚做成挺直略扁的外形；做形用力掌握"轻→重→轻"的原则，做形时间为15分钟左右，当茶胚炒至七成干时出锅摊晾30分钟左右。

烘焙：把经过做形并摊晾后的茶胚投放到烘笼上分次进行烘焙，初烘温度掌握在70℃～80℃，摊叶要薄，翻烘要勤，当烘焙至九成干时把茶胚出烘摊放4～5小时，然后再放到温度为50℃左右的烘笼上进行复烘，要注意吃足火功，诱发茶叶香味；不宜过分追求"文火慢烘"，避免影响茶叶色泽。

冲泡天山真香，宜选用玻璃杯、瓷杯，不宜过大，最好选用矿泉水或山溪水和天落水（下雨天收接的清洁雨水）。冲泡时，每杯放茶叶3克左右（掌握水与茶之比例为50：1），泡茶时的水温掌握在85℃左右，冲泡后置放2～3分钟方可品饮。

品饮天山真香，别有一番情趣。将茶叶泡于玻璃杯中，起初枝枝茶叶在水中交错起落，吸足水后皆簇立杯底，恰似雨后春笋，栩栩如生，汤色芽影，赏心悦目，杯盖乍启，馨香扑鼻，细品慢啜，六腑芬芳。几泡之后，茶香犹存，余韵悠长。

2021年，旌德"天山真香"被评为"宣城市农特产品十大区域公用品牌"。其系列产品有"天山鹤""鹊岭白""乌岭沟""东山龙王坑""鸦鹊山""寒山七根"等，受到了市场广泛认可和消费者好评。

地名的瓜葛

——旌德几处地名由来、衍变摭谈

一个地方的名字，溯源的话，肯定古老。取名的原因一定是生产、生活所需。其意义，有的可能很简单，有的可能很直白，有的可能很通俗，有的可能很生动。随着时间的变化、人群的更替、用途的明确，地名同样会发生变化，会浸染上一个地方的风俗文化，粘连上一个地方的情感。毫无疑问，地名具有鲜明的时代性、公用性、地域性、传承性、文化性。就其人文性而言，地名承载着丰富的历史地理和人文信息，老地名是不可替代的非物质文化遗产，是区域历史的活化石，在城镇化的当下，老地名能照亮我们回家的路，是乡愁之一种。就其社会性而言，地名是重要的社会公共信息资源，其与国家政治和社会治理、经济发展和文化建设等均具有十分密切的关系。传承地名，诠释地名，用好地名，很有意义。

巧合得很，6 年前第二轮全国地名普查结束时，笔者有幸被旌德县民政部门聘请为专家组组长，对地名普查成果转换工作中地图编辑和地名录编撰出版进行编审。这项工作枯燥与艰辛相连，正误与补新相伴。现撷取三五例，聊以备忘。

“庙首”并非“首庙”

庙首，是旌德西乡名镇，是吕姓聚居之地。关于“庙首”名字的由来，

2021 年版《旌德县标准地名录》

清嘉庆《旌德县志》在解释"忠烈庙"时这样说："县西南四十里，祀睢阳公张巡，庙首村名以此。"1986 年编印的《旌德县地名录》沿用了这个说法。这个解释只说明"庙首"得名与"忠烈庙"有关系，"庙"有所依，但"首"无所据。2004 年出版的《徽州五千村·旌德县卷》，在《吕碧城的故乡庙首》一文中首次出现了这样的解释：

庙首原先不叫庙首，而叫首庙。唐时建有忠烈庙，祭祀张巡。这是庙首建立的第一个庙，故称首庙。庙首村名源于此。

我是这本书的主笔，文章是我的同事施国斌先生所写，当时我对庙首以及旌德的历史文化均没有深入研究，当然也就没有发现此说的毛病之所在。此书出版后，旌德文化人在说"庙首"名字由来时，基本上沿用了这种说法。现在看来，这个解释是不准确的。一是庙首原先叫"首庙"，并无出处，属"施"口所出；二是忠烈庙是否"庙首建立的第一个庙"值得怀疑，唐朝以前庙首就没建过庙？同是嘉庆《旌德县志·庙宇》中在介绍"忠烈庙"时又介绍了"关帝庙"和"汪公庙"。民国《吕氏宗谱·庙首世居图》中庙首的庙宇就更多，如忠烈庙、汪公庙、五显庙、威显庙、土地庙、五猖庙、关帝庙、真武庙等。"关帝庙"和"汪公庙"祭祀的人物都比张巡要早，由此推论张巡庙为庙首建立的第一个庙，显然站不住脚。而以后来庙宇众多来倒推取名的理由，显然牵强附会。

要正确解释"庙首"之名的由来，与张巡庙有关系这一点是肯定的。问题出在"首"字上，"首"怎么解释？答案就可以见分晓了。班固《汉书·天文志》注："首，阳也"。依这个意思去理解，"庙首"就是庙的阳面、南面。千年之前村庄初建时，或许就三两户，位置就选在忠烈庙的南面。因此，用"庙首"这个词，意思非常自然、明白。依这个意思解释"首庙"的话，那就成了"南面的庙"，显然不对。皖南人建村讲究山之南水之北，背山面水是为福地。除了"庙首"取"首"字外，旌德"旌阳"、绩溪"华阳"、休宁"海阳""黎阳"等都带一"阳"字，在这些村镇名中"阳"与"首"都是同一个意思。

新编《旌德县标准地名录》时，我就采用了这一说法，算是对旧志"庙首"之名的一点补充吧。

"梓山"因梓树而得名

第二次全国标准地名普查信息登记表，要求对每一个地名由来进行说明。在这一规定指导下，对地名的解释也就五花八门起来。

"梓山"是旌德县城东南边的一座山，海拔仅476米。山不高而秀雅，林不大而茂盛。"登临纵目，四方景物一览无余。"对"梓山"名的由来，普查者的答案是取"桑梓之意"。我不知道普查者是谁，没有猜错的话他（她）是从"梓"字组词去选择答案的，并不知道"梓山"之名的真正来由。

"梓山"的得名，是很久很久以前的事。清嘉庆《旌德县志》、道光《旌德县续志》均没有解释，前者只说了梓山的方位、地理特征：

> 梓山在县治南，正对县署、学宫。迤逦向西，又有峰如笔架，杰立云表。山半有东岳庙、资福寺，旁有奇石，立涧中。旧传上生桃树，不华

而实。

第一次全国地名普查成果汇集而成的《旌德县地名录》（1986年印），同样没有解释"梓山"名的由来，书中有这样一段文字描述：

梓山，遥接城郭，濒临徽水，为我县风景区之一。登临纵目，四方景物一览无余。宋、明、清三代，该山松柏掩映，楼台、梵宇点缀其间，游人络绎于途，题咏颇多。

这里，点明了宋、明、清三代梓山的植被以松柏为盛，那么宋以前梓山上长了哪些树？有没有梓树呢？

从"梓山"之名来看，以"梓树"得名，应是情理中事。可能最初梓树在山上遍地都是，人们习以为常，对山名也就无须进行解释。却没有想到沧海变桑田，满山的梓树为宋、明、清三代的松柏所替代，以至于今人不知"梓树"为何物？

说到这里，有必要扯扯"桑梓"这个词。

"桑梓"在中国，之所以成为故乡的代名词，就因为它们在古代和人们的衣、食、住、行有着极密切的关系。桑叶可以用来养蚕，果可以食用、酿酒，树干及枝条可以用来制造器具，皮可以造纸，叶、果、枝、根、皮皆可入药。梓树嫩叶可食，种子外皮可取蜡点灯，皮是中药（梓白皮），木材轻软耐朽，易雕刻，是制作家具、乐器、棺材的美材。此外，梓树速生，常被作为薪炭用材。过去房前屋后植桑种梓，是习惯亦是传统。古老的《诗经》说"惟桑与梓，必恭敬止"。朱熹在《诗集传》中语："桑、梓二木，古者五亩之宅，树之墙下，以遗子孙，给蚕食、器具用者也。"对于这样两种大恩于人的树，古人往往心怀敬意。

话说回来，我说"梓山"因生长梓树而得名，今天还有一个重要的物证。梓山脚下的旌德中学校园内还存有一棵硕大的梓树，旌德老辈人习惯称"豆角树"。

"梓山"的名字，在旌德现在远不止是一个山名，活化利用的有"梓山宾馆""梓山广场""梓阳学校"等，我想今天的旌德人不仅应该了解"梓山"之名的由来，还应该知道梓树长成什么样？又如何有恩于我们的先人？

"浣溪"不是词牌名

旌德县政府近年来正在干一件大实事：建"浣溪水库"。我一直没有弄清"浣溪"在哪？因为县志和地名录上均没有这一河流名。直到编审《旌德县标准地名录》时我才见到"浣溪"这个名，普查的解释显然出自学生官之手："从《浣溪沙》词牌名而来。"一看就属牵强附会那种。从"浣溪水库"圈定的位置看，溪流一定是从俞村镇仕川村流出。于是，我静下心来找县志，在嘉庆《旌德县志》上找到一条"环溪"，其注是："在八都。参政汪坚有'环溪如玉带'之句。""环溪"的地理位置，明显不对。另一条是"璧溪"，其解曰："在八都尚村。其源有二：一由绩溪会龙门岭以南诸水，一由石㟤山会石岭以东诸水，俱合于羊栈山之下，汇为古柳潭，东流经滑渡入宁邑。""璧溪"流到《旌德县地名录》变成了"碧溪"，词条后面同样引用了旧志上的说法，引文之前这样解释：

因溪水莹碧，故名。发源绩溪县仿打岱，北流经考溪、黄坑，折而西北，经楼下、洋栈岭，再向东北纡回，经大溪、下溪在龙观桥与仕川河汇合后，从龙门岭进入县境，迂回曲折北流经尚村、丁家山，东与俞村河汇于古柳潭，然后东流，经滑渡出境入宁邑。（绩溪一段名龙溪）……按《县志》划分范围，包括古柳潭至滑渡一节（现该节划属俞村河），属水阳江系。以上自俞村河至此，现统名玩溪。流域面积共计 79.6 平方公里。

"碧溪"跳成了"玩溪"，看不出一点迹象，白纸印黑字，奈何不了。如今县政府工作报告中又成了"浣溪"，我只能这样解释，属"玩"音讹所致。"浣溪水库"早完成了规划设计，各种图纸报告上早就"浣"来又"浣"去了，只能将错就错，顺"浣溪"而解。

"太山隧道"择低山而名

与"浣溪"同属音讹的，现实中还有一处，那就是芜黄高速蔡家桥镇境内的"太山隧道"。

第一次听到"太山隧道"四个字，是在 2021 年夏天一次政协视察活动中，施工方介绍工程时说的。私下里我问汇报的同志，隧道名以后就叫

"太山隧道"？回答是肯定的，理由是工程图纸上就是这个名字。视察活动一结束，我就查找旧志，却无"太山"之名。《旌德县地名录》上倒是有"泰山"词条："在蔡家桥乡西北，与文山隔河相峙。海拔 523 米。"查嘉庆《旌德县志·山川都隅图》"泰山"的位置叫"蛮王尖"与"石壁"山（文山）相对。地名录中"蛮王尖"已易名"蚂蟥尖"："跨三溪、孙村、蔡家桥三乡。海拔 791 米。原名蛮王尖，后谐讹。翠插云表，与文山双峦对峙，徽水中分，组成石壁山。"由此推测，"泰山"是与"蛮王尖"相连的一个稍低些的山峰，这个地名是清嘉庆之后才出现的。知道"泰山"与"蛮王尖"相连，隔徽水同文山对峙的人不多。等到高速建成，我在微信中发隧道照片时，一位出生在朱旺村的老同事评论说，应叫"蛮王尖"隧道，现在是择低山而名。并说："小时候夏天蛮王尖一旦起云雾，老年人就会说要下雨了。所以印象特别深刻。"他的地名知识，让我肃然起敬。嘉庆《旌德县志》对"蛮王尖"的解释中就有求雨之俗："蛮王尖在十六都。翠插云表，中有龙井，渊深莫测，岁旱祷雨辄应。"只可惜，现在"蛮王尖""泰山"因为高速隧道全被"太山"收缴了。

太山隧道（曹积宏 摄）

2015 年地名普查时，却无"泰（太）山"信息。本着实事求是的态度，我发微信让安徽省第四测绘院编辑《旌德县标准地名录》的同志予以补录，才使得"泰（太）山"在蔡家桥镇图录中有了相应的位置信息。

"凫山殿"史无争议

旌德县东境有座大山叫凫山。围绕凫山旌德有条老少皆知的俗语叫"先有凫山殿，后有旌德县"。说的是建凫山殿的时间比旌德建县的时间还要早。

旌德建县于唐宝应二年（763年）。传说窦子明在凫山成仙的时间，是晋太康八年（287年）。1992年版《旌德县志》载："宋代梓山东岳庙和凫山殿，香火盛极一时。"也就是说宋代已有凫山殿了，始建时间恐怕更早。如此说来，"先有凫山殿，后有旌德县"并非空穴来风。

凫山殿的位置及其地名，历来在旌德古今县志中均无争议。清嘉庆《旌德县志》载："凫山殿，县东十五里，元元贞年建。山有门、井、龙潭、马迹在焉，即陵阳主簿窦子明放白龙处。"1986年版《旌德县地名录》中"凫山殿"还是俞村乡的一个居民点，曾有1户人家居住，现归属梓干里村民组。当年在俞村乡概况中，还把"凫山殿"列为风景名胜之地。

怪事出在本世纪最近十年，有灵通人士在凫山慈湖堂重建了一座佛寺，却以"凫山殿"之名申报，宗教局不问青红皂白就将报告批了，以至于让"凫山殿"张冠李戴起来。事实上，不仅俞村镇杨墅村梓干里的凫山殿遗址依然存在（笔者曾专程去察看过），第二轮地名普查中，"凫山殿"地名信息，照旧录在俞村镇。今天，许多不知底细的人因凫山慈湖堂新盖的佛寺，便以讹传讹将之叫成"凫山殿"。新盖的"凫山殿"塑了一尊观音像，与窦子明没有一毫关系。这种移花接木的地名错在一个县内，实属不该。当初宗教局的同志上报批文时，只需查阅一下地名录，这个错误就可以避免。

写到这里，顺便介绍一下"慈湖堂"。清嘉庆《旌德县志》介绍："县东十八里，明宣德年建，嘉靖年重建。"《旌德县地名录》在《华坦乡地名图》中有居民点"慈湖塘"，地名词条解释为："村。曾用名慈湖堂。2户，8人。"

为尊重历史，结合普查信息，2021年《旌德县地名图》和《旌德县标准地名录》编审时，依然在俞村镇保留"凫山殿"地名，在旌阳镇（华坦乡已并旌阳镇）地名中录"凫山庙"，区分彼此。

国家普查地名再标准，实际生活中不规范运用，冤枉花人力物力不说，还会让地名所在地徒增烦恼。

"水街"之名

"水街"，是《旌德县标准地名录》之外新生的一处地名，于旌德县城而言是无中生有。

这个词或仿屯溪或仿唐模或仿丽江等，理由自然与旅游有关。

"水街"的位置，是解放街南端。大清朝那会是"球场街"与"市心街"的地盘。所有店面背倚徽水，面朝西山。只是 20 世纪 80 年代沿河盖了些简易的安置房，面水而市，各类小作坊相杂而生，烟火味十足。

取名"旌德水街"的理由只有一条：地临徽水。

别的地方水街均面水而市。旌德解放街店面自古以来面朝城西。负责"水街"项目建设，来自屯溪的余先生曾到笔者办公室，请教有关旌德"水街"的一些历史。笔者大致跟他说：旌德素无"水街"之名。徽水河是旌德古城的护城河，临河而筑的是高高的城墙，街上的店铺大多前店后坊，前店只能面西，别无选择。

水街夜景（朱学文 摄）

　　"水街"快竣工时，县政协组织委员去视察，笔者忝列其中。余先生给大家解说：过去前店后坊，货物从徽水河上岸。可爱的余先生把徽水河当作屯溪新安江了。民国时旌德商贾靠竹筏水运只到三溪古镇，通到旌阳（旌德县城别称）那是老百姓做梦都想的事。

　　至于"水街"修旧如旧，有房子放倒重竖的，有重打锣鼓新成样的。工艺和材料与历史风貌相差有距，至于楼上廊杆大多移花接木而来，与旌德当地建筑风马牛不相及。那些背靠背的店面，自然一半朝西，一半面河。

　　"水街"之名的无中生有，让我想到旌德江村刚发展旅游时建的汉白玉进士坊。不管故事怎么编，任你巧舌如簧也很难将牌坊石横额上刻水浒108将的故事，与竖牌坊宣扬"忠、孝、节、义"扯上一毛钱关系！

　　相信"水街"之名，将会由此叫开去。随着店面的一个个开张，新建筑很快成为新景观，继而成为网红打卡点，"水街"的使用频率自然与日俱增！

　　"水街"来了，"解放街"该退役了！

　　久而久之，地名的约定俗成自然就打败了文化传统。

旌德记

宝应二年

宝应二年（763 年），对唐王朝而言是一个不平凡的年份。这一年打打杀杀的安史之乱终于以史朝义自缢而终结。

前一年，唐玄宗李隆基驾崩。唐代宗李豫即位，改年号为宝应。"宝应"年号得来有个故事，唐代中期安史之乱，生灵涂炭，唐肃宗李亨在位，某夜得梦，谓东方某地将有宝物出现，系上天所赐，如获神宝可以镇邪，朝中大臣得知肃宗之言，便派人到东南方寻访。刚巧，刺史崔铣听说有个叫真如的女尼，在楚州安宜得八件宝物。刺史急欲表功，派员去安宜县勘查，真如捧出八宝：如意珠、红鞓鞨、琅埕珠、玉印、皇后采桑钩两副、雷公石斧两柄。刺史大喜，即派人随真如进京，拜见肃宗贡献宝物。此时为上元二年（761 年）。不久，肃宗病重，召见太子李豫，谓："你由楚王而成为太子，上天赐宝楚州，乃天意佑助！"肃宗病故，代宗李豫继位，以肃宗梦宝之事，改年号上元三年为宝应元年（762 年），并升楚州为上州，易安宜为宝应县。

因宝而来的"宝应"年号很短，匆匆而来，匆匆而去，春夏秋冬一个轮回就收了场。来年的七月，大唐江山又改元"广德"了。

战争和饥荒总是连在一块，越是战乱越是要军粮，无论是朝廷还是叛军，负担全摊在平头百姓身上。

"宝应"并未逢凶化吉，在江淮之间遭遇了袁晁叛乱。在江南，割泾县西南十四乡成立刚十年的太平县东北境麻城乡冒出个王万敌抗租抗税。那是个青黄不接的季节，饿得前胸贴后背的王万敌们受不了官府的重压，终于铤而走险。地处山越的江南小县，一次规模不大的农民起义，照样让朝廷费心，太子的侍从官袁傪被委派为江淮招讨使，前来镇压王万敌。

王万敌先是以老家碧云为根据地，将半山上的一个石洞（后如洞）当隐身之所，地方武装奈何不了，却没有抵过招讨使的火力。

王万敌进退所依的后如洞，一千二百多年后当地人带我钻过。洞长倒是有二十来米，只是过于狭窄，藏不了几个人。一块倒悬的钟乳石挺招人喜爱，只可惜被人掐了尖。进洞的时候，惊动了一大群栖息于此的蝙蝠，我们入侵了它们的家园。其实碧云那一带的山，岩洞很多，比如旌（德）、泾（县）、太（平）游击队指挥中心的狮子洞（黄石岩）就很不错，居半山之中，离村庄不远，太平天国时就有不少群众到洞中躲避战乱。后如洞的地点也有可能是另外的地方，只是一千多年前的方位让我无法准确抵达。不管怎么说，绵绵大山成了王万敌的后盾。

袁傪一直抓不到入了大山深处的王万敌，弓箭手只有叹息的份，但皇上的差得及时交。地方上稍一稳定，他就给朝廷打报告，说麻城乡层峦叠嶂，山谷深邃，舟车莫通，不立城邑，无以镇抚。一句话，要想保一方平安，最好将太平县东北境单独设县，分地而治。

1965 年和 1986 年先后在旌德县三溪乡营盘山、云乐乡梅村、俞村乡苎坞里等地出土的石斧、陶片表明，在七八千年之前，旌德地已有人类活动。这块土地，夏、商、周，属扬州之域；春秋战国，为吴越之境。秦朝郡县制中，划到鄣郡名下；汉代，始属泾县管辖；三国时期，在今天的三溪古城，曾经出现了一个丹阳郡安吴县。晋代窦子明，到洪川幽竹岭、栖真山炼丹那会，旌德版图落在三十六州的扬州宣城郡。唐天宝十一年（752 年），从泾县析出 14 个乡成立太平县，旌德地自然跟着称"太平"了。"太平"县名的寓意，是上等上的好。哪知道出了王万敌，让太平县成了个不太平的地方。

袁傪的锦囊妙计，契合了朝廷的心思。于是，王朝真把太平县东北境麻城等 9 个乡划出来，成立了一个县。毫无疑问，这个县是从王万敌的背影里生长出来的。

王万敌进入歙州的绵绵大山（方光华　摄）

建县的时候，王万敌还在碧云的群山里盘算着，直到永泰二年（766年），才万分不舍地带着队伍沿着大山去了邻近的歙州，没过多久就偃旗息鼓了。在王万敌造反的地方建县，一定得围绕长治久安取个好名。儒生们绞尽脑汁想了一堆名字，皇上的朱笔最终圈在"旌德"两个字上。

旌德者，表袁傪镇压王万敌之"功"，颂帝王之"德"。

"旌德"一词，最早见于东晋权臣桓温的"旌德礼贤，化道之所先"，意思是：表扬有道德的人，尊敬贤能的人，这是教育人首先要做到的。后来的《太平寰宇记》在解释"旌德"县名时，同样有这层意思："冀其邑人从此被化，故以旌德为县名。"希望地方上的人从王万敌身上吸取教训，讲求德行，规规矩矩，做王朝的顺民。

旌德，一个承载着王朝寄望的地名，用心良苦地粉饰着名字后面金戈铁马的回响。这样一个充满祝愿的地名，其实用在中国任何一个地方都可以，因为它缺失了一个地方的地理特点。

要想围绕王朝的意思，把"旌德"这个故事讲好，任何一个时代都不缺乏高人。

今天我们说王万敌造反的"后如洞"，已经雅化为"厚儒洞"，一个斯文如春的名字。

清代宣城大文人施闰章与旌德隐龙村方氏是故交，吃茶饮酒间写了篇

传说中的后如（厚儒）洞（曹积宏　摄）

《隐龙山记》，冒出一句："唐宝应二年析太平之东乡置县，博士方德让宅为县治，因名之曰旌德，事具家乘而史氏失载。"

施是名家，隐龙方氏又是旌德宗族旺姓，地方志犯不着冒犯他们，顺水推舟依了施公之言。"旌德县在栖真山东，后倚黄龙岗，北坡面梓山西阜。唐宝应改元，令高叔夏肇建。旧志相传为潘阆故居，无考。一云其地名云襄，唐方将军元荡之祖博士德居此，后让为县治。语见宣城施闰章《隐龙山记》。"（嘉庆《旌德县志》）

意思非常清楚，以前的民间传说都不要再传再说了，从今往后只有一个标准答案——方德让宅。至于传说是真还是假，本县志概不负责，话是施闰章老人家说的。

没必要较真，施闰章讲"方德让宅"的故事是颠扑不破的主旋律。

宝应二年（763年），从那会起华夏地图上开始有了"旌德"那个点。

假如没有王万敌的出场，旌德县的建立是不是就是一个问号？

旌德县城（朱学文　摄）

栖 真 山

　　栖真山，旌德县治之祖山也。居清嘉庆《旌德县志·山川》之首："栖真在城西五里，以其为县治祖山，特首列之。"

　　山不会说话，即便会说话，栖真山在旌德排第一，也没山敢争。

　　要说山高，旌德最高峰是白地镇与绩溪县上庄镇交界处的大坞尖，海拔1297米。栖真山仅600米，属黄山余脉箬岭支脉的最东端。

　　山不在高，有仙则名。栖真山是县衙靠山，这一点同在县城周边的梓山、柳山、凫山没法比，《方舆志》都记上了。比这一点更硬气的，是旌德还未建县时，窦子明就在山上炼过丹。

　　"栖真"两字，出自《晋书·葛洪传论》："游德栖真，超然事外。"意思是指道家存养真性，返其本元。很显然，"栖真山"名与窦子明衣袂相连。

　　把"栖真山"叫"西山"，等于兵士卸下盔甲，放松了肉身。因为山在城西，依方位叫"西山"，这是劳动者的称呼，简单明了。

　　回到县治祖山层面上说，旌德县治（今旌阳镇政府）所在的地方是栖真山逶迤而来。逶迤那部分旧称"黄龙冈"，衙署依岗而立。《江南通志》："黄龙岗在旌德县，依冈势为县治，左有鹿饮泉。"清嘉庆《旌德县志》："旌德县治，在栖真山东，后倚黄龙冈，北坡面梓山西阜。……国朝康熙四十年，知县夏文炳移建内署于黄龙冈北坡上。"黄龙冈的位置现在是梓山宾馆。元代旌德县尹王祯曾率家童在这里开垦荒地，建了三间茅屋，引鹿饮泉水为清池，种莲藕芡实，并培垄种稻，四周种植桑树、枣树、木棉，给百姓示范栽种技术。他把住的地方称"山庄"，把耕种的园圃叫"偕乐"。久而久之，叫成了"偕乐山庄"。清代王融主修《旌德县志》时，"白鹿饮泉"属"旌阳十景"之一：

> 子明已乘白鹿去，此地空余白鹿泉。
>
> 白鹿去兮不复返，清泉犹见水涓涓。
>
> 城头碧草连春树，户外青山霭暮烟。
>
> 汲得一瓯烹紫雀，聊同单父理吴弦。

失了白鹿的泉水，只能为凡世煮茶清饮了。王融之前的明朝人周廷陈在《寄西山》中对白鹿依然念念难忘：

> 西山突兀峙旌东，十里烟云入望中。
>
> 古洞薜萝犹吐月，悬崖木叶更生风。
>
> 百年梁父诗犹壮，一曲湘灵瑟未终。
>
> 凭语少年清逸客，拟乘白鹿陟崆峒。

今天，西山仍在，只是逶迤的部分缩之又缩，以至于现在的人早忘了昔日县治乃栖真山领地的历史。白鹿和泉水化成了陈芝麻烂谷子。

县治祖山是地方上的龙脉，当之无愧。有些文化典故圈圈点点，极其自然。

清嘉庆《宁国府志》载：

栖真山，在县西五里，昔窦子明曾居此山，其坛迹存焉。长孙迈所述《神仙传》，子明既来江左，晋元帝嘉之，拜陵阳宰。在县三年，民服德化，后弃官寻访名山，搜采奇药，至徽水之阳，结庵西山，炼丹高岭焉。

唐代大诗人李白同样是向道之人，算得上是窦子明骨灰级粉丝，梦想跟着炼丹成仙。李白在游览宣城敬亭山时，写下《登敬亭山南望怀古赠窦主簿》，以表心迹：

> 敬亭一回首，目尽天南端。
>
> 仙者五六人，常闻此游盘。

溪流琴高水，石笙麻姑坛。

白龙降陵阳，黄鹤呼子安。

羽化骑日月，云行翼鸳鸾。

下视宇宙间，四溟皆波澜。

汰绝目下事，从之复何难？

百岁落半途，前期浩漫漫。

强食不成味，清晨起长叹。

愿随子明去，炼火烧金丹。

李白一宣传，以后的旌德人就把"西山栖真"视为旌德名景了：

西山缥缈接晴空，客子登临四望雄。

俯视吴宫江渚外，遥瞻宋阙暮秋中。

谁从丹炼子明药，惟有诗传太白风。

亦欲栖真何处栖，浩然长啸意无穷。

到了进士吕光亨的时代"西山栖真"变成了"栖真积雪"，白雪覆盖的栖真山与仙境可能更加接近：

列岫横西岭，玲珑叠玉屏。

严风增薄暮，冷色上寒庭。

谁宿丹炉火，重翻梵宇经。

曷来歌白雪，试更问仙灵。

"栖真积雪"的境界，自然比"西山栖真"要清幽许多。

有了窦子明炼丹这出大戏，在栖真山立寺祀神，理所应当。宋乾道年间，栖真山的南面建起了青华观，明成化年间重建。宋代文人陈天麟就有移家就仙的幻想：

冉冉仙风不可攀，玉壶金井落人间。

峰头闻有飞升处，便欲移家住此山。

文人大多是纸上神仙，和寺僧们喝茶静坐那种感觉总是十分美好。

康熙九年（1670年），旌德知县茹鄂侯在栖真山建西竺寺。清嘉庆《旌德县志》上叶华平写的《西山春圃》图上，西竺寺的规模比梓山上的东岳庙要大气许多，两层楼阁之外，还设有塔院、养生池、观鱼台等。寺依玉屏峰，俯瞰城郭，遥望凫山，四周虬松林立，修竹环绕，石板道沿西岭穿梭向北。文人墨客们终于在西竺寺，找到了一处登高赋诗的清雅之地。孙郁的《访子明遗迹诗》既状景又怀古：

> 削壁开龙藏，层梯路可寻。
>
> 飞岩悬瀑布，晚日上琪林。
>
> 且倚红藤杖，聊为白石吟。
>
> 桐疏低欲坠，竹密细成荫。
>
> 客作新秋意，僧怀出世心。
>
> 大参诸品外，卓锡最高岑。
>
> 贝叶摊棐几，绳床横素琴。
>
> 山空无俗籁，谷静有鸣禽。
>
> 太白诗仍在，子明迹未沉。
>
> 石屏丹灶冷，凫岭翠涛深。
>
> 尘劫连沧海，浮名役古今。
>
> 遥看云起处，齐作凤鸾音。

寺僧和文人之间交往频繁，袁启旭就曾《西竺访月峰上人》：

> 春来花雨数峰青，飞盖联翩入翠屏。
>
> 僧出乱云开石径，马穿芳树语金铃。
>
> 岩峦气接诸天爽，锣鼓声归法界灵。
>
> 欲证无生聊借问，空潭肯放毒龙醒。
>
> 松竹翛翛是胜缘，春山万叠起苍烟。
>
> 泉将山谷声逾细，鸟欲亲人语自妍。
>
> 野客来时无半偈，空花落处有安禅。
>
> 凭师莫话劳生拙，身傍丹台梦亦仙。

到访的不仅有本邑的文人雅士、官绅显贵，但凡外地客官到旌德，游西竺寺，同样是必修之课。

宣城大文人施闰章在旌德明经汪士铉陪同下游西竺寺，汪先生以《同施侍读闰章游西竺寺诗》记之：

> 萝磴招筇屐，香林路几盘。
>
> 晓钟孤壑满，初日万松寒。
>
> 茗惬清泉赏，花余浅夏看。
>
> 沙城坚夙约，长忆此林峦。

施闰章亦有《旌阳西竺寺》诗：

> 寺占栖真地，春阴岩际归。
>
> 泉根来处远，峰顶到人稀。
>
> 山郭入深翠，仙台知是非。
>
> 夕阳看不足，半岭又云飞。

仙山总有那么点不同凡响，出些料想不到的奇事，更能体现其不凡。

与栖真山面对面的梓山，石涧中忽然冒出棵"奇石仙桃"，不花而实，看热闹的事持续了好几十年。叶华平的《梓山》图中就画有"奇石仙桃"一景。等到那株桃花隐而不见了，还有文人骚客去寻石探秘。这样的风头不能让梓山独占，栖真是县治祖山，自然得有镇山之宝。到了清代，栖真山真的显灵了，雷雨之后蹦出块宝塔奇石。文人张郝元的《栖真山宝塔石歌》记下了这一灵异之事：

> 西竺寺迤南数百步，雷雨后，有石耆然迸土而出，倒卧山麓，下磐上堕，形方正，中干圆如车轮，共有七层，旁径五尺弱，高十尺强，与宝塔纤毫不异。造物生成之巧，有不可以意测者，不特谢公屐齿未到，即元章品题亦目所未睹也。今年夏游西竺，因往观之，倘有大力者移植山门，信旌阳第一奇景矣。爰作此歌，以资好事者之考证云。

> 扶舆精气窍山骨，阴阳鼓铸穷形模。
>
> 刻琢万象出神巧，不闻七级传浮屠。
>
> 城西西竺钟灵异，月峰卓锡开初地。
>
> 玉屏蜿蜒至西来，土中暗脉石巋顽。
>
> 就中一石尤特奇，佛塔层层宝相备。

神工鬼匠削不成，恐有造物经营是。

何年雷斧破山腰，六鳌负出莲花坠。

法雨洗刷光焰流，魑魅骇走山精悸。

自昔传闻万象观，谁能好事千牛曳。

力士五丁唤不来，神人六甲远难致。

至今偃卧荆榛中，时时光怪风云际。

吁嗟此石几经年，空山偃寒神犹全。

灵光奕奕僵不仆，芒角暗淡星辰悬。

世人但识梓山有奇石，坐令此石奇绝无人传。

岂知女娲补天偶炼此，流落佛界皈山禅。

不然秦皇鞭迫海东走，逃空不愿求神仙。

我闻多宝涌现但空想，况此经幢法盖昭人天。

何不当门刹竿树岿然，苔封土蚀埋荒烟。

呜呼，石乎石乎尔无怼，丈人无言一卷在。生公说法留千载。

我今作此石塔歌，他年应下南宫拜。

　　栖真山上出了块"宝塔石"，梓山上出了株"奇石仙桃"。一东一西，遥相呼应。梓山上的奇景，后来成了陶渊明的"桃花源"，遍寻无影。栖真山上的"宝塔"，张郝元之后下落不明。真是无巧不成书。

　　后来的文人自然无缘赏此奇观，只能就着寺景发点感慨，江恒的《西竺寺》就是这样的文字：

西竺何年寺，溪回与市分。

松关微度月，竹庵半藏云。

丹火销尘劫，钟声净俗氛。

劳生殊未已，惭愧启元文。

生性浪漫的朱正杰，月明酒酣中《月夜登栖真山》飘飘欲仙：

天风吹我袂，直上暮岩端。

足下云千缕，怀中月一丸。

松声清鹤梦，花影冷仙坛。

会待浮丘客，飘然共驾鸾。

当过紫阳书院和采石书院山长的吕枋，一首《登县西栖真山怀古》抒发了浓浓的怀仙思仙之情：

日出满西山，登览极辽旷。
闻昔窦子明，飞升从此上。
尚留栖真名，真人邈难望。
丹灶烟销沉，奇石空相向。
踪迹何处寻，神仙说疑妄。
岂知肥遁心，深识有殊量。
桃源缘避秦，渔舟靖风浪。
留侯赤松游，保身学退让。
悟此陵阳公，天怀同高尚。
安必矜羽化，始得绝尘障。
我来访遗踪，中情忽自放。
欲挹石上泉，尽洗世欲状。
微云出足底，浓翠落遥嶂。
一啸满谷秋，真有飞仙况。

西竺寺消失之后，栖真山的诗情似乎就戛然而止了，梵林钟声悉数转向了梓山。

西山古道（方光华 摄）

今天，有点古意，有点沧桑，有点故事的要算西山古道了，这个时候栖真的意思已褪干净了，西竺寺的地盘让给了蓬勃而生的野竹茅草了。两千米左右的西山古道，串着两个从明清走来的洞亭。一为"集禧"，曾为先人集福；一为"西岭"，逶迤向北，在林木幽深中与大岭古道相接，隐约而模糊地指向石井、晓岭……

西山县治祖山历史画上句号的时候，从北方开来的"复兴号"高铁列车，让西山脚下那片寂寞的土地热气蒸腾起来。玉屏峰上的云雾和杜鹃成了西山吸睛之景。写到这里，我想借无名氏的一首《西岭晴岚》来作结尾：

> 西望朝霞散，岚光曙色呈。
>
> 晨鸡隔岭唱，晓鸟傍林鸣。
>
> 露濯千峰阔，天晴众壑明。
>
> 莫言山市丽，此地有蓬瀛。

舒　雅

舒雅在旌德，是 1000 多年前的一座文化地标。

1000 多年来，旌德没有多少人了解舒雅的生平，但人们知道他是旌德土地上走出的唯一一位状元。

这就够了，旌德名人辈出，舒雅是块奠基石；旌德文化厚重，舒雅是源头活水。

我在旌德工作，没有读到舒雅勤学苦读的故事之前，就从老辈人嘴里听到过北门外有座状元坊。那会儿，说的人和听的人都是十二分的自豪，因为舒雅是旌德人共同的先贤。

舒雅的家，是从歙州迁居旌德的书香门第。舒雅小时候非常好学，每天晚上以读完两盏灯油为限，油不燃尽不睡觉。作文赋诗，立笔而就。舒雅小时候，经常将自己写的诗文读给名家听，征求他们的意见；有时又将诗文读给邻居奶奶、阿婆听，观察她们的脸色，问她们可听得懂字句意思。不知舒雅可是从白居易身上汲取了这番经验。新桥舒家出了这样一个"神童"，十里三村都觉得脸上有光。

舒雅的聪明乖巧同样表现在拜师求艺上。南唐保大年间（943—957），舒雅为应考进士，特地到金陵（今南京）投名状。当时吏部侍郎韩熙载的文章天下知名，舒雅就想拜他为师。为了表示自己的敬意和诚意，沐浴三日，吃斋三天，而后才背着书囊，徒步到韩门伏拜。韩熙载看完舒雅双手递上的诗文后，大为惊讶，连连称好。于是叫人大开中门，亲自迎接舒雅到正堂之上，收他为徒。韩熙载的学生有好几十，大家传阅了舒雅的诗文之后，一致佩服，认为他的文章韩门排名第一。

南唐保大八年（950年）进士考试，舒雅以会试第一名，被推荐给皇帝李颢，被钦点为殿试第一名。这一年，状元的帽子史无前例飘到了旌德县的天空。

这个时候，离王万敌造反已经过去近两百年了，旌德的礼德教育算是修成了正果。

舒雅之后的旌德县，中进士的好男儿确实不少。很可惜，舒雅的聪明智慧并没在治国安邦上发挥多大作用。那是因为没有遇到英明贤君。

舒雅在李元宗（李颢）朝中状元，没有得到重用，只是当了个舒州太守。李颢政治才能不高，元老宿臣统统靠边站，佞臣成了最为可信的人。出兵闽楚之举，用尽国库里的钱财不说，还失去了入主中原的机会，落到一个后周附属国的结局。一个不愿做皇帝的父亲，无可奈何地把位置传给了同样不想做皇帝的儿子。那个接班人就是以后的李后主李煜。李煜自小聪明，文学、书法、绘画都很好。阴差阳错当了皇帝，整天还以诗词书画为娱，就有点不务正业了，把天下众生的命运寄托在烧香拜佛、神仙保佑之中。

一次，舒雅在觐见李煜时说："佛是人树起来的，佛能保佑天下吗？梁武帝在位长达四十八年，前后三次舍身做佛教徒，后来还是被侯景所逼，饿死在台城，梁朝也很快随之灭亡了。当今天下，应以强兵富国为上，才能不被宋朝所灭。"

李煜听舒雅说得有理，就把他调到京师任礼部郎中，官位同太守一样，不过属于朝臣了。以后，舒雅曾多次面陈大策，都被李煜当成了空气，只好以读书、编书度日。

北宋开宝八年（975年），南唐灭亡，舒雅也随李煜归降宋朝，被宋太宗赵光义命为将作监丞（掌管宫室建筑的官员），与土木工程打上了交道。不久，宋太宗在宫内大造楼阁，聚集"三馆"（史馆、昭文馆、集贤院）珍贵图书数万卷，收藏在楼阁里。秘书监李至，鉴于舒雅的才学，就推荐他和杜镐等人入阁充任校书郎，编校书籍。

从此，舒雅的人生用四个字就可以概括了，那就是"皓首穷经"。

舒雅晚年优游山水，吟诗作画，以此为乐，时人称他为"状元诗人"，终年七十七岁。

舒雅的形象被历史定格在五代顾闳中的《韩熙载夜宴图》中，舒雅一生的命运酷似图中他老师载歌行乐的形象。

五代顾闳中《韩熙载夜宴图》

我这里复述的有关舒雅的故事，在旌德早已被历史的风吹到九霄云外去了，但舒状元之名并没有随着旌德北门外"状元坊"的拆除而无影无踪。

一千年后的房地产开发商们，在旌德依然以"舒雅公馆""状元府"的美名消费着"状元"的好运。

王 祯

一

元朝是由蒙古贵族建立的封建王朝，初期民族矛盾十分尖锐。王祯生活的年代是元初、中期。他目睹了统治集团的腐朽残暴，对苛政兵患交加之下的黎民百姓十分同情：

> 今夫在上者，不知衣食之所自，惟以骄奢为事，不思己之日用，寸丝口饭，皆出于野夫田妇之手；甚者苛敛不已，朘削脂膏以肥己。

内心怀这样一种思想的王祯，一旦主政就想着为老百姓做点好事。

旌德从唐宝应二年（763 年）建县到 1949 年 4 月解放，近 1200 年先后经历了 353 任行政主官。唯独说到王祯，旌德人就像说自己的亲朋故旧、左邻右舍，都能说出个一二三来。

刻在石头上的碑文有漫漶的时候，唯有流传在百姓口中的语言始终有血有肉。

王祯到旌德的时候，旌德建县已 500 多年，仍无城墙。王祯到任不久，就开始察看地形，安排防卫，接着就建起东、西、南、北四个城门。设立"际留仓"（委积滞留粮食的仓库），贮积军粮，募集民壮，增强防卫，让城里百姓得到了安宁。随后，他将县署及城中街道整修一新。北宋元丰五年（1082 年）始建的上东门桥，两百年间屡坏屡修，王祯着手进行筹资重建，更名为"淳源桥"。希望桥像徽水河一样，既淳朴又源远流长。

当时，旌德社稷坛建在离城数里的五都南冲，官员乡绅每每以春秋社稷为名下乡"打秋风"，增加了百姓负担，怨言四起。王祯以"僻隘不便，远而不恭"为由，将社稷坛迁到城里，让想"打秋风"的人无空可钻。为了让孤寡老人晚年有个依靠，王祯自掏腰包，将原"居养院"扩建一新，并改名为"养济院"，规定"生供衣粮薪炭，死则并给葬具"，自己经常捐俸为老人求医买药。

王祯重视教育，重修学宫（即今文庙），把扩建后的学馆"云章阁"改名为"尊经阁"，亲自题写匾额，鼓励生员学子发愤读书。

二

依据旌德山地多的特点，王祯极力主张发展桑、棉、麻，积极引进蚕桑、姜、麻等作物；在全县每社设社长一人，负责劝课农桑，规定这些劝农官一定要通晓农业，还要能身体力行，带头示范。

王祯自己就是一个非常称职的农民。王祯自己示范种田，让夫人养蚕织布，来"偕乐山庄"参观的男男女女络绎不绝。在王祯的带动下，老百姓种植水稻、养蚕喂猪的热情空前高涨。

水利是农业的命脉。王祯亲自勘察全县河流，主持修复各乡堤坝池塘。三溪路西的木竹埂就起源于那时，先是用土垒埂，然后在埂上种竹植树固埂防洪，一直保存至今，成了一道独特的风景。元大德二年（1298年），旌德大旱，王祯自己绘图，指导木匠制作大批"高转筒车"，分发各地引水救苗，把一个原本要歉收的年成变成了丰收之年。

王祯把自己从事农业实践的经验，分"农桑通诀""农器图谱"和"百谷谱"三方面进行总结，汇成一部《农书》，计13.6万字，插图300多幅。《农书》前两部分，都是在旌德完成的。"百谷谱"介绍了80多种粮食作物和经济作物的起源、品种和栽培方法及贮藏加工方法。"农器图谱"介绍了当时和古代以及自己创制发明的各种农具、农业机械和生活用具257种。其中包括在旌德发明的高转筒车、水碾、耖、铁塔（钉耙）、牛轭等。每物咏诗一首，咏水闸云："禹门似是崇三级，巫峡还同束众流。"咏耨曰："创物各有名，薅器即云耧。壅厚破蚁封，啄深过鸟味。护苗如养贤，去草极击寇。曾闻伛偻翁，功毋求速就。"

用现在的话说，王祯在旌德的发明专利还真不少。

旌德生姜、甘蔗、苎麻、蚕桑、青秆籼都受过王祯的爱抚，从此具有了不同一般的品质。

<h2 style="text-align:center">三</h2>

王祯的动手能力不仅仅表现在种田上，在改进活版印刷上更是收获满满。

早在王祯到旌德之前，旌德就有一种叫"剞劂匠"的匠人。他们是一群用刀在木头上刻字的人。旌德素有崇文重教之习，氏族大姓书屋、书院众多，养活了一批刻字印书之人。汤、刘、鲍等姓刻工，家传户习。

宁国府第一本地方志《旌川志》（八卷），就是南宋旌德县令李瞻于绍熙年间（1190—1194）编纂刊印的。

"剞劂匠"的聪明和王祯的智慧，在旌德碰撞出了木活字印刷术的火花。前文对此已有详细介绍，此处不再赘述。

王祯把创制木活字这套方法，写成《造木活字印书法》，并绘制出《活字版韵轮图》，一起附在《农书》后面。

最能验证王祯改进木活字印刷术成功的例证，就是元大德二年（1298年），剞劂匠们制出3万多个木活字，用了不到一个月的时间，印出6万余字的《旌德县志》100部，册册"整齐明朗，一如刊板"，创下了印刷史上的"旌德速度"。

王祯印刷《旌德县志》字模用的树，是产于板树下（今版书）的枣木、梨木、黄杨、白果等，这些木材质地坚硬。因为结识了王祯，板树下自然成了一个刻工集中的地方。也因此，板树下后来雅化成了"版书"。刻书的行当，在那里一直沿袭到20世纪50年代，当时还能找到署名"旌德版书印行"的书籍和标号。现在的版书镇，已经将木活字印刷技艺成功申报为安徽省非物质文化遗产项目。

大德四年（1300年），而立之年的王祯调任江西永丰（今广丰）县尹

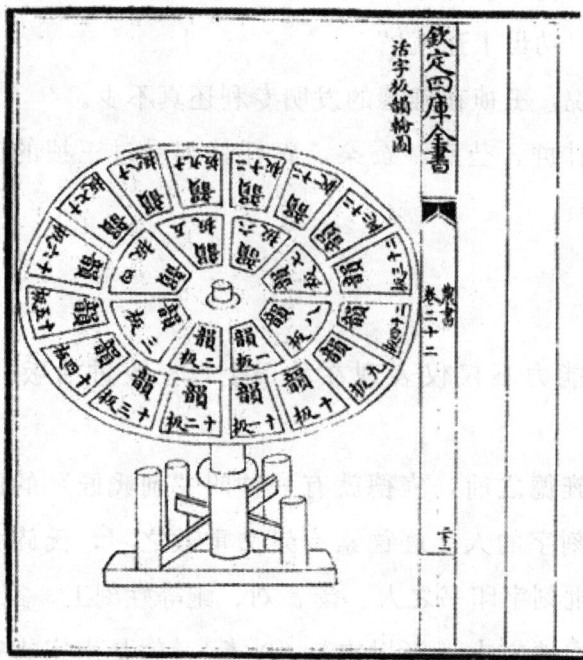

活字版韵轮图

时，从旌德带走了全套印刷工具和活字，随行的手推车有 10 余辆。王祯的行李，遭到一群妒贤之辈的挟嫌暗查，不查不知道，一查才知道王祯带在车上的只是棉种、桑苗和印刷工具，并非金银财宝。王祯的私囊，仍与来时一样，一卷行李，两袖清风。

到了江西的王祯，最终没有实现用木活字排印自著《农书》的愿望。

……

不知道是因为江西剞劂匠未能熟练掌握木活字印刷术，还是因为雕版印刷成本低，《农书》最终还是以雕版印刷的形式面世的，这成了王祯心中一个久久不散的痛点。

王祯改进的木活字印刷术的推广，大大提高了印刷效率，让旌德刻工如虎添翼，在以后的几百年间名传苏扬，也为天下刻工们的铁笔生涯拓宽了谋生之路。这里，有必要罗列一下明清两代旌德刻工们的名字：汤炳南、汤尚、汤义、汤复、汤文光、汤能臣、汤郁文、汤信穗、汤汉章、刘光信、刘光旸、刘大德、刘廷爵、刘君裕、鲍守业、鲍天赐、李予怀、洪心之、郭卓然、李金钊、朱士标、朱长春、饶元采、饶焕……

王祯塑像

旌德的"剞劂匠"们用木活字传递了唐诗宋词的神韵,成就了明清话本小说的活色生香,滋润了中国版画的青春活力。

自元代至清末民初,木活字印刷术经久不衰,上到武英殿,远至边疆少数民族地区都广为使用,还影响至朝鲜、日本、伊朗及欧洲。

当我在木活字馆看到密密麻麻排在木架上的字模时,就好像看见匠人们消逝的面孔。虽然不清楚哪一枚来自元代,哪一枚来自清末,不知道哪一枚印过大德《旌德县志》,不知道哪一枚留有鲍守业的指纹,不知道哪一枚带有汤义的体温,但看着一本本木刻的老版书,就好像见到了刻工的生命。我知道它们与无数的刻工血脉相连,那种无形的智慧,已经超越时空抵达今日的文明,抵达我们的文化内心。它们像血液一样注入我们的身体,使我们的文化自信力日益强大。

王祯离开旌德半个世纪后,旌德人民在"偕乐山庄"旧址建造"双瑞堂"怀念他的功德。

今天,纵然没有了人为的纪念物,王祯依然活在旌德的农耕生活中,活在木活字的墨色里。

钦免养马

"钦免养马"，是明朝嘉靖皇帝给旌德下的一道圣旨。

相对于一个王朝而言，这是一件小得不能再小的事，但对旌德而言，是竖了一根为民请命的通天标杆。

树这根标杆的人叫张凤翀（云南宁州人），是嘉靖二年（1523年）至嘉靖五年（1526年）的旌德知县。张凤翀是位进士，算是明朝士林中的一员。

说张凤翀故事之前，有必要说一下明代的旌德地理。明万历《旌德县志》杨光溥有这样一段话：

旌德四顾皆山。南有三岭之障，高摩青天，一夫当关，万夫莫敌，剑阁之雄也。北有石壁之口，悬崖千尺，溪流湍急，瞿塘之阻也。东有十二岱，控制宁国。西有黄花岭，阻塞太平。皆山版险仄，歧路崎岖，驰不得并辔，车不得方轨，亦形势之最险要也。

峦层叠嶂，涧合溪环，山川纠而苍苍，林木秀而繁阴，武陵曲耶？山阴道耶？钟灵毓秀，固所称为东南材薮者。

"四顾皆山"是旌德最典型的地理特征。东、西、南、北四向，都是绵绵无边的大山，只有山谷盆地间才是人们聚居的地方。层峦叠嶂的山上是郁郁葱葱的林木，豺狼虎豹时常出没。

假如到旌德这样一个无天然草场、多虎豹出没的地方放养军马，那一定不是个好主意。可这事偏偏就要落在明代旌德人的头上了。

那是明朝嘉靖二年（1523年）的事，张凤翀就是这一年到了旌德知县任上。

明太祖（朱元璋）的时候，与宣州府毗邻的溧水、高淳被朝廷派养军马，而宣州府各县没有，关于其原因，当时的旌德学者梅鹗（正德十二年进士），在《上刘少卿论养马书》中说得很清楚：

> 太祖初年负责马政的官员，曾派人来宣州府调研，以后溧水、高淳有饲养军马的差役，但宣州府各县没有。这并非厚此薄彼，而是因为溧水、高淳土地平旷、多草物，宜于放养牲畜，而宣州诸县山川险阻，不但无水草放牧的地方，还有虎豹吞噬的危险，所以免除饲养军马之役。

基于此，旌德也在免养军马之列。

以后，高淳与宣城等地被朝廷派养军马，由于负担过重，百姓相继起事。宣城带头起事的何隆等人受到了惩处，宣城人不服，高淳人也不善罢甘休。巡抚都御史吴廷举为息事宁人，擅自奏请朝廷令旌德饲养军马20匹。

王朝体制中，马政是国家政务的重要内容。一旦定下来，当然没有讨价还价的余地。

旌德人听到饲养军马的消息，反应十分激烈，都图里长方扬（隐龙人）等人立即向县府申诉，说明不宜养马的理由。知县张凤翀看了申诉状，便到县内实地勘察，认为方扬等人说得有道理，最后自己撰写了一篇《奏旌德免养马疏》上报朝廷。这份奏疏既把事情的来龙去脉写得十分清楚，又把不宜养马的理由讲得不卑不亢：

> 巡抚都御史吴廷举为推行马政，令旌德养马二十四。我开出了官文，让都图里长方扬等人，上报农户田亩、劳力及养马的人家和兽医名单，等待领马喂养。
>
> 官文发出后，方扬等人申诉说：旌德地处深山，王朝建立以来，每年秋粮四千四百石（十斗一石），小麦九十三包，纤夫米粮一千二百五十六石。另外还有物料负担每年银两六百多，徭役银两六百多。一年又一年的高赋税，让百姓贫苦不堪。加上旌德地方狭窄，全是梯田石地，三溪等地平缓处虽有一些田畈，但被屯军占了一半，其余的粮田每年每亩交税九斗

六升。旌德不通水路，全凭肩挑到南陵县交税，往返四百多里，山路崎岖，老百姓万分辛苦。宣州府的南陵先后养马，多次勘察旌德地理，山多地窄没有草场，又逼旌德每年上交土朱、麂皮，折银九百多两；还有水运木头等杂差负担每年百余银两，这一千多两银子都是抵养马的费用，有案卷可以作证。现在南陵县照旧养马，旌德除了要上缴以前的各项税粮外，巡抚吴廷举又让都图派丁养马。我们与高淳远隔五百多里，巡抚大人不到实地察看，不知道山川险峻，百姓困苦，只是想解除高淳与宣城的矛盾，凭空飞派养马任务，这事连带害了宣州府五个县。并非旌德人不听巡抚的命令，而是旌德东南一十里、西北三十里，全是高山峻岭，不仅无湖滩草场，还有虎狼出没。旌德寸金地土，养活老小都不够，哪里还有放马的地方？现在，突然让我们领马饲养，被点到的农户无不老少痛哭。一年又一年的粮差赋税，已经十分艰难，现在又增加无地放养的军马，差上加差，让山县小民实在难以存活！自从养马的官文下达以后，府县查看丁田，选派养马的户子。生活稍微好一点的人家是上下痛哭，贫困的人家全家逃窜，十室九空。若讲里图大小，苏州、华亭、上海等地都是方圆七八百里；若论人民富裕，徽州六县，客商遍天下，家家巨万；若论高淳邻近之地，广德等州首当其冲。若说普天之下莫非王土，为何偏偏困累山县小民？

我私下里想：对待养马这事应再三审核。现在旌德男女老少，整天跪街哭告，不愿意领马饲养。面对这种情况，我实在不敢照巡抚大人的指示办理。我知道：治理地方应以得人心为本，贡赋要依据土地实情衡量。我到旌德为政已经一年有余，山川田野我都跑遍了，百姓上告县府的话都是真凭实据。高淳土地平坦，是旌德的几倍大。高淳养马都感到疲乏，何况狭窄的旌德小县？旌德与高淳情况不同，以后民穷事废，恐怕比高淳更为严重。我是朝廷命官，管理的是朝廷之民，职责是安抚百姓，奉宣恩德。现在亲眼所见百姓的困境，不敢坐视不管。为此冒死上言，乞请皇上让兵部批转巡抚，亲自到旌德勘察地方宽窄、有无草场、山川是否险峻，从实际出发处理养马之事，让百姓心服。

身为朝廷命官的张凤翀，将奏疏写好后让吕奎老人专程送往京城，自己穿好囚服赶往巡抚都御史衙内去申辩。

明朝从皇帝朱元璋开始对士大夫就很严厉,大堂之上脱裤子打屁股是常有之事。但明朝士林在政治高压之下竟形成了一种风气:谁给皇帝提意见,提得越尖锐,名气就越大,如果因此受到廷杖,那就流芳百世。最出名的莫过于世人皆知的海瑞了。

与海瑞同期的张凤翀,同样有着海瑞的风度,他着一身囚服在巡抚吴廷举面前据理力争。吴廷举面对这个既占理又抱最坏打算的知县,所有的招数都显得苍白无力。

嘉靖皇帝闻奏后,权衡利弊,只好准奏。一道"钦免养马"的圣旨,为旌德人的抗争画上了圆满句号。

以后,张凤翀让人在三溪南湾石壁上镌刻了"钦免养马"四个刚劲挺秀的大字,南来北往的人都能看到。

张凤翀的行为并不是想给自己留名,而是"公恐旌人不知天恩之浩荡也,摩崖大书'钦免养马'四字,以示不忘"(谷钟麟《记三溪摩崖书》)。他是要百姓记住朝廷的恩德。对于张凤翀这么一位地方官,旌德旧志下了一句极高的评语:

处理政务果断明了,案上无积压的公文,狱中无拘役的囚犯。

这一句话,就是一面为官的镜子。

三年后,张凤翀升调丹阳,离开旌德时只有衣鞋等物3箱。县城百姓为他送行,特赠"万民伞"一把,上绣"父母官"三个大字。那把伞上不知悬挂了多少旌德人的真诚之心。

张凤翀为民请命这一桩,几百年来在旌德一直传为佳话。"钦免养马"石刻,虽然在20世纪50年代修建南雄公路时被炸毁,却永远烙进了旌德人心里。

明朝的旌德时光,因张凤翀而耀人耳目。

古 桥

一

旌德不是水乡，但古桥比皖南一般的山区县要多。

清嘉庆《旌德县志》上有名有姓的桥是 150 座，加上道光六年（1826
年）《旌德县续志》补记的数字是 170 座，其中宋朝 3 座、元朝 7 座、明朝
23 座。到了 1967 年，普查数据是 433 座（其中一孔石梁桥 202 座），比道
光年间多了 263 座。2009 年文物普查，仍存古桥 97 座。

阅读嘉庆《旌德县志·桥梁》时，我非常喜欢一些桥名：淳源桥、驾
虹桥、隐仙桥、安丰桥、万翠桥、天然桥、跳仙桥、福成桥、顺成桥、昼
锦桥、画桥、文聚桥、回澜桥、通济桥、墨溪桥等。读着这些桥名，眼前
就会浮现出一幅幅清瘦的山水画，因为石拱桥的画面大都荒寒萧瑟，纵然
是春意盎然的季节，它们出现的画面亦是与纤柔的柳条相伴。陈逸飞的周
庄双桥同样是这副模样。

写到这里，我想先为古旌阳十景之一的"三桥锁翠"喝声彩，因为这
个名字既有画也有诗，能最大限度地发挥人的想象力。

读古桥名不仅能读出诗情画意，还能读出一个地方财富的多寡，读出
一个地方百姓的道德水准。我不是玩文字游戏，也不是故弄玄虚。因为古
桥多，至少能说明一个时期（清康熙至道光年间）这个地方的经济相对富

硕。嘉庆《旌德县志》载：

> 旌地狭山多，田土硗确，物产无几。故富者商，而贫者工，往往散在
> 京省市肆间，居积通易，以致富厚。

这一句话，我们完全可以理解为旌德修建众多古桥的经济背景。

单从黄济、惠济、世济、永济、福成、乐成、继志、乐善等桥名，一眼就能看出修桥建桥人的善良之心。若是仔细阅读桥梁的一些具体解释，你会发现绝大多数桥都有"某人建""合建""同建""募建""输建"等字样。更为难能可贵的是少数桥梁乃女性所建，比如孙村永福桥亭，"汪氏寡妇大明正德十一年（1516 年）捐造"；朱旺村顺成桥，"朱则澳之母王氏建于嘉庆四年（1799 年）"；庙首贵兴桥，"吕政妻汪氏建"。

这比道德文章更有力量。

二

旌德境内最大的一条河是徽水河，又称淳源河、淳溪，发源于绩溪县徽山仙严岩尖西麓，由尚田上竹坦流出，自南而北，经镇头、浩寨到旌德版书分界山入境，而后入旌阳，过蔡家桥，穿三溪，经泾县汇于青弋江。徽水河在旌德境内长度为 38.6 千米，沿途汇集大小支流 84 条，总长 348.7 千米。

如果一个地方推选一条母亲河的话，那么徽水河理所当然是养育旌德的母亲河。徽水河在县城与汇入其中的白沙河，构成了旌德县城"二水穿城"的佳境。这样的地理实在是天造地设，让山城陡然间灵动雅致起来。灯光闪烁的夜晚，人站在江村大道彩虹桥上就可以感受到两河赐予小城的无限魅力；倘若沿河边绿道漫步而行，人在画中行的感觉油然而生。

旌德西境是澄清可爱的玉水河，发源于白地镇天星洞山，流经白地镇、庙首镇，在祥云村下南源出境，注入黄山市麻川河，汇入青弋江。境内干流长 31.1 千米，汇入支流 35 条，总长 125.8 千米。

河的源头大都起于山中一脉细泉，在穿石走谷中渐渐发育成长，当它流入炊烟袅袅的村庄时已经收敛起跌宕不羁的野性，在村妇温柔的手掌间恋恋不舍地流过。在洋川、在祥云，用"玉水"言河，真是精准而温暖。

东境俞村河，旧称环溪，源自宋人汪齐诗句"环溪如玉带"。环溪发源于槐梓山，由北向南流至下俞村，纳杨墅、芳川之水折而东流，至桥埠受前村之水，到丁家山与碧溪河交汇，从滑渡出境，注入宁国西津河，汇入水阳江。干流长24.3千米，汇入支流19条，总长72.8千米。

东北境的山坝河，又称姚溪。发源于蔡家镇乔亭华云山东麓，在云乐镇自西往东，在宽岭出境，注入宁国西津河，汇入水阳江。干流长12.4千米，汇集支流23条，总长75.4千米。

旌水惟徽为大，余者微不足纪，顾南北水以徽贯之，而西东水不得以徽该之。今各就其下流所归，区为三派。

这是嘉靖府志上李默总结的。

无论是入青弋江，还是入水阳江，百溪汇流，终归大海。

千百年来人们逐水而居，在旌德大小161条潆洄的溪水间，建造起数以百计的桥梁。它们或简或朴，或秀丽或雄伟，既凸显出巧夺天工的智慧，又饱含了无尽的艰辛与沧桑。

三

今天，从绩溪方向入旌德境沿徽水河畔驰车北行，细心的人会发现河上古桥林立，从版书镇开始到三溪镇依次有：天然桥、淳源桥、驾虹桥、黄济桥、新桥、跳仙桥、登云桥、蔡家桥、乐成桥。

这些桥的历史长的近千年，短的两三百年。造桥的时间有长有短，短的数月，长的达几十年之久。

位于版书镇将军庙217省道旁旌绩古道上的天然桥，古称"日成桥"（又名隐龙桥）。从起名看，修桥时间很短，顺汤顺水。

经始于康熙丁巳之六月，落成于戊午年之八月。名"天然"者，以东西壁双峙，下盘石支柱，不假椎凿，故名。

很显然，建桥者借山势自然而为，省工省时，"庀材鸠工，不日而成"，这在旌德数百古桥中算是一个奇迹。

诗曰：

桥成何以名天然？石作址基山作缘。

两岸齐飞如壁立，一虹高架锁流泉。

山洪是桥梁的冤家对头。

修志名家方学成《重建隐龙日成桥记》载：

戊戌（1718年）蛟孽肆虐，洪水冲击，桥尽溃……迨雍正九年（1731年）始建。桥凡三孔。共捐资三千余两。经始于是年秋，迄于仲冬之中浣。……成功于数月之间，因共名之曰"日成桥"……协元诸子奉父命修，然后上寿。

天然桥（江建兴 摄）

天然桥桥面与别的桥有一处明显不同，桥面居中没有方石。据传，旌德古时造桥为有桥神保护，竣工的最后一刻，会在桥面居中留一空洞，不放石块，乘人不备，呼喊一人的名字，若这人答应了，当即将最后一块方石盖上，他的魂灵就被吸进去，成为守桥的桥神。行人在桥下讲话，就会听到相同的回应，那是桥神在回话。由于天然桥没有这块石头，仍造得成功，人们认为是拜老天所赐，所以又叫"天赐桥"。

经历了近300年的风雨，天然桥沧桑的面孔在青藤小树的点缀下依旧散发出春天的气息。

旌德古桥在大众认知度上，当推"旌阳三桥"。这个名称是今天文物部门的说法，从过去"三桥锁翠"衍化而来。

"三桥"，指旌阳城徽水河上自南而北的三座桥：淳源桥、驾虹桥、黄济桥。

宋代进士汪齐《平政桥记》载：县城上东门自古以来就有桥，但徽水每当桃花汛期，桥梁总是被冲毁而后修复。宋元丰时，鄱阳人马谑来知县事，眼看交通要道被水所阻，心中焦急。恰巧有一名叫惟静的和尚，愿意出来为修桥劝募，马谑极力赞许。"七乡之民，输材者、受役者、捐谷者、施金者"蜂拥而来，众擎易举。平政桥宋元丰五年（1082年）九月十日动工，次年四月十五日落成。

《平政桥记》云：

旌德为县，溪介其中，东西相望；从昔建桥，以融会气脉……上有栋宇之覆，下无柱石之碍，屹然中流，迢迢亭亭，若升龙之跃于渊，若偃虹之跨于涧。

这座连接旌阳城西与河东的古桥，900多年来，仅王朝时代小修、大修、改建、重建达14次之多，桥名更来换去极其平常。

淳源桥现在的面孔，是道光年间建成的。其建筑设计有一独到之点，桥的5个孔洞4座桥墩迎水一面皆无分水尖，这在古桥建筑中实属罕见。仔细观察，你会发现来水方向并不直冲桥身，而是冲向西岸石坡，从而改变了水流方向，激流经过一折，水势减弱，向桥墩的一个直角涌去，那个直

淳源桥（江建兴 摄）

角就自然成了分水尖。

这样的设计无疑是因地制宜、巧借天工的。

淳源桥在旌德人口中被称"上东门桥""上市桥"。旌德设城池的时候，徽水河是护城河，淳源桥与通和门相接。

"旌阳三桥"最具简洁之美的是驾虹桥。城墙立着的时候，它连接中和门和中街，故称"中市桥""中东门桥"。明永乐十年（1412 年），知县谭青主建，当年以石为垛，以木为梁。明嘉靖年间（1522—1566）改造为石桥。清康熙五十七年（1718 年）为洪水冲塌，周道修为首捐资修葺，成了现在五跨五梁的模样。

夏夜的驾虹桥依然是居民纳凉的好场所，陈年往事和街边新闻合着四角凉亭上的铃铛声，随风飘扬。供奉在亭中的神像，不计时日地默记着香火中的所有祈祷。月光下的鱼鳞坝水浪织花，与水街的五光十色交相呼应，成为网红时代的一处打卡点。

驾虹桥（江建兴　摄）

黄济桥的身影无可奈何地隐在和平大桥的身后。有位画家说，最好把和平大桥拆掉，三桥的古朴之美就复原了。

黄济桥曾经与义济门相通，旌阳人习惯称其为"下市桥"。黄济桥始建于明嘉靖中期。清康熙十五年（1676 年）被洪水冲垮，黄姓召集众人商议，为修桥捐资生息，积三十年之久，才得以实施。康熙四十四年（1705 年）八月动工，次年垛成，谁知桃花水泛，损坏三垛，复修完成。第三年山洪暴发，又损两垛。黄姓并不气馁，再集众资，量力劝输，勉强成就复建。清雍正三年（1725 年）才大功告成。

黄济桥（江建兴　摄）

自动工之始至讫事之年，又阅二十稔（年），而工始竣成。顾若是之艰哉，兹移址于东西两岸居民之下……

前后一推算，从动议到梦圆整整 50 年，皇帝都换好几个了。

清黄梦麟《重修黄济桥记》称：

继又名黄济，何也？桥始于黄氏，原前人之意，谓垂之奕世，俾我后人，顾名思义，念是先济人利物之举，无使陨坠，遇亏损则葺之，遇缺陷则补之，庶几世济其美。

一言以蔽之，就是黄姓后代子孙，都要继承祖先之志，永远尽修葺该桥的义务。

夏日，黄济桥东端那家小饭店小龙虾的烟火气，让古桥人气爆满在星月之下。

暖阳之中，只要从黄济桥边经过，我总喜欢跨上一阶一阶的石阶，站在桥上眺望一下远处的驾虹桥和淳源桥，感受一下清代进士吕光亨《三桥锁翠》的诗句：

胜地足招邀，春晴物色饶。

烟光分两岸，城阙连三桥。

乍可离城俗，谁从避世嚣？

数声莺语滑，暗柳绿迢迢。

如果说徽水河是一幅画，那么旌阳三桥定是画眼。

三桥建造之后，县北五里的地方修了一座桥，古人干脆就叫"新桥"了，渐渐地那个村也随了桥名。

14 岁的胡适离开绩溪上庄去上海时，曾在旌德新桥住了一晚，日记留有"宿新桥"的记录。那座石拱桥，不知留给少年胡适怎样的印象。

新桥建桥的历史同样可以上溯到明代。从明到清修了毁，毁了建，都是山洪在捣乱。现在的新桥，是众姓共建于清道光六年（1826 年）。砌石方正有棱，搭石严密，桥两边筑有荷花柱栏杆，桥身上下在经年的风雨中披挂上了生命力极强的爬山虎，宛如一条绿色的苍龙横卧在徽水河上。

众姓建桥、一姓建桥、兄弟建桥，这样的故事在徽水河上是既生动又平凡，既感人又真实。

清乾隆三十六年（1771 年）春，大川（今蔡家桥镇）人黄大生、黄大鉴兄弟共同发起建桥，乾隆四十一年（1776 年）春建成登瀛桥（又名"登云桥"）。不仅如此，黄氏兄弟还置田 25 亩，作为往后修理的资费。杭州卢文弨应其弟子黄朝俊请求，为黄氏兄弟作《旌德重修登瀛桥碑记》，文中说：

其长三百尺，广二十尺，高倍之，翼以石栏，宽容坚致，由是东西行以适四方者皆便之。更以余力于东岸建亭以憩行者。其西又有一小溪，源出栖真，亦建小石桥其上，施功视大溪三之一焉。费皆黄氏兄弟任之，不求助于他人。

黄大生、黄大鉴兄弟不仅造了登瀛桥，还建了大川村口的望贤桥，以后又在横凫溪上游（即望贤桥与登瀛桥之间）建了一座取名"永济"的小桥。自此，从大川村口望贤桥到永济桥，一路坦途，无险阻之处。造桥的理由相当朴素："旌邑虽无舟楫之利，而行李往来肩挑负贩之侣，不至伤行路之难，而有病涉之苦。"

清道光三年（1823 年），洪水冲垮了登瀛桥，黄圣楷督理黄氏后人集资重建。这又是一个继往开来的故事。

登瀛（云）桥（江建兴 摄）

徽水流入蔡家桥镇境内，河水湍急、怪石嶙峋。在这里汇入大溪河，气势上增了三分。加上高耸的牛山，以及巍峨对峙的石壁山与文山，清秀的徽水河多了点雄奇的因子。诗人吕光亨留有这样的诗句：

壁立高千仞，嵯峨竟倚空。

两岸相对出，一水自中通。

车马歇危磴，波涛斗巨欲。

当关安虎旅，气势若为雄。

蔡家桥是泾（县）、旌（德）、太（平）三县必经之地，说是一"关"，非常贴切。

沟通关口的蔡家桥，始建于清康熙初年，初名"定远桥"，朱旺村人朱士海创建。康熙五十七年（1718 年），山洪突发，徽水暴涨，这一年的大洪水，将旌德境内桥梁几乎全部冲毁，定远桥同样未能幸免。朱士海后裔朱振远、朱振达、朱为显于雍正元年（1723 年）合资重建五孔石桥，易"定远"为"福成"。桥长 88.8 米，45 对莲花形石柱嵌石板栏杆，为徽水河上第二大桥。桥头竖一八面体佛柱，以镇妖辟邪；桥南设八角凉亭，供行人歇足。

蔡家桥（严小虎　摄）

今天，古老的福成桥，在白墙青瓦和葱郁树木的衬托之中，上面是蓝天白云，下面是银练般的徽水，仿佛成了一幅意境悠远的水墨画。

流过石壁山与文山相对的南湾，徽水在三溪汇入了玉溪、抱鳞溪之水，身材更加魁梧起来。河宽水深的三溪，成了清代旌德唯一通筏运的地方。

在三溪建桥自然比别处更难，耗资更大。

明万历《旌德县志》载："在十七都三溪，距县三十里，县中诸水聚会之处。河阔桥长，歙北境太平人济，知府罗汝芳建。"宁国府知府罗汝芳牵头，于明嘉靖二十二年（1543年）以一府六县之力动工兴建南河桥。从这一决策推测，南河桥规模当是府内最大的，建了8年才竣工。明万历八年（1580年）的一场大洪水，冲毁了南河桥8个垛，商人金天福、赵迪贵等倡修，知县卢洪春、主簿盛世征出面赞助。

1587年，旌德知县邵程、泾县知县张尧文又对南河桥进行修缮。清顺治八年（1651年），洪水再次冲决8个桥垛，桥体几乎坠毁。

直到一百余年后的清康熙三十一年（1692年），江村人江宗孔与他的兄弟辈商量，欲"以身肩之"，决定重建南河桥。据史料记载，江上达（岁贡生）"南河桥成，赞助白银一千四百余两"；江有涛（考授州判）助千金。

江宗孔自己在修桥上"凡历十年，计工百万，算缗钱十余万。桥成，若鳌载虹垂，为石梁中巨观焉"。

这位曾任建德县训导、泰兴县教谕的江宗孔，少孤，力学，孝母，睦族。这样的义举，在旌德修桥铺路上算是前无古人了。

桥长十一洞，石工坚致。相传钉桩下脚，上下数里，故历经大水，迄无他虞。所费十万余金（《金鳌江氏宗谱》）。

江宗孔用尽心机，光选桥址，几选几废。在花岗岩石料来源等问题上也大费周章，大桥用糯米稀掺桐油石灰砌成，非常坚固。因桥由江宗孔及本族昆仲乐输建成，故名"乐成桥"。桥建成后，为保护桥身，立有"奉宪禁止车行"石碑，并派专人守护。凡过往独轮车，均须用人力抬过桥，公众也乐意遵守。此外，还在桥下三溪南市街建起十几间店面，租赁收费，专供修桥及守桥人工资之用。如遇大修，亦由江村人负责。

清代旌德进士，曾任内阁学士、礼部侍郎、巡抚河南的汪灏，督修河工到旌德，见大桥造型雄伟，结构牢固，既能抵御洪水，又平添一道秀景，赞叹不已，成诗一首：

> 治宅栋宇犨，筑圃松桂森。
> 倏作奉诚园，半化荆棘林。
> 万古悲金张，空尽千黄金。
> 高人志达阻，长梁驾清浔。
> 七十二丈虹，蛟龙不敢侵。
> 泛绿分众涧，积翠临孤岑。
> 春雨渔网净，秋霜人迹深。
> 何当元凯觞，醉作飞仙吟。

从诗中可以看出作者对南河桥结构雄伟、坚固，抵御洪水袭击能力和平添秀丽景色，赞叹不已。

清同治年间，大桥遭受不同程度的损坏，邑人方先修又倡修南河桥。民国二十五年（1936年），由江村人江淡人（在北京、浙江两地经商）翻修桥面，绩溪上庄人商会董事长胡菊舫协助修缮。因江淡人周旋在北京、浙江两地，无法亲临，由其孙江泽壁督修，且得到江村人江汉珊的募捐资助。经过一年多的翻修，面貌如初。另买房屋一间，设立"桥会"，请人专事管桥。循守祖训，明立桥规，认真施行。三溪大桥每个拱圆形的桥脚垛上都嵌有长"铁锚"，用来系住各个厚重的长石条，起拉纤、加固桥脚垛的作用。1965 年，旌德县修建三溪镇至兴隆乡公路时，公路管理部门在桥北端增建一孔跨径 2 米的引桥，利用古桥通汽车，并在桥面浇筑渣油路面。1997 年，乐成桥被洪水冲坏桥墩，县政府拨出专款维修加固。以后每遇险情，均得到政府及时修缮。

乐成桥为 11 孔半圆形石拱桥，长 156 米，宽 6.5 米，高 9.4 米。两侧栏杆由束莲石望柱与素面石板构成，东侧 79 根，西侧 81 根，石雕精致，两柱间镶嵌石板。2004 年，乐成桥被列为安徽省重点文物保护单位。令人痛心的是 2020 年 7 月 6 日的大洪水再次冲毁了大桥。面对皖南第二大石拱桥遗址，无论与桥相识还是素不相识的人均扼腕叹息。

徽水河上除石拱桥外，还建有一种饶具山区特色的踏步桥，设于河宽水浅处，用方形石柱埋入河床，高出正常水位，一步一踏，水涨似礁，水落石出，别具风情。这种桥有一个非常浪漫的名字叫"跳仙桥"（跳星桥），新桥往北二三里就有一座。明万历《旌德县志》载："在北境十一里，凫山南面水出口处。"相传：建桥时匠人抬石将合拱，一叟策蹇欲过，众谓拱未合，不可行，叟不语，鞭驴跳过，须臾不见，众大惊。这就是"跳仙桥"的由来。

徽水河最大支流玉溪河上的古桥同样历历可数：永丰桥、上泾桥、厚儒桥、永福桥、隆兴桥等。玉水河上洪溪桥，山坝河上授书桥、梯云桥，俞村河上凤桥……俱风姿绰约。

如此众多的古桥在山间溪流上长虹卧波，把岁月沧桑浓缩在一石一梁之间，把民间智慧收藏于石拱石墩之上。

到旌德看古桥，不仅能欣赏到桥的韵致，读到桥的历史，更能感受到独特的风土民情。

江　村

江村是皖南古村落里一位斯文的学子，基因源于南北朝文学家江淹。

清正智慧的江淹在宣城奉守"无为而治"，可能直接影响了他的后世子孙。江淹宣城派五世孙江韶，"饱读诗书，习性好静，因宣城市居嚣杂，乃遍游皖南名山"，当他"游黄山白岳，见旌西金鳌山，峰峦回合，山水清明，环绕双溪，别成一境，有蓬勃不可遏之气，遂卜居焉。名其地曰江村"（《济阳江氏金鳌派宗谱》）。

很显然，江韶就是一位处士，一位有眼光有美感的隐者。

一个群山腹地的村庄因其居住者姓江叫"江村"，在一千多年前的日光里极其普通。它的意思等于是说，这一方水土从今往后都供江姓子孙繁衍生息了。从风水上说，"江村"之名，弥补了山区缺水之不足。

有山有水有田的地方，农耕时代就是一个理想的人居环境。江村"峰峦回合，山水清明，环绕双溪，别成一境"，历经1400年的时光，曾经的地理格局并没有多少变化。江韶眼里的风光，今天依然可以看到。至于"蓬勃不可遏之气"，那是天人合一的结果。

江韶的后代在江村有滋有味热热闹闹地生活着，从唐宋到明清至民国初年，一路承前启后欣欣向荣而来，先后出进士、举人、博士、学士127人。读书人多，至少可以说明家族富裕、重视教育；取得功名的人多，至少可以说明读书读出头的人不少。这是家族的希望，也是祖宗的荣光。从前的江村人除了种田还南来北往做各种生意，他们相同的个性是耕读传家，亦儒亦商；他们相同的志向是使自己的后代业儒出仕，经商富家。这样，江村一代一代就有了广阔的发展空间。所以，现在我们看到的江村，依旧是有着书卷气的古村；我们走过的民居，可能就是当年的书香门第官宦之家。

江村最著名的风景自然是以聚秀湖为中心的水口。那一方巨型砚状之湖建于明代，汇聚了双溪环绕之水。湖左是狮山，湖右是象山，湖后是峻挺的金鳌山。狮山上既有海神庙又有珍藏经史子集的书院，象山鼻上是如椽大笔般的文昌塔，与笔配搭的是湖边的世科坊，这样一来村口的大片良田自然成了一张硕大之纸。把笔、墨、纸、砚设计成村落水口，那就不单是为了斯文的脸面，而是寄寓后代子孙要耕读传家。江村水口出现的年代，江姓无疑已成为一个远近闻名的望族大姓了。明代旌德知县、浙江东阳进士卢洪春称江村为"旌阳第一家"，此言不虚。

江村水口（江建兴　摄）

与水口文房四宝相对应的是江村山麓幽静之处，分布着梅杏居、桐竹居、松筠书屋、鳌峰书屋、双凤书屋、龙山书屋、汲古山房等29处书屋、书舍，桐竹居鼎盛时"从游者众，斋舍六十余间，至不能容。因材施教，使人人自奋于学，往往遥从附课，其高才生居于后楼，多掇科第"（《济阳江氏金鳌派宗谱·旌川杂志》）。包世臣所书《汲古山房记》依然字迹清晰地展现在江村碑园中。沿着书舍、书屋的脚步一路走来，民国时的江村图书馆藏书远近闻名；抗战时的宣城六县联立中学在江村办学 8 年，培养学子8000 余人。毫不夸张地说，江村里里外外都被琅琅读书声包裹着，村庄在文里，炊烟亦入诗。

这样的一个村庄，这样的一座水口，文人墨客们写下了这样的联语：

柳暗花明十里烟村归锁钥，

诗情画意一支彩笔对湖山。

前陈玉案，后枕金鳌，溪水环流，千古钟灵秀；

左拱黄山，右朝白岳，烟鬟远峙，万载毓英华。

江村水口就是皖南古村落水口的一处经典，仁者见仁，智者见智。重风水的人，自然把江村看为上等上的风水名村。有故事的风景才经得起看，才能随风远扬。不少人就是为了看江村水口风景才到江村来的，他们到了江村之后，才知道除了水口这片风景之外，江村还有更好看的风景，还有更多的沧桑故事可以探寻。

比如说水口之外的祠堂吧。江村清朝人口最高峰达全县五分之一，有 8万之众。族众浩繁，祠堂众多，孝子祠、六分祠、溥公祠仍保存至今。祠堂是申述报本之心、尽子孙孝情的地方，是维系宗族团结的纽带，是讲伦理秩序的课堂，还是执行宗法家规的场所。与祠宇耸拔、堂皇阂丽相映衬的是卷帙众多的宗谱，它们把慎终追远的虔诚写在砖木之上、纸墨之中。《济阳江氏金鳌派宗谱》因为偶然的一次机遇，与孔氏宗谱、爱新觉罗皇氏宗谱共同现身于巴拿马万国博览会上，由此演绎出的逸闻趣事难免被添油加醋。

祠堂与宗谱相关联的风景当然是牌坊。父子进士坊在老街立了 500 多年，没有遮掩地"青云直上"，是昭示后世子孙读书出仕的一面大旗。牌坊是一个个醒目的大标题，古宅是一个个段落。牌坊、祠堂、古宅都是江村这篇美文不可或缺的文字。

笃修堂的文气有些久远，江希舜、江藩、江珠们的时代需要翻查典籍，兄弟博士江亢虎、江绍源的逸事同样需要百度，但老宅的儒雅无须翻查任何资料，一呼一息之间是能感触到的。

江泽涵院士科学报国的故事在故居或多或少有些展示。1902年10月6日，江泽涵出生于江村悦心堂。对于我国这位拓扑学奠基人的生平与成就，这里不想重复介绍，但我想引用先生《我的童年》里的一段文字，来看江村重教之风给学子们留下的刻骨铭心的记忆：

> 我出生在安徽省旌德县的江村，地处皖南，隶属徽州。在桌前坐着读书，推窗望去，就是秀逸的青山，山峦青翠。长日里，我对着书，山对着我。长大以后到北方读高中、读大学，后来游学国外，复定居北京，但眼前仍能浮现出那片青山。少长立志读书报国，自然那时的国已具备了完整的概念，但小小孩童心理，永驻的却是那片青山，从我的窗口遥望的那片青山。
>
> 徽州在传统文化的发展中，是个颇有名气的地方，今天出现了"徽州学"不是无原因的。徽州风景秀丽，山水奇佳，明代汤显祖因向往怀恋徽州，有句云"一生痴绝处，无梦到徽州"。而特别值得提起的，是徽州文化的昌盛和教育事业的发达。那个时代，儿童启蒙入私塾，再读入书院。徽州很多人外出经商，商业发达富甲江南，时代风气是，很多富商在家乡办私塾和书院。兴起的浓郁气氛中，人才辈出，像朱熹、戴震、胡适等，都是一时名流。在这种地区文化的氛围中，又会熏陶及社会，就产生了"虽小户村落，亦有讽诵之声"的文化普及现象。
>
> 江村邻近徽州，风景幽美，四周环山，一水贯村，聚秀湖照影于前，金鳌山列屏于后。徽州文风所及，从宋到清，科举场上进士举人迭出，他们的姓名在乡史志中，也有办学传统。到了清朝咸丰年间，有桐竹居、松筠书屋、鳌峰书屋、传恭堂等29个书舍。"江村书屋"就是江村八景之一，有诗咏曰："江村何以名？知有文通宅。夜半书屋中，笔花宛如昔。"抗战初期，宁国府所属六县联立中学迁到江村，苏、浙、鄂、冀、粤、沪、宁等地青年和侨胞来此上学，村中时时处处都能听到学子们琅琅书声。我这样仔细地介绍我的故乡，是因为想到，由于故乡的文风，人们对文章的崇敬，培养了我幼小就有了读书的观念，能静静地、认真地读书，并培养成

沉静思考问题的性格。

好的乡风民俗可以让一个人受益终身,让人受益终身的东西又怎能轻易忘掉?记得江村"那片青山"的人远不止江泽涵。谈到江村,一个个出自江村的教授、学者以及他们的后人都对故土充满无限敬意。回首古村,他们一次次为这么一个村落的浩荡文风所倾倒。

江泽涵堂姐江冬秀是胡适的夫人。今天的人们说起江冬秀总是念叨农妇嫁给了王子,却不了解这位农妇照样出身于书香门第,她的外祖父吕佩芬家是祖孙三代进士。江冬秀的格局,并非那个时代的小脚女人具备的。绩溪品牌徽菜"胡氏一品锅",它的专利人应该是江冬秀,胡适和他的朋友们只是品尝者和传播人,江村人称它"江氏一品锅",没必要遮遮掩掩。江氏后人有理由理直气壮地说,认认真真地传承,才对得住先人。江冬秀当年捐资修过的杨桃岭古道,今天的绩溪人誉之为"情道",有点像当年胡适先生初试白话诗。对杨桃岭的情感,江冬秀比胡适体会更深,因为她每从那里经过一次都是去代胡适尽孝母之义务。

闇然别墅是江村拐角处的一片风景。这个拐角既是自然地理上的拐角,又是江绍杰人生的一个拐角,还是古宅建筑的一个拐角。闇然别墅位居江村的最高点,站在小阁楼上倚窗而望,黄山天都峰、光明顶都框在眼帘之中,那种心旷神怡真的可遇不可求。江绍杰告老还乡闭门读书,闭门修身的心态都圈在一个"闇"字里了。告老还乡并非碌碌无为,江绍杰、江志伊们赋闲之后,在家乡的土地上捐书办图书馆、修宗谱、办新学,在乡贤的舞台上演出了一幕幕精彩大剧。闇然别墅建筑年代是清末民初西风东渐之时,耕读传家的传统与张扬个性的思想在一个不大的小楼里和谐共处。建筑原本就是一种丰富的语言,主人的思想让一砖一木有了灵魂。

走在江村老街古巷圆润的青石板上,可以感受到皖南乡村的精致;走进江村水口、祠堂、老宅,才能真正体会到江村的"别成一境"。

乔 亭

乔亭是旌德县刘姓聚居的一个村子。

南宋时期，刘姓从泾县迁居而来。那会儿，村里的小溪叫"乔木河"，又称"乔川"。乔木河汪上坞段建了个"聚垣亭"，不知是谁把这个亭叫成了"乔亭"，叫着叫着，以至于村庄也随了亭名，习惯的力量一直影响到现在。

时光流到明代，乔亭刘姓这个"文峰塔记碑"上的"上门女婿"，一下繁衍成了个大家族。世家大族自然得重视村庄门脸，受风水理念浸淫的士子们依照《易》经八卦建水口，目的是借风水之利，希望刘姓人文蔚起，世代簪缨，跻身于阀阅巨族之林。

这件事的来龙去脉，乔亭《刘氏宗谱》是有记载的：

南宋乾德初，有梅姓者居吾村，以烂钞号，盖钜族也。我始祖十四公来赘婿焉，……迄今甫九叶，子孙已千余；而村之汤与李，又皆吾刘之赘婿，众亦不下百计，丁赋之盛，为东区之最。惟业儒者世虽众且著，率艰于科目，堪舆家谓："坤位欠秀之故"。吾父是其说，约村众鸠工伐石，建峰于鼓楼冲之麓，盖村之"坤"位也。峰成，名之曰"文"。以"坤"，地也；文之行远，犹风也；风行地上，取"观"义也；坤数六，峰高四丈，象"观"之"六四"，所以期子姓观国之光也。

明嘉靖九年（1530 年），刘姓在村口建起一座形状如笔的石塔。塔用方形花岗石砌成，内填泥沙，呈圆锥形，顶扣葫芦形石，高 11.7 米，底径 6 米，顶径 1.5 米，取名"石峰文笔"。"峰之费约一千五百缗（一千文为一缗）。其下培一阜为村障，长五丈，阔三之一，费半于峰。起工于嘉靖庚寅（1530 年）夏四月，落成于明年春仲"（《刘氏宗谱》）。

对于"石峰文笔"，刘氏宗谱上录有一首十分豪迈的诗：

尖尖秀出插穹苍，名号曾闻播上方。

清影远摇河汉水，精华接近斗牛光。

猩毫象管徒言好，大剑长枪总莫当。

安得排云万丈手，纵横挥扫落风霜。

"石峰"二字在塔脖子上嵌着，一嵌快 500 年了。

为进一步取得风水之利，刘姓又在明万历四十二年（1614 年）年，人均捐银三分，共六十余金，建文昌阁于鼓楼山之麓，以荫水口。

到了清道光元年（1821 年），又在塔旁凿了一汪湖，取名为"堃湖"，"堃"者，"坤"也。塔与湖，乾坤俱至，阴阳相和。碑记云："周广二十余亩，甃石回澜，澄鲜一色，旁建敞轩数楹。"泾川人赵如圭题联："拓开诗酒盘桓地，涌出鸢鱼活泼天。"湖边的文笔峰，倒映水中，恰如笔投砚池。原先在湖塔之间，有亭状如笔架，恰似一支毛笔搁置于墨池旁。乔亭、汤村、朱旺十里三村地势空旷，犹如一张巨幅的宣纸。这样，笔、墨、纸、砚就齐全了。"文笔投池"四个字，一下子就让"文房四宝"生动起来了。巨笔蘸墨，刘姓子孙究竟会绘出怎样一幅图画呢？

"石峰文笔"是乔亭八景之一，其他七景同样依风水理论而为。《八景记》上这样说："夫景，象也。象物宜者，莫备夫《易》，请以《易》绎之：……五阜（五曜连珠）为兼山，'艮'象也，金坞（金坞锦屏）位西北而类坚刚，'乾'象也……"

至此，刘家文风昌盛，人杰地灵，就统统归之于风水之功了。民间的理由，任何一个时代都少不了传奇色彩。

传说多有附会，但刘氏宗族文风昌盛却是不争的事实。几百年间，乔亭村文脉不断，人才辈出。祖孙同科、父子同科、叔侄同科、兄弟同科者数见不鲜，以功名进仕者不胜枚举。"其时士则应试者以百数，科举未尝或

文笔投池（汤道云　摄）

间，殷实之家各皆有，而称小户者则指不胜屈……"

明末清初，乔亭村迎来了第一个繁荣期。这与一个重要历史人物有关，他的名字叫刘光旸。

刘光旸，字雨若，明末清初篆刻家、鉴赏家。刘光旸聪明睿智，对历朝宗器和名贤字画不仅如数家珍，而且真赝立判无疑。顺治初，尚书冯谥爱其才，召其进京，令刻《快雪堂法帖》（此为汇刻丛帖，所收法书上自魏钟繇、晋王羲之，下至元赵孟頫，计5卷），并以此进呈顺治帝。皇帝召见，用王羲之的墨迹试其才智，一真一伪，刘光旸一眼道明。皇帝又说外域进贡一炉，炉下有"金炉"两个字，你看看这个炉子可是个稀罕之物？刘答：这是某朝某年乳母进献某太子饮乳的御器。顺治帝深感惊异，称刘光旸为"古董"。当场写下"特赐清班"四个字赐给他，授其鸿胪寺序班一职。清康熙十六年（1677年），刘光旸刻完《翰香馆法书》丛帖，以其书斋"翰香馆"命名。这套丛帖，由钟繇、王羲之、董其昌等28家82件作品集成。

刘光旸，这样一个屡受皇帝加官晋爵的人物，无疑成为刘氏家族最大的荣耀。因之，有关刘氏宗祠的兴建，很自然地与这位传奇人物发生了联系。

　　传说刘古董一次出外游玩，途中恰巧与微服私访的皇帝同乘一舟。当船至长江中流时，忽然江面掀起万丈巨浪，左右船只皆飘摇或翻沉，唯此舟岿然不动。刘古董见微服之人气度不凡，有帝王气象，遂躬身上前禀告原委，说自己身藏避风、避火、避水、避邪、移墨五大宝珠，如遇不测可保性命无虞。皇帝舒眉解颐，并与之结为好友。后带至京城，封官赐号，并拨巨银敕造刘氏宗祠。民间传说不像鉴宝那样专业，但比鉴宝的魔力还要扣人心弦。

　　乔亭村地处群山怀抱间的一块洼地，地势相对平缓，东北略高于西南；两条小河前溪、后溪从村庄东西两侧潺湲流过，在村口文昌阁旧址交汇，整个地形呈"筏形"。刘氏宗祠位居"筏首"：

　　以村基为筏形，祠为筏首，自祠至村顶，高下相悬无虑数十百仞。而自村前及凭高视之，则见祠屋昂居；其前后之各抱地势，参差相属，无高出其上者。亦异境也。

　　乔亭村形如同竹筏，前、后二溪相环之地为船坞，宝塔为竹筏靠岸后的钉桩柱，比喻船靠码头、风平浪静、兴旺发达。

　　曾经占地10亩的刘氏宗祠早已化为过往云烟，但留下的6只汉白玉石磉却依稀记录着它的辉煌与传奇。每只石磉皆由8幅全然不同的画面组成，为花鸟图者，上有喜鹊登枝、鸳鸯睡池、凤凰栖梧等；为百兽图者，上有鱼跃龙门、鹿鸣山坳、麒麟送子……雕刻细腻，惟妙惟肖。"光绪十三岁（1887年）次丁亥孟冬月"立的一块石碑字迹尚清晰："旌阳称望族者四，曰吕曰江曰汪，皆居西乡；东乡惟数我族。族各有祠，而我族之祠规模宏厂，体制庄严……"

　　到了乾隆年间，与周边村镇一道，乔亭村进入了它的鼎盛时期："盖我族当昔盛时，户逾两千，丁盈三万，人烟稠密，街路之间肩相摩也。"这当中，乔亭出了位名垂青史的人物——民间科学家刘茂吉。

　　刘茂吉（约1736—1795），字其晖，童年时就对天文产生兴趣，8岁即能立竿观影测定时刻，塾师惊异，乡人赞叹，誉称"神童"。后悉心研读天文舆地、星历象数诸书，领悟精深，撰有《北极高度表》《天地经纬象数要略》《坤舆图说》等，所绘苏、扬、常诸州图和《京省全图》全部刊行。其中，《北极高度表》被收入《清史稿·艺文》。刘茂吉不但天文地理著述引人注目，还制有"浑天球""量天尺""曰晷"和"自鸣钟"等天文、计时仪器，精妙准确。乔亭村发人坞脚下一处地方，至今土名仍叫"自鸣钟"，足见后人对其推崇、缅怀。

旧时，从乔亭到汤村约5华里地均由石板铺就，一路牌坊相属，一路凉亭相望。仅二里半亭到马义岭段，就有牌坊十余座。

如今，作为中国传统村落的乔亭古村肌理尚存，拾级而上的古巷老风依旧，斑驳的民居在风中诉说着陈年的故事。修葺整齐的省重点文物保护单位文峰塔和堑湖构成了乔亭村最美的图画。秋冬时节，种在砚池边角的一排水杉是稻谷般金黄，从水面一至延伸至十几米的天空。这还不算，关键是这一片金黄在澄澈的蓝天和碧水之间，此中的美妙是文字难以描绘的。数字时代比诗人画家多得多的摄影人，一点也没有愧对那堑湖美景。

朱 旺 村

在皖南，朱旺村同样以小桥、流水、人家著称。

朱旺村村外那条河，叫大溪；村中那条河，唤朱溪。村外为自然河，村中为人工河。大溪河滋养着朱旺粮仓。朱溪河让村庄充满灵动气烟火味，构筑起小桥、流水、人家的风俗图。

朱溪河

朱溪河穿村而过，连接河两岸人家往来的是一座座石桥。桥与沿河两岸的石板路平衡连接，三或四块整长石条铺就。桥面光滑润洁，那种包浆是脚印与时光老人的馈赠。朱旺的桥，一座座素面朝天，除顺成桥有个名字外，其余的桥都属无名氏。渡人，是朱旺小桥最大的担当。因了小桥，和河边为数不少的古民居，使朱旺村洋溢出浓浓的诗情画意。河边的美人靠，靠出的不仅是悠然惬意，或许还有萦绕于心的那份乡愁。

顺成桥头"豫立义仓"青黑的老墙在阳光下显得宁静淡定，对于这样的建筑人们总会高看一眼，因为它是扶危济困的一座"义"字碑，风在说雨在颂。房屋内墙上镶嵌着一块"创捐豫立义仓碑记"，那上面密密麻麻的名字，代表着一个个热心肠的生命。是他们把朱子理论，真真切切地兑换成了行动。那上面大小不等的数字，始终围着一个"和"字在演算。这里，无疑是朱旺人心之所在，力量之所在，兴旺之所在。

与"豫立义仓"相对而立的是经济学家朱剑农故居。站在故居的墙院内，我想朱先生的地租理论、土壤经济理论，最早的养分一定汲取自祖辈耕耘的这块土地。

朱溪河边青砖黛瓦的民居，不仅安静质朴，连室内摆设好像都在时光流序中按了暂停键。若是在街头巷口走出几个秋收挑担的人，河边蹲着些涮洗的妇女，说朱旺是一节《清明上河图》又有什么不可以呢？只是现在的模特、旗袍秀抑或是现代版的哭嫁，让朱旺村时常成了镜头频繁闪烁的所在。村落的古老记忆，成了当下弥足珍贵的美丽背景。

朱旺的河与井相依相偎。井在河的怀抱里，在沿河两岸人家的日子里。朱旺的井均呈方形，麻石镶圈，洁净素朴，无名无姓，四季清亮。井水自洁自爱，从不与河水相犯。倒是山洪肆虐时河水常常没过井水，只要水位降到井沿之下，井水很快就会恢复洁净之态。湿漉漉的井壁，从不间断地收藏着前人的身影和今人的容颜。相传有位叫成皇公的在杭州开当铺，过年回家，妻子叫他打酱油去，成皇公说："好吧，我到西湖打酱油去！"说完，转身跳进河井，不一会儿，成皇公便满身是水，笑嘻嘻地从井中爬上来，手拎一瓶酱油。那河井，竟直通西湖！传说的本意，并非说朱旺的井非同凡响，而是说朱旺商人来往杭州做生意极其频繁。另一层意思，说的是留守家门的商人妇对天堂杭州的向往，对外出经商丈夫的思念。

"井水不犯河水"在朱旺既是一处景，也是一堂课。

古代中国，"井水不犯河水"最初并不是指地上的水，而是指天上的星宿。

"井"，原指二十八星宿中的"井宿"，因在玉井之东，也叫"东井"，位于现在的双子座，在"银河"附近。"河"指的是"银河"，在东井的东北和东南有两个星座，一叫"北河"，一叫"南河"。它们被古人视为银河的守卫者，一旦发生什么异变，人间就将遭殃。所以，古人说"井水不犯河水"，指的就是"东井""北河""南河"三个星座互不干扰、和谐共处的天文现象。

让天上的景象在地上演绎，自然要人间的理论来对应。"井水不犯河水"既反映了儒家文化的谦逊礼让、宽厚仁德，也表达了法家"定分止争"的精神，更是"各守其分、分清是非、互谅互让、共治共享"的现代表达。

井设九口，桥建十三。"九"为易中天数之最，至阳；"十三"取象龟背上的版纹，龟为水之精，至阴。二数相合，可知"九井十三桥"蕴含了阴阳和顺、健康长寿之意。若说"朱旺村里走一走，延年益寿九十九"，一定让听的人心生欢喜。

朱旺人素来重视经商，曾有兴隆、乾元、庆丰等商号。一个小小的村庄，拥有这么多商号，这在当时的旌德县也是不多见的。朱旺老街至今仍有商号的气息，只不过有其形而失其神了。承载朱旺村历史的实物虽然显得支离破碎，但地方史志对朱旺的富硕却有证据确凿的记载。清嘉庆十年（1805年），县城孔庙倾欹朽坏，朱旺村附贡生朱则汉偕其弟等26人，呈请独立修建，规模较旧宏敞，工材倍加壮丽，计费银30000余两，事迹勒石，并详入《府志》。朱旺人修文庙10年后，村中子弟朱德芬高中进士，这是继元代朱立言、朱立礼之后朱旺出的第三位进士。想必时人一定将功劳记在维修文庙的功德之上了。朱氏的义输之举，旧志中屡屡可见。朱为显建的绳武桥，被洪水冲毁后，乾隆五十五年（1790年）他的孙子朱逢年、朱则江、朱则汉再度修建。朱化鹏（朱为显子）捐义学、修蒿口路、宣城东溪桥。朱旺祠堂前的顺成桥，是朱则澳的母亲王氏建于清嘉庆四年（1799年）。朱文焕曾在康熙五十七年（1718年），捐1500金修三溪石壁水毁道路，资助修琴溪麻源新桥、霍家桥。除小桥、亭台、楼阁外，参与修祠堂、义冢的人更多。这些善举的实物佐证大多灰飞烟灭了，但义行的传统已根植于朱氏子孙的血脉里。

朱旺有句俗语：穷不丢猪，富不丢书。这样的底线，今天的穷人和富人都可以效仿。要说朱氏家规家训，没有比这8个字更通俗易懂的了。当年的毛国山堂、长房学堂、成志学校等都有相当规模，富商们捐资办学蔚然成风，朱氏宗祠专门划出1000亩良田归学校收租作费用。穷家子弟，都能免费读书。有了这样的理念，庄严的宗祠辟为学校，想也自然。朱溪河边的私塾布局依然完整，蒙童诵读的声音似乎还在空中回荡。书香门第，在朱旺不是一个标签，而是一种商儒共存的理想。

溯朱溪河而上三四华里有五龙潭。龙潭一个连着一个，从"龙嘴"里喷泻而出的清流，在一叠又一叠悬崖中奏着雷鸣般的乐章。昔日的文人墨客雅集于此，观飞瀑，赏清流，垂钓、饮酒、吟诗。立在山巅的"闲云潭影"残碑，至今还被朱旺的文人时常提起。因了雅士们的身影，不仅闲云不闲，飞流也有诗意了。

今天置身于龙潭景区，一湾碧水如镜子般镶嵌在崇山峻岭中，波光粼粼，层层涟漪。一条傍着悬崖的栈道，蛇行在两山之间，或高或低，左右腾挪，随着山势起伏穷极变化，扑向山谷的纵深。这无疑是大自然的鬼斧神工与朱旺人的匠心独运。行至尽处，只见如帘的瀑布从一峭壁上飞泻而下，落下后旋即化成条条白练击石腾浪，继而白练又在一狭窄处汇合，冲出椭圆形的一潭水，随后这一潭水又蓄势而下，狂飙突进地闯入一个更大的潭中，此即为龙潭一瀑三叠。这一川秀水不仅孕育了朱旺村的秀美，更孕育了朱旺村这一方民风的淳朴和文脉的久远。

写到这里，不由得让人想起朱氏大儒朱熹的《观书有感》诗：

> 半亩方塘一鉴开，天光云影共徘徊。
> 问渠哪得清如许，为有源头活水来。

想必朱旺的旺，就是因了这潭源头活水。

黄 高 峰

有关黄高峰记游，有据可查的要算清代嘉庆《旌德县志》上邑人汪振苙（字临士）的《黄高峰记》，文章不长，文采飞扬，让我滋生了当回文抄公的欲望：

环旌皆山也，其西南嶙峋而笋出者，曰黄高峰。峰何以名黄高？曰宣歙之山，黄为大，若天都，若莲华，峰峦叠起，山脉一折而东，结成是峰。盖巍巍然，高与黄山并也。闻昔山多梵刹，金碧交辉，古柏乔松，茂林修竹，回环曲折，阴芘左右。入其中，有迷不知路者。晴明则烟开云敛，皓月千里；雨后则九天瀑布，直泻飞流，其净如练。骚人学士登临眺览于此者，辄多吟咏纪述焉，亦黄高之胜概也。攀登纡回而上，直登嶙峋，上有仙人桥，两峰对峙，其中间不盈尺，若可以跨而过者，视其下，则深有千寻，毛发竦然而竖。又其上有饿鹰岩，怪石突出，若鹰鹯之逐鸟雀状。大石荦峃，有如壁立，小石磊砢，纷纶杂遝，不知巨灵何年劈凿削成此危峰峭壁。想烟树迷离、山云暧靆时，凛乎其不可留也。此千百年之胜迹，宁不可与宣歙之黄山并传不朽耶。余性嗜佳山水，虽不能至，心窃向往焉，因记之。

汪先生的文章，从黄高峰的得名，写到山的形状、植被、庙宇、晴景、雨貌、险峰、怪石、云雾及文人雅士的吟咏，生动逼真，情景交融，实则是篇道听途说之作。不是我不敬先贤，而是汪先生文品率直，文章结尾特意标注:"余性嗜佳山水,虽不能至,心窃向往焉,因记之。"同是清代的江溁在《黄高峰祗园禅林碑记》说:"旌西黄高峰者,黄岳之支山也。形势岌嶪,拔地倚天,洞壑窈窕,珠霏玉泻。俯视梓、凫、柳山罗列如儿孙,以路远城市,故图志不详。"汪先生喜欢漂亮的山水,黄高峰一直是自己心中向往之地,却无机会亲临其境,只能在别人一鳞半爪的讲述中,把黄高峰来番盲人说象。你说是黄高峰,没错。那些奇观异景,黄高峰上都有。你说是凫山,好像也错不到那里去。文中描述的景象,在凫山我大都能给你对应着找出来。汪先生文中的山,和两百多年后我见到的黄高峰还是有区别的。

依照汪先生的文路,我们来聊一聊黄高峰。

黄高峰(江建兴 摄)

山势凌云拔起的黄高峰,正如汪先生所记,位于旌德西南部同绩溪交界处,主峰海拔 1143 米。站在旌德县城可以看到嶙峋之峰。立于黄高峰风洞、水洞、火洞前眺望,能看到楼房林立的旌阳城。西乡的古江村,视"黄高晓日"为村中十景之一,诗曰:"晴云蒸晓日,曙色太华巅。莫道扶桑远,黄峰别有天。"明代《宁国府志》上说:黄高公隐居山上,所以叫黄高峰。山下的王家庄人称其为"王家峰",想必与山的权属有关吧。地质理论上说,黄高峰是黄山余脉,"山脉一折而东,结成是峰"。因为和黄山发生联系,民间信口一说,黄高峰成了黄山七十二峰之一。此说是真是假,信息时代不用我多劳舌。宣州府和徽州府的山,以黄山最为雄伟壮丽,站在黄高峰上"四望旷朗，精神飞扬，若出宇宙外"（江纪南语），生"巍巍然，高与黄山并也"的看齐意识，极其自然。

汪先生昔已耳闻，黄高峰上"多梵刹"，这符合"天下名山僧占多"的理论。山不在高，有寺则名；寺不在多，有僧则灵。这当然说的是高僧和名寺，能不能对上号另当别论。清代《旌德县志》亦有："世传胡丘士、谢元晦辈隐居于此"，算是"仙"出有名。

从王家庄上黄高峰，三千米处有座古庙遗址，今人称其"西云寺"，清代县志并无记载。其中缘由无非两条：一是修志时此寺未建；二是寺的规模过小，没有录入。这样一分析，"金碧交辉"权且当文学想象吧。遗址不远有块尺长的僧人墓碑就三四个小字，想来亦是位苦行僧。至于"古柏乔松，茂林修竹"有了沧海桑田之变，寺后之山自然不乏乔松，但是古柏的身影早已缺位，亦可能"为樵苏者纵寻斧焉"。现在让人眼睛为之一亮的是挺天而立的栓皮栎，5株庞然大树树龄均在300年以上，想来汪先生生活的年代这些树均是壮汉一枚了。至于茂林修竹，那是栓皮栎古树群的衬景，刚劲与阴柔在此相合。西云寺左侧有脉溪水，自高峰下流陶环溪，山势陡峭的地方溪流成瀑，有那么三两处，几米、十几米不等。一如汪先生所言："雨后则九天瀑布，直泻飞流，其净如练"。

旧志上说：黄崖（注：大会山、黄高峰）两峰对峙之间，有祇园庵一座，清乾隆七年（1742年）江姓重建。那是280年前的事了。"惜乎旧有兰若，仅成废址"（《黄高峰祇园禅林碑记》）。祇园庵之前有甘露祠。祇园庵遗址，位于黄高峰主峰之下的平坦之地。庵南山岗通大会山。有关祇园庵僧人前赴后继艰辛创建的经历，江溁在《黄高峰祇园禅林碑记》中说得十分清楚：

雍正时，有老僧晓山者，矢志为此地开山，一瓶一钵，托宿水帘洞中，鸡鸣则析声绕村，落暮化积，寒暑不辍。乡人感其精勤，广为输助。老僧躬自搬运，构庵数楹，塑佛、菩萨、罗汉及诸伽蓝。功未就，而晓山化去。吾族大德，因延今苾刍戒僧清和上人为常住。清和率弟子益为募化，广启雁堂，翼以净室、庑庎之属，虽乏雄殿杰阁比大丛林，然蒲团习静，妙香供养，洵足使象教休明，岩峦重秀矣。清和黄面瞿昙，少虽祝发，事母以孝闻，其于声闻缘觉，能于语言文字外别证圆通，是以十方开士，不远数十百里，执锡顶礼，推为高座而受戒律焉。今为名山主人，当必有高隐之士如摄山明僧绍、荆州陆法和其人者与之谈禅悦，交方外矣。行见后之视今，亦如图澄之在灵岩，智凯之在国清，永为祇园之鼻祖也，余于上人宁无厚望哉？

今天祇园庵四址，冬季严霜之后草叶凋零，可以看出个大概。庵后的老井和那些散乱的石条，拨开枯草还会露头。马家溪森林公园立的指示牌把"庵"写成了"寺"。祇园庵周围，生长着十多株"五谷树"（雪柳），大多数登山者面对平凡而茂盛的枝株，不会特别留意。汪先生当年可能没听人说起过，否则概不会以松柏笼而统之了。祇园庵的"五谷树"是有些来历的，庵主清和上人和南京栖霞寺僧绍交往密切，"五谷树"是僧绍送给祇园庵的礼物。更早的说法，"五谷树"的发端，是明朝航海家郑和下西洋带回的，那两株树种在南京栖霞寺里。其树嫩叶可代茶饮，枝条可编筐，茎皮可制人造棉，根可治脚气。这可能就是祇园庵以及南京栖霞寺，种植雪柳行善的初衷。当然，五谷树能到祇园庵也算是长了慧根。庵不在了，五谷树早已不是一株，其子孙把庵里庵外的地盘护卫得完完整整。只可惜，已没人取它的嫩叶和茎皮做善事了。留在人们口里的，仅限丰年树上长"稻麦"，乱年树上长"刀枪"的传说。

黄山奇在石、松、云、瀑，黄高峰可以依样画瓢。黄高峰之石，汪先生说："有饿鹰岩，怪石突出，若鹰鹯之逐鸟雀状。大石莘峇，有如壁立，小石磊砢，纷纶杂沓，不知巨灵何年劈凿削成此危峰峭壁。"今天从古树群方向登黄高峰顶，有处"一线天"，两峰对峙，人工阶梯足有一百几十阶。一线天顶的登仙桥已化为乌有，正对的巨岩之峰，明代郎中江汉诗云："卓笔悬空立，云根断欲连。昔人采药去，相会不知年"。右手边的莘峇大石，汪先生生活的年代人们说是"饿鹰岩"，今天指示牌上写成"鳄龟石"，这边看如鳄，那边瞧似龟。石无定形，是"饿鹰"还是"鳄龟"，全凭想象。此地危景，若是遇风碰雨，昏天黑地，"烟树迷离、山云暧瞙时，凛乎其不可留也"。野径独客，外加豺狼虎豹出没的年代，寒从心底起是再正常不过的心理。汪先生没有登过黄高峰，可能也有这方面的原因。

黄高峰上另一奇观，汪先生没有落墨，那是石洞。清代旌德知县王融主修的《旌德县志》就把"黄高峰洞"列在"旌阳十景"中。诗吟：

> 岩峣峰峻听啼鸦，古洞清幽望眼赊。
> 泉水流来疑上竺，磬声彻处讽南华。
> 狮岩落照开丹嶂，珠壁斜晖龙赤霞。
> 借问谢公习静墅，数椽惟有衲为家。

这首诗有峰、有洞、有泉还有仙，可以看作《黄高峰记》的浓缩版。真正让黄高峰石洞光芒四射的要推共产党人胡明和他领导的游击队员们。他们把黄高峰主峰下面的三个洞依据温、湿度不同，分别命名为风洞、水洞和火洞。旧志上列为黄高峰胜景之一的狮子岩（黄石岩），是距王家庄比较近的一个山洞，洞的名称从形状和岩石颜色而来。太平天国战乱时当地百姓曾倚洞避难，新四军游击队与国民党军作战时黄石岩成了旌、泾、太游击队的指挥中心。

黄高峰山高，富生云雾。晴天朗日，则烟开云敛；风起云生，则变幻无穷。骤雨之后的黄高峰，云来云往，山峰树木时隐时现。峰顶览胜，大会山、黄山诸峰以及旌德西乡的孙村、庙首、白地均在云海中忽隐忽现，宛若仙境。若是把雨置换成雪，黄高峰银装素裹分外妖娆。回环曲折的登山道只能目测，雪深盈尺，树枝横压，匍匐而行的乐趣以及雪妆的童话世界，概是汪先生闻所未闻之景。

今日"黄高之胜概"在峰、在树、在花、在瀑、在云、在石、在洞，还在人。当年新四军游击队的脚印留在了黄高峰上，血汗洒在了黄高峰上，事迹写在了黄高峰上。我们看峰、看树、看洞、看杜鹃时自然会触景忆人。

黄高峰"不朽"的真谛，今天早已包含了共产党人那种不屈的抗争精神。

附：年表里的旌德史

原始社会（七八千年前）

1965 年和 1986 年先后在三溪乡营盘山、云乐乡梅村、俞村乡苎坞里等地出土的石器时代晚期石斧、陶片表明，在七八千年之前，旌德地已有人类活动。

注：

营盘山遗址，位于今三溪镇古城村营盘山顶。遗址呈不规则梯形，总面积约 5600 平方米；地势平坦，高出四周农田约 40 米左右；曾出土石刀、石斧、石镞和残陶器，其中一件石斧被安徽省博物馆收藏。

苎坞里遗址，位于今俞村镇俞村苎坞里坡顶。遗址呈不规则长方形，总面积约 3000 平方米；地势南低北高，略呈倾斜，高出四周农田约 20 米左右；曾出土磨制的石斧、石锛、石镞、钻孔石刀、夹砂陶鼎足、剔纹陶片、印纹陶片等遗物。

梅村遗址，位于今云乐镇梅村北半月形坡地上。遗址呈不规则长方形，总面积约 5000 平方米；地势平坦，高出四周农田约 30 米左右；曾出土磨制石斧、石刀、石镞、印纹陶。

夏朝、商朝、周朝

夏朝（前 2070—前 1600）　旌德之地，属扬州域。

商朝（前 1600—前 1046）　旌德之地，属扬州域。

西周（前 1046—前 770）　旌德之地，属扬州域。

春秋（前 770—前 476）　旌德之地，属吴、越国。

战国（前 475—前 221）　旌德之地，属越、楚国。

秦朝、两汉

秦（前 221—前 207）　旌德之地，隶属鄣郡。

汉（前 202—220）　旌德之地，隶属泾县。

汉元封年间（前 110—前 105）　闽浙一带的东越人经黟县、歙县北迁时，大批流入境内栖息繁衍。东越人古称"南蛮"，今旌德有"蛮王尖"

"蛮王墩""蛮家"等地名。

三国、两晋

三国（220—280）　旌德之地，为孙吴所辖，属丹阳郡安吴县（县治在泾县）。

东汉建安十三年（208 年）　孙权分泾县南部地区置安吴县，属扬州丹阳郡，以表达吴国安定昌盛。

晋太康二年（281 年）　旌德之地，属扬州，宣城郡。

东晋时期（317—420）　因葛洪在当地救治百姓，居住在那里的芮氏、吕氏后人为纪念葛仙，就以其名呼村称河，故有洪川村、洪溪河、洪源塔之名。

南北朝、隋朝

宋（423—479）　旌德之地，属扬州，宣城郡。

齐武帝永明二年（484 年）　旌德之地，属南豫州，宣城郡。

隋开皇九年（589 年）　旌德之地，属宣州，随安吴县并入泾县。

唐　朝

武德三年（620 年）　设宣州总管府，再建安吴县，旌德地属之，县治在今三溪镇古城村。

武德八年（625 年）　旌德之地，随安吴县再归泾县。

天宝年间（742—756）　李白至旌德地（时旌德尚未置县）新建村汪氏别业，题诗二首，载《太白集》。李白过旌德石壁山，题诗《石壁山》。

天宝十一年（752 年）　析泾县西南 14 乡置太平县，旌德之地属太平县。

宝应元年（762 年）　太平县东北境（今旌德县孙村镇碧云村一带）乡民王万敌，于后如洞（即厚儒洞）聚众造反，抗租抗税，太平县地方武装难以对付。唐王派太子左庶袁傪任江淮招讨使，领兵镇压起义。暴动镇压后，袁傪以麻城乡一带层峦叠嶂，交通阻塞、管理上太平县鞭长莫及为由，奏请朝廷析太平东北境麻城等9乡之地，于宝应二年（763年）二月建旌德县，属宣州所辖，并派部下左卫兵曹参军高叔夏为旌德县首任县令。

"旌德"一词，最早见于东晋桓温的"旌德礼贤，化道之所先"。意思是表扬有道德的人，尊敬贤能的人，这是教育人首先要做到的。择其两字为县名，取"彰扬礼德，教化乡民"之意。

宝应二年（763年）　旌德建县。县署设令、县丞、主簿、县尉、司户佐、司法佐、经学博士、助教等员，分掌县事。治所位于黄龙岗（也称云裏，今旌阳镇胜利西路5号）。

咸通五年（864年）　三溪吕康舍地为寺，因上有孔子祠，故名龙山寺。明万历年间重建。新安罗颂诗："共访诏提过水西，茫茫名实使人疑。天于中国生夫子，佛自西方作导师。正使混然同轨辙，不应如此剖藩篱。天寒日暮各归去，吾道而今竟属谁。"万历三十八年（1610年），知县蒋汝砺改"孔寺"。康熙十六年（1677年），知县阎洞又以寺在龙首山下，改名"龙山寺"，以正祀典而醒愚蒙，使后之考志者免于讹谬。按旧志，吴赤乌中，置安吴县寺，即县之学宫夫子庙（清嘉庆《旌德县志》）。

唐末（875—884）　黄巢战乱时，鲍氏先祖由歙县迁往旌德合锦。

光启年间（885—888）　金陵江宁诗人吕从庆（841—937），字世膺，一字彦余，号"丰溪渔叟"，为躲避黄巢战乱，广明年间（880—881）和弟弟吕从善迁至歙县塌田。吕从庆不习惯歙县的环境，光启年间从歙县迁往旌德丰溪（古丰溪），醉心于村夫野老的生活，以陶渊明自比，"吾亦陶彭泽，从来懒折腰"。吕从庆为旌德吕氏之始祖，留诗45首，清代其后裔集为《丰溪存稿》刊世，清代《四库全书》通过安徽巡抚采进本录《丰溪存稿》之目。

五代十国时期

五代之乱（921—934）　汪广率子渐从歙县篁墩迁居旌德新建，子孙繁衍，分：下庄、东庄、西庄、陈庄，时号"汪氏四庄"。四庄之子汪文谅、汪文政等十世同居，家千三百口，鸣钟会食。宋天禧四年（1020年）御书"义门"旌其闾。汪文谅不受皇帝赏金，要求换赐经书，以"教吾子孙，使之明习诗书礼乐",并建义学于东山,延名士教子孙,以至于"四方英才皆来受教"。效其义举,后人捐款输田、办学兴教蔚然成时尚。新建风景优美,宋胡瑗有诗:"其间新建居,林泉最清幽。松声满道院,山光入书楼。"(《汪氏宗谱》)

南唐保大八年(950 年)　舒雅(?—1009)中进士第一名,成为旌德县历史上第一名状元。入宋后,为将作监丞。大中祥符二年,直昭文馆,校订《文苑精华》《史记》《论语正义》《七经疏义》等。官至舒州太府,刑部郎中。有诗词集《西昆酬唱集》。

辽、宋、西夏、金

宋代旌德县属江南路、江南东路宣州。乾道二年(1166 年)属江南东路宁国府。宋代改县令为知县事,旌德县设主簿、县尉、教谕、乌岭巡检司、税使等官职。

宋开宝年间(968—976)　城南梓山下建资福寺。明洪武二十四年(1391 年)立为丛林。正统(1436—1449)、嘉靖年间(1522—1566)递修。中有归一堂、贝叶林诸梵室。清代俗称"梓山寺",名僧超法曾住寺中。咸丰年间毁于太平天国战火。

宋庆历年间(1041—1048)　胡瑗曾从新安至旌德,访县尉曾公望,同游石壁山。闻新建李白所访汪氏别业相近,随访写《游石壁》,书于屋壁。

注:胡瑗(993—1059),字翼之,北宋学者,理学先驱,思想家教育家。《游石壁(有序)》尝览翰林李白《题泾川汪伦别业》二章,其辞俊逸,欲属和之未有所发。今十月,自新安历旌德,与仙尉曾公望同游石壁,奇峦对峙,清溪中流,路出半峰,佳秀可爱,闻新建汪君所居不远,思欲寻访,迫以日暮不获。因思泾川即泾接境也,而幽胜过之。汪君即伦别派也,而儒雅胜之,辄成古诗一首,寄题汪君屋壁。虽不足藻饰佳境,庶俾谪仙之诗不独崇美于前云尔。

李白好溪山,浩荡泾川游。题诗汪氏壁,声动桃花洲。

英辞无与继,尔来三百秋。汪氏益繁衍,宗枝冠南州。

其间新建居,林泉最清幽。松声满道院,山光入书楼。

仙气既飘飘，儒风亦优优。子孙多俊异，辞行咸精修。

我来至石壁，赏之不能休。酣味碧溪水，若饮黄金瓯。

因羡汪君居，复思汪君投。遇境清兴发，浩与天云浮。

斐章异绣段，洒翰非银钩。庶与谪仙诗，千古同风流。

宋熙宁初(1068—1070)　王安石子王雱任旌德县尉，于梓山寺后题刻"兰亭胜事"四字，清康熙间发现。

宋元丰年间(1078—1085)　全县划为7个乡：进贤乡（一都至四都，凡四里）、招贤乡（五都至十都，凡七里）、柳山乡（十一都至十三都，凡六里）、太平乡（十四都至十六都，凡七里）、沙城乡（十七都、十八都，凡八里）、上泾乡（十九都、二十都，凡七里）、分庶乡（二十一都、二十二都，凡四里）。

宋元丰五年(1082年)　县城上东门自古就有桥，但徽水每当桃花汛期，桥梁总是被冲毁而后修复。王安石行新法，无力修桥。1082年，鄱阳人马譓知旌德县事，眼看交通要道被水所阻，心中焦急。恰巧和尚惟静愿为修桥劝募，马譓极力赞许。"七乡之民，输材者、受役者、捐谷者、施金者"蜂拥而来，1082年九月十日动工，次年四月十五日落成，为跨徽水第一座石拱桥，择名"平政桥"。进士汪齐在《平政桥记》中说："费金钱工役无算。上有栋宇之覆，下无柱石之碍，岿然中流，迢迢亭亭，若升龙之跃于渊，若偃虹之跨于涧"。

宋元丰间(约1085—1087)　苏辙知绩溪县事时，专程到旌德新建拜访尚书员外郎汪齐，并赋诗《访新建汪齐》相赠："社瓮壶浆接四邻，肩舆挂杖试红尘。惯眠林下三更月，来看城中万井春。世上升沉无限事，樽前强健不訾身。经过已足知公正，长见车中有老人。"

宋元符元年(1098年)　县城五显庙北，建居养院，对鳏寡孤独不能自存者给予资养。

宋崇宁元年(1102年)　县令严适奉诏创建庙庑设县学（官办儒学），地址在县治尉廨中，为文庙之始。"考唐贞观四年（630年）诏州县皆立孔庙，时尚未有旌邑也。宝应建邑以后，谈学之制无闻，邑之学宫自宋崇宁元年始。"（清嘉庆《旌德县志》宣和三年（1121年）为方腊起义军所毁。

宋崇宁五年（1106年）　江村江文政中进士，官至"直秘书阁舍人"，受命出海商贾与外事往来。当时沿海一带已盛行"妈祖"海神信仰，江文政为保出海平安，祈祷"海神"予以保护，办事顺畅，受到朝廷嘉奖。荣归故里后，江文政为感谢海神护佑，在村前狮山建"梓潼帝君"庙奉祭，并于殿后设"梓潼书院"，供族中子弟读书。后名"钟山庙"，清代改称"狮山古庙"。（《济阳江氏金鳌派宗谱》、清嘉庆《旌德县志》）

宋宣和三年（1121年）　2月17日至2月27日，方腊起义军北路军八大王部由宣城黄社镇"旁趋旌德"，打算从旌德"迂回泾县"。旌德地方官兵闻风而逃，八大王部顺利进城。十天后，西路官军杨可世部围攻县城，方腊军撤出县城，经三溪石壁山往泾县。

宋绍兴十三年（1143年）　县令赵伯杰重修文庙，在原址东十步左右，改子午向。左为先师庙，右为学宫讲堂。正殿与讲堂并列，堂曰言仁，斋曰育才、进德、待聘、兴贤、稽古、辨理。共有房屋58间。

宋绍兴年间（1131—1162）　城南梓山建东岳庙，明嘉靖年间重建。庙前千佛楼，楼旁有地藏殿、十王殿。东岳庙供有东岳菩萨，宋吴自牧《梦粱录》载："三月二十八"乃东岳天齐仁圣帝诞辰。百姓及附近望姓大族，争先恐后出菩萨会，抬着菩萨，旗锣开道，鸣铳放炮，香花灯烛，百戏杂陈，仪仗伴随，唱戏酬神。每逢菩萨会，旌德四乡农民和绩溪等地农民纷纷结伴而来观看迎神赛会。农历三月二十八前后正是备耕生产、各种秧苗投种时期，沿袭"日中为市""以物易物"传统，将多余的农副产品、手工制品、瓜果秧苗等，随身带来交换自己春耕缺少的东西，正所谓"一探亲、二拜年"，两全其美。时值春耕季节，春雨霏霏，蓑衣箬帽为畅销品，遂习称"蓑衣箬帽会"，旌德百姓口语为"三月二十八"。

宋隆兴二年（1164年）　知县姚应辰召集工匠开山取石，铺设县城东街（今解放街），不出两月竣工，全长700尺，宽10尺。次年八月，接修南街（今旌阳镇政府对面），一月告成，全长280尺，宽11尺。

宋乾道元年（1165年）　全县14927户，24116人。

宋乾道二年（1166年）　知县齐胄将"沙城乡"改名"兴仁乡"，将"分庶乡"改名"通贵乡"。后又按全县"山川形势，自南而北，自北而西"

编为 2 坊（河西为进坊，分三图；河东为招坊，分二图，凡五里）、22 都、44 图。同年，齐胄将文庙讲堂题名为"言仁堂"。

宋乾道年间(1165—1173) 县令姚应辰首倡募捐，鸠工伐石，重筑东南二街。

宋淳熙年间(1174—1189) 喻氏先祖自歙县塌田迁旌德仕川。

宋淳熙十六年(1189 年) 县城平政桥遭水毁，县令金兴重修，易名淳源桥。

宋绍熙元年(1190 年) 城南建栖真驿，专供官府传递文书。至明万历年间，有驿马 7 匹、马夫 4 名，差夫 10 名。清顺治七年（1650 年）裁马 2 匹、马夫 1 名，差夫 2 名。雍正六年（1728 年）又裁马 2 匹、马夫 1 名。乾隆二十四年（1759 年），驿站废。同年，知县李瞻主修的旌德县第一部县志《旌川志》成书（佚失）。

宋绍熙年间(1190—1194) 全县 15101 户，25168 人。

宋开禧二年(1206 年) 县知事李延忠重建淳源桥，改名跨云桥，写《重修跨云桥记》。同年，县署置学田 80 余亩，捐地税九千余缗，以兴学助教。

宋嘉定十五年(1222 年) 县令方俌将文庙"言仁堂"改名为"明伦堂"。

宋嘉熙四年(1240 年) 县令赵时燧重修文庙。

宋宝祐二年(1254 年) 县知事赵崇涉造淳源桥，改名瑞虹桥。

宋德祐元年(1275 年) 文庙遭兵毁。

宋德祐二年(1276 年) 驻旌德军首领李汉荣、李世达率部叛宋，献城降元。元兵驻旌德。

元　朝

元代设达鲁花赤（由蒙古人任）总监县事，县尹掌理县政。至元初设县丞辅佐县尹。至元二十一年（1284 年）以全县不足三万户而裁撤，同时设主簿、典史、教谕、三溪巡检司、税使等。

至元十四年(1277 年) 旌德县改属江浙行省江东建康道宁国路。县尹葛师亮命主簿汪必成重建文庙。

至元十六年（1279 年）　达鲁花赤阿秃歹儿（蒙古人）重建徽水河淳源桥，改名永安桥。

至元二十八年（1291 年）　县尹郝弼修盖文庙大成殿。三十年（1293年）县尹刘瑞修东西两庑，饰圣像，绘从祀于壁，筑宫墙，浚沟渠，造棂星门。

元贞年间（1295—1297）　石凫山建凫山殿，殿中塑窦子明像。山有门、井、龙潭、马迹在，即陵阳主簿窦子明放白龙处。县邑参政汪坚《邀友人登山诗》："子明二女吞金丹，化为仙凫飞北山。仙凫不知何处去，山名千载留人间。五更曙色浮青塔，六月寒威侵古坛。今日与君登绝顶，神游碧落欲忘还。"

元贞元年（1295 年）　县尹王祯度地设防，营建县城四门（即后来的上东门、南门、大西门、北门），设立"际留仓"贮积军粮，募集民壮，增强防卫，使城里百姓得到安宁。次年，王祯以"僻隘不便，远而不恭"为由，将社稷坛迁至城里，以杜流弊。为使孤寡老人晚年有依，自捐俸禄，将原来的"居养院"扩建一新，改名"养济院"，规定"生供衣粮炭薪，死则并给葬具"，还经常捐俸为老人施医舍药。王祯注重农事，积极引进蚕、桑、姜、麻等经济作物，在全县每社设社长一人，专责劝课农桑，并规定劝农官一定要通晓农业。他自己在城西黄龙岗（今梓山宾馆）建茅屋三间，取名"偕乐山庄"，引水筑池，开垦谷垄稻区，环植桑、枣、木、棉，还在池中种植莲茨，推广萍藻喂猪之法。"躬藉以先耕，后夫人亲蚕以先织"，示范全县。

大德二年（1298 年）　旌德大旱，王祯自绘图样，赶制大批"高转筒车"，分发各地引水救苗，变歉为丰。王祯在旌德期间，着手编著《农书》，由"农桑通诀""农工器图谱""百谷谱"三部分组成，共 37 卷，13.6 万字，插图 300 多幅。皇庆二年（1313 年）"江西见行命工刊板"。

大德二年（1298 年）　县尹王祯与旌德刻工共同探索改进泥活字，用丝绵树和白杨、银杏等木材制作出 3 万多枚木活字，创造了举世闻名的木活字印刷术和"活字版韵轮"，将木活字依韵分门，排列轮上，排版时转动轮盘，以字就人，转轮取字，省工省时。其检字、排版、修版的程序和原理，一直沿用到 20 世纪 80 年代激光照排技术诞生之前。

大德二年（1298 年）　王祯主持纂修了继南宋绍熙元年（1190 年）之后的第二部《旌德县志》，全志 6 万多字，首次采用木活字印刷，"不出一月，百部齐成，整齐明朗，一如刊板"。成为我国地方志史上第一部木活字版印刷的志书，也是迄今所知世界第一部木活字印刷珍本。

至正元年（1341 年）　白地禅定寺住持释绍福立《禅定寺中兴之记碑》，汪泽民书篆额，祖瑛碑记，赵雍楷书正文。

注：汪泽民，徽州婺源人，宋端明殿学士汪藻七世孙，元仁宗延祐年间进士，历官至嘉议大夫、礼部尚书。

祖瑛，吴江人，字石室，时人称石室长老。元代僧人，书法家。

赵雍，赵匡胤嫡系后，赵孟頫二子，翰林院侍制。擅山水，尤工人物鞍马，书法兼善真草行篆，传世作品有《溪山渔隐》《兰竹图》。

至正九年（1349 年）　达鲁花赤亦怜真暨县尹榻宝宝兴学校、塑文庙诸贤像。末年毁。

至正十八年（1358 年）　2 月，红巾军李文忠部攻克旌德县城。至正二十七年（1367 年），红巾军钟富二部自徽入旌，扎寨十九都小岭山一带，与官兵交战失利，退出旌德。

明　朝

旌德商业发展较早，明代就形成了以三溪、县城为中心的商业网络。万历《旌德县志》载：嘉靖、隆庆以来，屠沽之肆满市，商贩百工技艺之人，纷纷衣食于外郡。

明初，隐龙村村口建隐龙湖，面积 36 亩，湖位于龙山之顶，形圆水碧如镜，清代建石雕栏杆，故名"鉴湖""毓秀湖"。《隐龙方氏宗谱》："不识何年穿凿开平湖？传闻云：'自前明迄国初，膏沃之田三十六亩，筑堤四面，周遭成石渠，岁逢干旱，放流苗不枯'。"隐龙湖为历代游人览胜之处。清初著名文学家施闰章、画家方亨咸等名士曾泛舟湖上，留有诗篇。方亨咸《湖天一碧》："画船荡似镜湖平，欸乃因风响更清。迹若阮刘云外入，

醉同李郭镜中行。碧空如洗千山秀，白堕频浇百累轻。波吐蚌光晴月好，周遭倒影数灯明。"（清嘉庆《旌德县志》）

明末，旌德商人在扬州大东门外司前三铺大街，弥陀寺巷口建扬州旌德会馆。

洪武元年（1368 年）　旌德县属南京直隶宁中府。十三年（1380 年），属京师直隶宁国府。永乐元年（1403 年），属南京直隶宁国府。

明代改县尹为知县，设县丞（万历九年裁）、主簿、典史、教谕、训导、乌岭巡检司和三溪巡检司巡检，并置阴阳学训术、医学训科、僧会司僧会、道会司道会等职。

洪武元年（1368 年）　设三溪巡检司，配弓兵 25 名。弘治十年（1497 年）裁撤。万历九年（1581 年），知县卢洪春以本地形势峻险，盗贼盐徒出没倚伏，建言裁汰县丞，复巡检。

洪武三年（1370 年）　知县朱铎重建文庙。永乐中，知县谭青加修。

洪武四年（1371 年）　全县 16109 户，55656 人。

洪武七年（1374 年）　全县建社学 42 所，广招 15 岁以下儿童入学。

永乐四年（1406 年）　夏季山洪暴发，冲毁徽水河淳源桥。

永乐十年（1412 年）　知县谭青，移淳源桥址下水三十步重建，邑人王永常、冯仁领头复建，以石为垛，以木为梁，建起一座简易桥（今驾虹桥），连接中和门和中街，仍称"淳源桥"。后因民称不便，明正德十年（1515 年），邑人周旭等募缘又在上东门重修淳源桥。

永乐年间（1403—1424）　江村江氏家族始建江氏宗祠，原称允中公祠，俗称"七分祠"（今称"江氏总祠"）。祠主江允中为江氏 44 世孙。祠堂为四进两厢两明堂三天井。曾两度失火，两度重建，1935 年再度重修，总面积 917 平方米。

宣德九年（1434 年）　春至秋旌德大旱，河塘涸竭，麦禾不收，民无粒粮，死者众。

正统三年（1438 年）　县丞陈贤重建文庙，塑圣像及四配像；十一年（1445 年）知县冯本继修，作戟门、两庑。监生姚天泽等建"大学书院"，清康熙三十五年（1696 年）改名"储英书院"。

正统六年（1441 年）　全县 5222 户，18300 人。

景泰四年（1453 年）　知县曹祥捐俸买民地造神厨、库房，建棂星门，修饰圣贤牌位。

天顺五年（1461 年）　旌宁古道建梯云桥（位于今云乐镇张村），单孔石拱桥，长 9 米，宽 3.2 米，高 3.5 米，孔净跨 4.6 米。清末桥上建有砖木结构凉亭一座。

天顺八年（1464 年）　全县 4758 户，21062 人。

成化、弘治间（1465—1488）　江村村口双溪襟带，二溪合流处，凿人工湖，面积数十亩，翼为石栏，名为聚秀湖（萃秀湖）。湖边村舍环绕，书斋傍立。"秀湖一鉴方，山光接水光。熏风消溽暑，十里芰荷香。""聚秀荷风"为江村八景之一。

弘治年间（1488—1505）　江村为表彰江氏第 48 代江汉和第 49 代江文敏立父子进士坊。江汉，字纪南，成化八年（1472 年）进士；江文敏，江汉次子，字克学，弘治十八年进士（1505 年）。父子进士坊均为二柱三楼石质牌坊，高 8 米，两柱净跨父坊 3.3 米，子坊 3.2 米。

成化年间（1465—1487）　成化初，知县彭贤塑文庙圣贤像，增置祭器。成化中，知县尹清，修砌文庙丹墀，雕饰四配牌位。

正德元年（1506 年）　县城西岭头古道建集禧亭、西岭头石亭。二亭均为券形石亭，横跨西岭古道，净跨 3.2 米，拱高 3 米，进深 5.5 米。

正德十一年（1516 年）　孙村富阳建永福桥亭。亭为正方形石质凉亭，边长 4.25 米，高 5.5 米，石砌墙面，顶盖花岗岩石瓦，四角起翘，风格独具。亭内墙身嵌有"永福桥亭碑记"。

嘉靖年间（1522—1566）　江村建溥公祠，又称纪源公祠，俗称"六分祠"。祠主为江氏第 48 世、明弘治元年（1488 年）进士江溥（1447—1509），字纪源，顺天府推官。溥公祠坐东朝西，砖木结构，面阔五间，三进两天井，建筑面积 744 平方米。

嘉靖二年（1523 年）　高淳与宣城等地被朝廷派养军马，负担过重，百姓相继起事。宣城发难者何隆等人受到惩处，宣城人不服，高淳人也不甘罢休。巡抚都御史吴廷举为息事宁人，擅自奏请朝廷令旌德饲养军马 20 匹。

旌德知县张凤翀根据里老方扬等人关于旌德不宜养马的陈述进行实地勘察，撰写《奏旌德免养马疏》，派老人吕奎专程送往京城上报朝廷。自己穿上囚服，到巡抚都御史衙内申辩。嘉靖皇帝闻奏后，权衡利弊，只好准奏。张凤翀命人在三溪南湾石壁摩崖大书"钦免养马"四字，以示不忘。20世纪50年代修建南雄公路时，石刻被炸毁。

嘉靖九年（1530年）　乔亭村始建文峰塔，次年春落成。文峰塔系方形花岗岩砌成，内填泥沙。呈圆锥形，顶扣葫芦形石，高11.7米，底径6米，顶径1.5米，其状如卓笔，故名"石峰文笔"。文峰塔是按易经八卦兴建的，目的是想凭借风水之利，使刘姓家族从此人文蔚起，世代簪缨，跻身于阀阅巨族之林。

嘉靖十年（1531年）　知县柳应阳奉钦正先师祀典，撤塑像，用木主，改大成殿额，称"先师庙"，升革从祀诸贤，未成，卸任。十二年（1533年）同知叶尚文摄县事，完工。

嘉靖十三年（1534年）　宁国府通判署旌德县事李默，命比丘僧化缘募捐，在旌泾古道三溪南湾石壁山段鸠工开山凿石，沿溪筑路，始成通衢。同年，白沙村建华重亭，亭为券形石亭，横跨于旌（德）白（沙）古道上，净跨3.25米，拱高2.5米，进深4.8米，拱额门有"华重亭"石刻。

嘉靖十六年（1537年）　隐龙村建驻云亭。亭为券形石亭，横跨于旌（德）隐（龙）古道上，净跨3.5米，拱高3.45米，进深5.4米，拱额门有"隐龙"楷书阳文石刻，亭内券顶有"驻云亭甃路记"等石碑4块。

嘉靖二十二年（1543年）　宁国府知府罗汝芳牵头，以一府六县之力，在徽水、抱麟溪、玉溪三水汇流的三溪动工兴建乐成桥（又称南河桥），历时8年竣工。万历八年（1580年）大洪水，冲毁8个垛，商人金天福、赵迪贵等倡修，知县卢洪春、主簿盛世征出面赞助。清顺治八年（1651年），洪水再次冲决8个桥垛，桥体几近坠毁。直到康熙三十一年（1692年），江村人江宗孔及兄弟"以身肩之"，重建南河桥，江上达"赞助白银一千四百余两"，江有涛助千金，江宗孔"凡历十年，计工百万，算缗钱十余万。桥成，若鳌载虹垂，为石梁中巨观焉。"因桥由江宗孔及本族昆仲乐输建成，故名"乐成桥"。清康熙进士、内阁学士、礼部侍郎汪灏有诗云："高人志达阳，长梁驾清浔。七十二丈虹，蛟龙不敢侵"。

嘉靖三十四年（1555 年）　7 月，60 余名倭寇从浙东到歙县入旌德骚扰，县典史蔡尧率兵于版书将军庙抵御，"相持越宿，倭突出杀伤人众，趋泾南而去"。

嘉靖四十二年（1563 年）　洪川村芮氏建洪源塔（又名冲霄雁塔），三层八面楼阁式，砖石结构，高约 22 米，塔基呈正八边形，边长 3.6 米，底层四周墙壁上各有 24 尊砖雕佛像，夹墙中筑有砖砌阶梯，可上至第二层。《洪溪村图跋》载："小溪自西绕东屈曲环抱，与大溪合流外。则洪溪大水横截于北，特筑印墩、造宝塔以为障蔽，建忠烈庙、白云庵、洪源桥以锁水口形胜"。

嘉靖四十五年（1566 年）　旌阳作为一县县治，明以前尚无完整城墙。嘉靖四十五年（1566 年），知县赵在为防御徽州云雾山农民起义军，始度地筑城。城垣周长 891 丈，东西径 650 步，南北径 1150 步，高 2 丈，厚 1 丈 2 尺，四周共有城门 7 座，警铺 12 处。

万历年间（1573—1620）　旌德县学设教谕 1 名，训导 2 名，司吏 1 名，并有斋夫、膳夫、门子、库子 23 名。学员分廪膳生员（官费入学，并享受膳食银）、增广生员（官费，不享受膳食银）、附学生员（自费）三等。万历二十六年（1598 年）有廪生 20 人，增生 20 人，附生 151 人，置学田78.5 亩。除县学外，县城还有社学 4 所：城东招坊 2 所，城中察院旁 1 所，北门外 1 所。

万历三年（1575 年）　知县秦文捷将县学（文庙）址东移 20 步重建，并改成圣庙在前，明伦堂在后，东西两厢配建廊庑斋房布局，计房屋 50 余间，直到万历七年，知县卢洪春任上才竣工。二十六年（1598 年），殿庑、六斋均被雨水毁坏，知县苏宇庶重修。

万历七年（1579 年）　全县 2747 户，19981 人。

万历二十六年（1598 年）　知县苏宇庶主修《旌德县志》十卷（今存南京图书馆）。

万历三十五年（1607 年）　知县郑景濂于县城上东门之南增设"水关门"一座。

天启七年(1627 年)　教谕周民初建文庙泮池于棂星门外。

崇祯五年(1632 年)　徽宁兵备道驻旌德，有道府官兵 2000 余人。清顺治元年（1644 年）裁撤。清顺治三年至康熙六年（1646—1667），徽宁道复驻旌德。

崇祯七年(1634 年)　训导王焞重改文庙儒学门，迁亥山巳向。末年兵毁。

崇祯十四年(1641 年)　大旱，饥荒，野无青草，人相食，民死三四成。

清　朝

顺治时，朝廷根据各州县人口数，将县学分大、中、小三等，旌德为"中学"。雍正二年（1724 年）改升"大学"。每逢岁试、科试，各取廪生 20 名。县学以礼、乐、射、御（驭）、书、数等"六艺"为教育内容，由教谕、训导任教。

清初，旌德商人创建京师旌德会馆，有大蒋胡同七十八号和羊肉胡同二十五号两处。金陵旌德会馆，共三处。分别在党家巷、竹竿巷和油市大街。

清顺治二年(1645 年)　旌德县属江南布政使司宁国府；十八年（1661 年），属江南左布政使司宁国府；康熙六年（1667 年），属安徽布政使司宁国府。

清代旌德县署，知县主政，下设典史掌狱囚兼理县署事务，教谕、训导掌学务。光绪三十一年（1905 年）废科举，兴学校，裁教谕和训导，设劝学所，主管全县教育。三溪巡检司主持防务、城守驻防，负责守城池和防治水患。另设阴阳学训术、医学训科、僧会司、道会司主管全县阴阳学术、医务和佛、道教。宣统三年（1911 年）九月底废县署，成立临时保安会总揽县政。

顺治二年(1645 年)　清将白朝贺率兵入旌，招抚县民归附清朝。

同年，县教谕吴邦俊倡捐银二百两、徽宁道张文衡一百五十两创建文庙；六年，徽宁道郝璧、知县李滋发各捐资助修；七年，徽宁道袁仲魁捐

俸二百两，建东西两庑及月台、仪门，庙貌始整；十一年，徽宁道孙登第
增修，改凿泮池在棂星门内；十四年，知县王融续前令周一熊创始之工，
捐资修整。教谕毛元策捐银五十两，训导卞日郃、刘完人、刘其液皆后先
相继，与邑人共董其事。

顺治五年（1648 年）　汤村刻工（俗称"剞劂匠"）汤尚、汤义、刘荣
为萧云从绘《太平山水图》木刻刊印，刻有太平府及其辖县山水图 40 余幅。
郑振铎赞："图凡四十三幅，无一不具深远之趣，或萧疏如云林；或谨严如
小李将军；或繁花怒放，大道驰骋；或浪卷云舒，烟笼渺渺；或田园历历
如毡绞，山峰耸叠似岛屿；或作危岩惊险之势；或写乡野恬静之态，大抵
诸家山水画作风，无不毕于斯，可谓集大成之作矣。"

汤能目、汤复刻萧云从绘《黄山图》《离骚图》。康熙六年（1667 年），
合锦鲍守业（字承勋）镌刻《华藏庄严世界海图》和《诸神礼佛图》两幅
佛教版画（雕版现藏南京博物院，属国家一级文物）。康熙二十五年（1686
年），汤能目刻闵嗣麟编纂的《黄山志定本》图 16 幅。嘉庆至光绪年间，旌
德刻工刘廷爵、汤文光、汤先穗等先后为《宁国府志》《徽州府志图》《齐
山岩洞志》等方志镌图。

汤村、乔亭、版书、俞村等地从事木刻和活版印刷谱书较为出色。民
国时期，旌德仅剞劂名手就有百余人，号称"一百零八把刀"。

顺治八年（1651 年）　五、六月间，全县连降大雨，山洪顿发，河水暴
涨，平地水深丈余，民舍漂没，桥毁岸塌，人畜丧生无数。

顺治十三年（1656 年）　知县王融主修《旌德县志》十卷（今存北京图
书馆，旌德有复印本）。

康熙五年（1666 年）　江村江希舜首创种痘良方，编著成《痘疹玄珠》。

康熙十四年（1675 年）　6 月 19 日至 21 日，全县连降大雨，三昼夜不
止，蛟骤发，乔亭村溺死百姓 63 人。

康熙十五年（1676 年）　始建于明嘉靖中期（约 1540 年左右）的县城
"三庆桥"（后改"洪济桥"），被洪水冲塌。黄姓遂召集众人商议，捐资生
息，积 30 年之久，才得以实施。康熙四十四年（1705 年）八月动工，次年
垛成，复遭洪水，直到雍正三年（1725 年）才大功告成，易名"黄济桥"

（今下东门桥）。清黄梦麟《重修黄济桥记》："继又名黄济，何也？桥始于黄氏，原前人之意，谓垂之奕世，俾我后人，顾名思义，念是先济人利物之举，无使陨坠，遇亏损则葺之，遇缺陷则补之，庶几世济其美。"

黄济桥为五孔石拱桥，长60.7米，宽5.8米，高7米。为旌阳"三桥锁翠"之一。

康熙十八年（1679年）　全县大旱有蝗，3月至8月无雨，田地如焚，野草无遗，三伏愈亢，秋阳倍烈。山田畈田禾豆无不一火可燎，草根树皮皆被人畜食尽，饥民残食人肉。

康熙三十五年（1696年）　改明代监生姚天泽等建的"大学书院"为"储英书院"。

康熙四十年（1701年）　知县夏文炳、教谕张孝扬、训导顾英集众绅士商议，移县内署于西北阜改建文庙。县内捐输二千余金，即"明伦堂"旧址并县署，让地创筑"大成殿"，迁建"明伦堂"于殿左。凡两庑、戟门、棂星门、泮池、暨斋房及名宦乡贤祠，概行改建。考定宫墙位向，坐壬朝丙，内加亥巳，外加子午。

康熙五十五年（1716年）　4月大水，6月至秋大旱，继以虫灾，禾稼几尽。

康熙五十七年（1718年）　6月25日黎明，山蛟并发，水势汹涌，坏城垣道路，溺人畜无数，县城驾虹桥、淳源桥、新桥俱遭冲圮。

雍正九年（1731年）　重修县北康熙五十七年（1718年）蛟毁之新桥。

雍正十年（1733年）　知县纪咸率邑绅士建泮池上石桥、立"德配天地""道冠古今"二坊，照壁一堵。

康熙五十一年（1712年）　朝廷规定，"滋生人丁，永不加赋"。雍正时期，继续推行"摊丁入亩"政策。加之乾隆年间奖励垦种，鼓励开发，闽、赣、浙及池州、安庆等地"棚民"纷纷流入有大片荒坡闲地的旌德，租山垦种。嘉庆年间，入境"棚民"更多。流民入境后，多聚族而居，自成村落，子孙繁衍，人口激增。孙村汪永年生于清初，至160年后的嘉庆年间，其后裔已逾千人。江姓一族除外出经商者外，仅县内就有8万余人，约占当时全县人口的五分之一。道光五年（1825年），全县人口增至44万多人。

咸丰三年（1853年）增至50万人，达到历史最高峰。当时，城乡房舍鳞次栉比，县城几无空地，西门外有幢"铜门屋"，内住100多户；近郊宋姓、汪姓居民都在千户以上；庙首、江村、三溪、大礼村、乔亭、朱旺村等均为千户大村，连仕川深山区也有"千灶万丁"之称。

乾隆二年（1737年）　知县纪咸将县城小东门内兵备道旧署（今旌阳一小）改建为旌阳书院，后因经费缺乏，书院萧条。道光十六年（1836年）邑绅朱琳捐资重修，输田600亩入院，易名"凫山书院"，仍属官办小学。

乾隆八年（1743年）　知县苏一圻、教谕王英，合众绅士议建"尊经阁"，合邑捐资。文昌阁始建于明嘉靖元年（1522年），为木制三层八角式；明万历年间重修，清顺治中再修，雍正年间破败拆除。风水上说，旌德县城地形像"乌龟出洞"，如果让龟出走了，就会带走文运和财气。此外，县城西南方有一座形似"火"的梓山，导致城里经常失火，必须建塔来"定龟"和"镇火"。故"易阁而塔，易木而砖"，乾隆八年（1743年）始建，至乾隆十一年（1746年）十月初二落成。塔身五层八角，高9丈、围7丈2尺，墙厚4尺5寸、塔心空阔1丈3尺，内设阶梯至顶，通计匠工、砖瓦、灰泥、金铁等项，用银2196两。

同年，又仪修"圣殿"，生员方璧自愿输财，命其子蛟（郡庠生）督工。是年冬，从"大成殿"及两庑、斋房、甬道、戟门、泮池、石桥、棂星门、照壁、牌坊，并名宦、乡贤二祠，概行修葺，增砌月台陛石，计费1300余两，三年工成。九年，生员方然遵父禄遗命，捐资千金，改建"崇圣祠""魁星楼""云路门"，阅岁告竣。先是邑中士庶共输三千余金，建"尊经阁"及成；即继创"文昌塔"。一时工役齐举，焕然鼎新，为邑中盛事。

乾隆九年（1744年）　7月，降雨四昼夜，石凫山碜岭蛟起，一巨石飞徙山岗，水暴涨，下冲将军殿，民居尽圮，漂没男女21人。

乾隆十二年（1747年）　夏旱，斗米银三钱。

乾隆十三年（1748年）　十八都戴、刘、朱、吕四族集资于大礼村口建造表灵塔，至乾隆十九年（1754年）竣工。塔身7层，高15丈余，用砖50余万块，耗银5000余两，为县内规模最大的宝塔。清代文学家、书法家赵青藜在《表灵塔记》中说到建塔缘由,是"述形家作用",可占风水、旺村庄,人杰地灵。寓有"砥末俗、挽颓风,进一乡、一邑、一世于隆谷,一如夫塔之回澜障川,用锡嘉名于塔。"意思是盼望当地士子,遵循"三纲、五常"之道和"格致敬诚,修齐治平"的学说,像塔一样岿然屹立。

乾隆十四年(1749 年) 全县 230917 人。

乾隆十六年(1751 年) 自春至冬,大旱二百余天,谷踊贵,民粉稻蒿为食。次年春饥,民不聊生。

乾隆十九年(1754 年) 知县李瑾主修《旌德县志》十卷完稿(今存北京图书馆、上海图书馆、安徽图书馆,本县有复印本)。

乾隆二十四年(1759 年) 废驿站,设递铺。全县有递铺 7 处,铺司、铺兵 33 名,马快 8 名。县城设总铺,县东建桥坑铺,南有南路铺(七里铺),西设榔村铺,北有柳山铺、藁口铺、三溪铺。咸丰三年(1853 年),递铺及铺司、铺兵全部撤销。同治二年(1863 年),旌德设腰站 2 处,后改为步拔铺,有夫差 8 名。

乾隆二十六年(1761 年) 知县张洞率邑绅士重修学宫。

乾隆二十八年(1763 年) 知县张善长支银 5395 两,历时 7 个月又 10 天,对县城城墙进行全面修葺。直至新中国成立初,城垣依然完好无损。

城坊内外 21 条街巷:城内为进坊,县前及南门内为南街,中稍往南为土街(又名隐梅坊),往北至中东门为球场街,又北为江夏街,下东门内为道府前,北门内为里仁街,西门内为西街,小西门内为里巷。

城外为招坊,大东门外过淳源桥为上市街(又名尚文坊),中东门外过架虹桥为中市街,往南为十字街,往北为集贤街(又名聚庆坊),下东门外过黄济桥为殿前。

县治东为栖真巷,上市街东为笃祜巷,中市街东为东巷,十字街东为书升巷,架虹桥东南为九思巷,江夏街西为蕺草巷,上市街南为阳陂巷。

各条街道上总计有 20 余座石牌坊。街道两旁铺面狭窄,店旗相触。3 米宽左右的麻石街面坑坑洼洼,长年累月被独轮车碾磨,一条凹槽顺街蜿蜒,颇具皖南山区明清小城的古朴风貌。

乾隆四十四年(1779 年) 全县 45731 户,293459 人。

乾隆四十六年(1781 年)　　乔亭村刘孝元邀集乡绅捐资修筑春岭古道，并置田十余亩生息，为养路之资。

乾隆五十年(1785 年)　　大旱加蝗灾，5 月至冬无雨，籽粒无收。蝗所过，草无遗。榆蕨殆尽，人相残食，死者十之有四，斗米值足百钱五吊。

乾隆五十六年(1791 年)　　正月，天寒地冻，万木皆死。

乾隆五十七年(1792 年)　　全县 49186 户，376458 人。

乾隆五十九年(1794 年)　　洋川富商谭子文，择其家乡洋（阳）山胜境，创建毓文书院。自行设计，依山势高下曲折建成亭、馆、廊、庑、圃、园等。始于乾隆五十九年（1794 年），落成于嘉庆元年（1796 年）。正屋一堂 7 间三进六厢，楼上下计 37 间。正屋两侧三个梯坡上各排列一进两厢楼，上下 6 套余舍共计 60 间，又在右首花园内建"生云阁""文澜所""适野别境"，楼上下 39 间，共有民舍 136 间，编成 108 个字号。在另一侧造"文星楼"三层宝塔一座，"适意亭"一所，各有游廊互相沟通。园内凿有方、圆池二口。厨房、厕所、浴室、敞厅及院墙、照壁、甬道、栅栏应有尽有。每套房屋都置有桌、椅、床、凳各色器具，统共用银一万零五百两有余。

督学使王绥为书院撰写的碑记中说："是役也，不费公帑，不藉众擎，讲堂巍然，廨舍秩如，有亭有楼，有园有池，墙垣庖湢，以及需用什物，靡不毕具。又置田百七十亩，存生息银四千两，以裕经费，可谓为之勇往而筹之周备者矣。"

谭子文为培育人才，不惜重金聘名师讲学。所聘山长有姓名可考者 22位，其中举人 8 人，进士 14 人（其中状元 1 人），大都不拘学术门户之见，皆系当时学者名流。进士、翰林院编修洪亮吉 1802 年－1805 年主讲书院；状元顾皋 1812 年－1813 年主讲书院；进士、翰林院编修孙原湘 1818 年主讲书院；进士董桂敷 1821 年－1822 年主讲书院；举人包世臣 1844 年－1850 年主讲书院。毓文书院创办后，声誉与日俱增，招致安徽四府一州（宁国、徽州、池州、太平府和广德直隶州）学子纷至沓来。谭子文自己则一日两至书院，以听琅琅读书声为乐，并不时对成绩优异生徒予以褒奖。因此，众生徒"多掇科名以去"。

抗日战争前夕，安徽省图书馆吴景贤在撰写《安徽书院志》《安徽省图书馆沿革考》时，披览了全省宋、元、明、清269所书院的有关记载后，评价说："旌德洋川毓文书院，是乾嘉时代安徽方面的一个大书院……颇能代表一时的学风"，是当时"讲求汉学书院之翘楚"，可补徽州紫阳书院之不足，"与杭州诂经精舍和广州学海堂鼎立媲美"。清政府为褒奖谭子文兴学义举，特赐予五品顶戴。

毓文书院曾刊印洪亮吉编纂的《洋川毓文书院志》8卷和《更生斋集》16卷。包世臣也在此院编撰《安吴四种》。

同治五年（1866年）一场大水，使驰名70年的毓文书院毁于一旦。

嘉庆、道光年间（1796—1851）　"生齿日繁"，市场需求激增。在当时"恤商裕课"政策和徽商的影响下，旌德商业旺盛。嘉庆、道光年间，县城从南门到北门及东门外十字街，店铺鳞次栉比，商贾众多，生意兴隆。三溪镇筏运兴盛，伐工800人，系徽州北面主要水陆商埠，农副产品多在三溪集散。庙首、江村、乔亭、大礼村、杨墅下均为繁华集市。旌德外出经商者众多，《旌川杂志》载，居民"往往经营贸易，散之四方，自京师以及各行省，而以大江南北最多。"道光末年，仅江氏一族设当铺于外埠者就有60余家。以商人为主要成员的旌德同乡会馆遍及南京、扬州、北京、武汉、湖州、玉山、安庆、六安、金寨、芜湖、宣城、屯溪等地。"邑人因商致富"，盈利颇丰，不少人成为巨商大贾。

全县人口达40多万，谷不足食，每年粮食消费半由芜湖、湾沚等地运米以济。咸丰、同治年间（1851—1874），因兵燹和瘟疫，人口锐减，全县仅剩2万余人。此后，随着农业渐次恢复，粮食自给有余。自20世纪以来常有出口，旌德米市，长盛不衰，名著皖南，有"徽州粮仓"之称。

嘉庆元年（1796年）　全县人口48433户，367262人。

嘉庆七年（1802年）　5月，五都株树岭小枝山忽闻雷鸣，訇响数日后，突然山裂数十丈，阔五至七尺不等，深丈余，实属罕见。

嘉庆十年（1805年）　旌德文庙倾颓朽坏，朱旺村贡生呈请独立修建，"自大成殿暨两庑、斋房、丹墀、甬道、戟门、名宦祠、乡贤祠、泮池、石桥、左右二坊、棂星门、照墙，崇圣宫、尊经阁、土地祠、魁星楼、云路门，概行修建齐整"，"规模较旧闳敞，工材倍加壮丽"，计费白银三万多两。重修大成殿时，儒生们认为原先"形势低洼，文星不现，且县署高压，士气不扬"，重建时将基高由八尺提到一丈，殿高由四丈六尺提到五丈六尺。大成殿，长宽均 17 米，占地 289 平方米。基高 3.33 米，殿高 18.66 米，重檐歇山顶。即使是学前余地，学宫也照样设四条戒约进行管理："一学前空地毋得造店，一通邑水沟毋得阻塞，一伺察泮池不得蓄鱼，一看守水闸不许盗决"。

同年，朱旺村朱氏捐银 5100 两重修石壁古道南湾至藁口段。

同年，全县人口 49059 户，373618 人。

嘉庆十一年（1806 年）　知县陈柄德主修《旌德县志》，全志十卷，于嘉庆十三年完稿。

嘉庆十四年（1809 年）　在江苏盛泽镇，徽州府六邑与旌德县共建吴江徽宁会馆。道光十二年，程邦宪撰碑记。

嘉庆二十年（1815 年）　旌德刘廷爵刊刻《宁国府志》。

嘉庆二十三年（1818 年）　旌德旅玉布商在江西玉山创建旌德会馆，原名旌德公所。咸丰同治年间遭兵火被毁，光绪二十六年（1900 年）重修。

道光元年（1821 年）　乔亭村南贺家里文峰塔旁疏凿堃湖，面积 7 亩。嘉庆十五年（1810 年）建文昌阁，"高倚狮峰，俯瞰堃湖，为族人会文之所"（清嘉庆《旌德县志》）。湖光塔影，恰如笔投砚池。泾川人赵如圭题联："拓开诗酒盘桓地，涌出鸢鱼活泼天。"

道光三年（1823 年）　旌德商人在芜湖北廊铺创建芜湖旌德会馆。同治三年（1864 年）迁二街。

道光五年（1825 年）　全县人口 55966 户，447357 人。

道光六年（1826 年）　知县王椿林续修《旌德县志》十卷，并附补遗一卷（旌德存有嘉庆及道光两志民国 14 年合印本。2010 年，已由黄山书社出版点校本）。

咸丰三年（1853 年）　10 月，太平军攻陷舒城，驻守在那里的刑部侍郎吕贤基（旌德人）投水自尽。文宗命其子吕锦文（翰林院侍读）回籍治丧。吕锦文在旌德成立县团练局，各乡设立分局，次年广招预备兵达数万人，募捐筹粮，与太平军抗衡。后设卡徽宁官道老庵，搜刮民财，草菅人命，断绝内外往来，百姓受害惨重，以致掘食死尸，杀人为粮。谚称"旌德人吃人，害在吕锦文"。

咸丰六年(1856年) 太平天国国都天京（今南京）受到清廷江南大营的威胁，翼王石达开率大军由江西出发，兵分三路挺进皖南，直取宁国府（今宣城），以图东援天京。4月26日，翼王三路人马会师太平县。从太平县途经旌太交界黄花岭，受到旌德县令卢铣偕与县团练首领任廷彬、吕烈法数百人堵守岭隘，奋战五昼夜，太平军突破隘口，团练退守三溪南湾石壁山，以护县城。与此同时，县团练首领吕锦文也率人马到东固堵截。太平军取三溪后开往泾县。

咸丰十年(1860年) 正月二十八日（2月19日），太平军匡王赖文鸿部进驻旌德三溪。二十九日，首次攻占旌德县城。二月初四，部分太平军开往绩溪，途中在旺川曹氏支祠宿营，留下一幅攻克旌德县城的壁画，这在太平军驰骋18省攻克大小600多个城市中是少见的遗存。

闰三月初三（4月23日），太平军进入十八都，团首任木灼等率团丁据战于欢喜岭，太平军伤亡8人，任木灼等16人战死。同日，另一支太平军进至孙村、庙首、朱旺村等地，与团练几经恶战，双方都有伤亡。十三日（5月3日），清军总兵江长贵攻陷旌德城，太平军撤出旌德，退往泾县。同年五月初（6月下旬），太平军襄王刘官芳部由淳安经歙县、绩溪进至旌德白沙，知县李辊、乡宦吕锦文带团练堵截，被太平军杀得大败。太平军趁势第二次攻占旌德县城。六月十三日（7月30日），刘官芳部撤离旌德越黄花岭入太平甘棠。

同年九月初九（10月22日），太平军将领赖文鸿部在攻克建平（郎溪）、泾县，并随辅王杨辅清、侍王李世贤攻克宁国府后，率所部第三次攻占旌德县城，并在旌德驻兵一年半之久。

同年，绩溪县石家村人石明谅在旌德县城江夏街开设"石恒春"药店。至民国时，在旌德发展有石恒春、石涵春、石涵春祉记，分号开到芜湖、泾县等地。

同治元年(1862年) 四月初一（4月29日），清廷浙江臬司张云兰从徽州率兵来旌德，用炮火轰塌城墙十余丈，太平军力守不成，退离旌德，旌德又被清军占领。同年十二月初五（1863年1月23日），青阳县被太平军围困，曾国藩飞檄旌德朱品隆部援救。初六日，朱品隆因移军青阳而于撤营时不顾百姓死活，将城内房舍尽行焚毁。同日，太平军奉王古隆贤部乘虚而入，第四次占领旌德县城。

奉王古隆贤占领旌德，襄王刘官芳、匡王赖文鸿等部也于同治二年攻占石台、太平。同年九月十九日（10月30日），古隆贤闻报青阳县被清军攻陷，又闻泾县、宣城一线太平军战事失利，他慑于清军的嚣张攻击，便投书清廷湘军总兵朱品隆，愿献三城，缴械剃发投降。朱转请曾国藩许之。但古隆贤部下，太平县守将天将江会义，旌德守将坐天义、申法喜不愿降清，各率一部于九月二十六日、二十八日先后撤往广德州。九月二十七日（11月8日），泾县清军守将易开俊领兵进至旌德，旌德城内剩下的太平军头领卢旺有、汪民珊等人缴械投降，旌德复被清军朱品隆部占领。

至此，旌德县太平军战事始告平息。

同治三年（1864年）　咸丰、同治年间，清军及地方团练在旌德与太平军争战多年，加上连年旱涝瘟疫，使得田园荒芜，人口流亡，饿殍陈野，旌德人口急剧下降，至同治三年锐减到不足3万人。大村十室九空，小村空无一人，"壮丁存者不及十分之二，老弱妇女百不存一"，商户口百无一存。同治四年后，形势渐趋稳定，外流者陆续返乡，赣、鄂及本省宿松、太湖、无为、巢县、庐江等地一批人先后迁入，使全县人口缓慢回升。光绪三十年（1904年），全县人口39266人。民国十七年（1928年），全县11824户、56401人，户均4.77人。

光绪十年（1884年）　5月，张发志、高一峰骤众起事反清，遭镇压。

光绪二十七年（1901年）　江村改"孝友堂"为"孝子祠"，纪念明代孝子江文昌。孝子祠，始建于明代，坐北朝南，前中后三进，面阔三间，砖木结构，建筑面积620平方米，民宅风格。

注：江添宗，溥之子，字文昌。幼禀至性。父任河南淯川教谕，偶有疾，添宗在家心动神惊，即日装束，千里奔省，相对怡然而愈。驰书与弟文中，敦勉立朝大节。继伯父业，厚有资立，均分昆季，无私。父所欲治家庙、家塾、义冢，克既厥事。临卒，子孙跪请遗训，嘱曰："孝友颜于

堂，是尔曹胸中故物，葆之而已。"（清嘉庆《旌德县志》）

光绪二十八年（1902年）　芜湖邮政总局在泾县、旌德、徽州等处推广邮政。光绪三十三年旌德始设邮政代办。民国元年（1912年）旌德驿铺全撤，公文交邮政代办挂号邮寄。民国六年（1917年）旌德邮局为二等邮局，乙类汇兑局，下设三溪、庙首邮寄代办所，民国十五年（1926年）增设白地代办所。

光绪三十年（1904年）　全县人口39266人。

光绪三十一年（1905年）　旌德人吕佩芬曾奏准朝廷，设立"安徽省铁路公司"，倡修皖赣铁路，计议该路北起芜湖，经湾沚、宣城、宁国、旌德、歙县、屯溪、婺源达景德镇。后因朝政腐败未能如愿。

光绪三十二年（1906年）　知县沈祖懋、邑绅江志伊、江辛等人改县城凫山书院为公立旌阳高等小学堂，是为本县第一所新学。同年，他们又在江村创办公立养正初等小学堂，以及育英女子学堂，学生41人，设男、女两部，其女部名"育英"，开本县女子新学之先例。

光绪三十三年（1907年）　江村江志伊以金陵试馆房租及江姓文会田租为常年经费，在江村创办公立养正初等小学堂，主讲均是名流，经有司考绩，谓为皖南乡学冠。

同年，三溪镇创办公立初等小学堂，学生20人。乡绅吕佩芬在庙首创办私立正蒙初等小学堂，学生25人。光绪三十四年，在乡绅谭薰等人倡导下，下洋谭氏合族创办洋川私立日新初等小学堂，学生40人。各学堂学制高小三年，初小四年，改私塾个别面授为集中听课，以黑板演示。课程除经学外，增设修身、国文、历史、地理、算术、格致、图画、音乐、体操、劳作等。

光绪三十四年（1908年）　旌德始办师范传习所，附设于官立旌阳高等小学堂。民国元年（1912年），并入该校中学班。民国十七年（1928年）创办师范传习所、师范讲习所各一期，培训师资70余人，后停办。民国三十一至三十五年，全县先后3次培训小学师资124名。

6月，芜湖地区西班牙莘神父在旌德地方官绅协助下，在县城大西门内营坎上购置土地，建立"起居院"和圣堂，天主教正式传入旌德。基督教约在 20 世纪 20 年代传入旌德，最早由美国人史密斯夫妇到县境传教，教堂设在县城瑞市姚家田。

宣统元年（1909 年）　旌德开办民众教育宣讲所。

宣统三年（1911 年）　3 月，武昌起义消息传到旌德。一连数日，县城百姓纷纷到北门外等候革命军。11 月，知县汤兆玙逃离县城。县人胡少甫、江渠廷、朱幼辞等人组成"旌德县临时保安会"，公推胡少甫为知县，江、朱两人为保安会正副会长。11 月 21 日全城悬旗，保安会宣布光复旌德，一切权力归保安会。

同年，翰林院庶吉士江村人江志伊从贵州思南知府卸任返乡，任养正学堂校长，目睹学校缺书，影响教学，献出珍藏的经、史、子、集，翰林江希曾捐一部分，名士乡绅捐一部分，集中存放一处，便成为初具规模的图书馆。民国初年，段祺瑞政府安徽省代省长、江村人江汉珊回乡省亲，了解到图书馆藏书很少，回省城后，购买了《四库全书》《万有文库》《四部备要》《二十四史》等图书相赠。嗣后，江村成立文会，文会又陆续购买一批书刊。为管理好图书，文会将图书馆从养正学校分出，成立理事会，确定专人管理，管理员报酬由文会每年拨给稻子 2400 斤。民国二十二年（1933 年），文会有图书 5600 册，后因战乱和管理不善，损失殆尽。

清末民初　旌德民间借贷早已盛行，有现金、稻谷、典当（当铺、质库）及摇会几种，除摇会属互助性质不计利息外，其余多为高利贷。清末民初现金借贷，一般按月利率 3 分计息。抗日战争前农村现金借贷，一般贷期 1 年，年息 2 分；以后渐升，最高达月息 5 分，均为复利计算，常利大于本。民国三十七年（1948 年）后，因法币贬值，借贷暂停。民国时期稻谷借贷，一般在青黄不接时借谷 100 市斤，秋收时还 130~150 市斤。利高者借一还二，甚至二倍以上。

中华民国

民国元年（1912 年）　1 月，废府留县，旌德县直属安徽省管辖。民国三年（1914 年）6 月，旌德县属安徽省芜湖道。民国二十一年（1932 年）6 月，行首席县长制，旌德县属宣城首席县长所辖。同年 10 月成立行政督察区，旌德县属安徽省第九行政督察区。民国二十七年（1938年）改属第十行政督察区。同年10月，旌德县直属皖南区署。民国二十九年8月改属第七行政督察区。

民国元年（1912年）　朱旺、三都、仕川、板桥等乡相继创办小学堂。旌阳官立高等小学堂与旌德师范传习所合并成立旌阳中小学堂，设有中学班，为旌德中学教育发端。不久，中学班撤销，改设县立高等小学。民国初年，学堂改称学校。

民国四年（1915年）　县公署当众焚烧收缴的鸦片烟土，以示禁烟。

民国五年（1916年）　5月，县公署为强化防务，停发全县官办学务经费，将学款挪作军防之用。

民国六年（1917年）　2月22日，县公署召开各界绅商会议，成立旌德县公益维持分会，会长汪培栋。

民国七年（1918年）　民国期间，国民政府明令废塾兴校。10月，县公署检查全县90余所私塾改良情况，收效甚微。

民国八年（1919年）　5月，旌阳高等小学师生罢课游行，上街散发传单，通电声援北京五四运动。6月，县手工业工人、店铺职员及市民纷纷抵制洋货，提出"不买日货，不卖日货"。

民国九年（1920年）　5月，旌德成立检定小学教员办事处，对全县小学教员进行业绩检定。

下半年，在宣城省立第四师范学校读书的旌德籍学生梅大栋、谭梓生等人，利用寒假回县进行社会调查，传播进步思想。

民国十年（1921年）　6月，宣城省立第四师范学校教员恽代英，带领梅大栋等9名学生往黄山进行社会调查，途中在三溪逗留，并召集进步青年宣传革命思想。

同年，县立高等小学成立童子军。

民国十一年（1922年）　夏，梅大栋从宣城省立第四师范学校回到旌德三都龙川小学任教，积极与进步青年接触，秘密宣传革命思想。

民国十二年（1923年）　11月，经恽代英介绍，梅大栋赴江西安源路矿职工子弟学校任教，并于次年加入中国共产党，成为第一个旌德籍中共党员。

民国十三年(1924 年)　7 月，旌德全县进行入学儿童调查统计，入学男童 1890 人，女童 179 人。

同年，外地影商首次在县城下东门小学操场（今旌阳一小）放映无声影片《火烧红莲寺》。

民国十四年(1925 年)　8 月 24 日，三溪王缩天当选为"国大"代表。秋天，江西安源发生"九·三"惨案，党组织遭军阀破坏。梅大栋奉调回安徽，带回一尊马克思银像到旌德开展革命活动。

马克思银质半身胸像（今为国家一级文物），高 15.5 厘米，重 250 克，纯银空心浇铸。底座正面铸有俄文"卡尔·马克思"，下方有俄文"第六号·莫斯科铸造"字样。

梅大栋回到家乡三都梅村（今版书镇龙川村），与芜湖团地委派来的中共党员曹宣天效法安源创办农民补习学校，以教农民读书识字为名，宣传革命思想。11 月，经梅大栋、曹宣天介绍，梅大梁、王士桢、朱观发、朱明林、朱甲、程朝干、张照谟等 7 名在校学员加入党组织，建立中国共产党三都补习学校支部，梅大栋、曹宣天为支部负责人，支部隶属中共中央局领导。这是皖南地区第一个党支部，也是安徽较早的支部之一。党组织建立后，广泛发动群众，组织工会和农民协会，开展革命活动。11 月 25 日（农历十月初十），趁县城庙会之机，党支部组织学员 40 多人进城游行，高唱"八平歌""农夫四季歌"等革命歌曲，宣传群众，被县当局视为"赤化"。1926 年 3 月，学校被查封。党支部转至县城，以开办"辅仁书店"作掩护，秘密传送和暗售《共产党宣言》和《新青年》等革命书刊，传播革命思想。并先后在县城、仕川、三溪、洋川发展党员 20 人。

1926 年 11 月，梅大栋前往武昌任共青团湖北省委秘书。"四一二"反革命政变后，他由武昌调往芜湖任工会筹备委员；1927 年 9 月，再次回旌德恢复党组织，并组织皖南农民秋收暴动。因事机泄露，于 1928 年 11 月 18 日，他与胞弟梅大梁等 11 人被捕入狱。梅大栋被判死刑，12 月初越狱逃离，梅大梁遭杀害。

民国十五年(1926 年)　5 月，梅大梁、汪守仁等一批共产党员，根据中共第三次全国代表大会精神，以个人名义加入国民党，并在仕川成立旌德县第一个国民党独立区分部，11 名中共党员以个人名义加入国民党。6月，全县各乡相继建立了国民党组织，共有国民党员近 200 人。县城、朱旺、十五都为第一区党部，仕川独立区分部改为第二区党部，三都龙川一带为第三区党部，西乡下洋一带为第四区党部，每个区党部下设 3 个区分部。同时成立了县党部筹备委员会，负责人有梅大栋、汪君实、梅大梁等。

同年初秋，中共安庆特别支部地方执行委员会委员、国民党安徽省党部秘书长柯庆施来旌巡视，在县城辅仁书店秘密召开部分中共党员会议。会后，柯庆施到仕川视察农民运动。

11 月，梅大栋、谭梓生、王廷甫、冯庆炼、喻世良、张昭模、朱良桐、谭楚元、吴越、芮良、谭建羽、王瘦之等数十名中共党员及青年相继离旌，赴武汉国民党安徽省党部农民干部训练班、中央农民运动讲习所及江西等地受训。

同年，中共旌德三都补习学校支部，为扩大宣传和掩护地下党的活动，邀股集资 80 元，在县城创办辅仁书店，并在三溪、下洋设立分店。1927 年"四一二"反革命政变后，书店停业。

民国十六年（1927 年） 2 月，北伐军途经旌德，国民党组织公开活动，正式成立中国国民党安徽省旌德县党部。县党部执行委员有谭梓生、梅大栋、王廷甫、汪君实、伍常洲等。3 月，谭笑萍、梅树基、谭涵宇、喻世良 4 人被选举为代表出席国民党安徽省第一次代表大会。

3 月 3 日，北伐军至。国民革命军第二军第六师政治部主任萧劲光委派共产党员谭梓生（旌德洋川人）为县长，废县公署，成立国共合作的旌德县政府。

3 月 5 日上午 10 时许，北伐军一连士兵由绩溪抵达旌德县城。8 日，由北伐军主持，在县城张家坦召开斗争土豪劣绅群众大会，会后举行游行。9日县长谭梓生正式接印视事。县政府积极支持工、农、青、妇运动，打击土豪劣绅，捣毁盐卡，百姓称谭梓生为"草鞋县长"。

同月，成立旌德县农会，负责人王廷甫、程朝干等。

3 月下旬，驻芜湖军阀王普委派三溪王缩天为旌德县长。4 月 15 日，王缩天带领 40 余人进城接任，被 1000 多名群众阻拦于北门外。仕川农民自卫军数十人也携带武器赶赴县城抗议，致使王缩天接任未成，缩回三溪。

4 月中旬，中共党员程朝干带领百余名群众攻打版书盐卡。

4 月下旬，"四一二"反革命政变后的险恶形势波及旌德。29 日，县长谭梓生为保存革命力量，被迫离任，带领 10 余名共产党员转移武汉。30 日，省政府派来唐绍尧继任县长，半个月内，朱甲、王观明等 80 多名共产党员和群众被捕关押。

5 月上旬，俞村、仕川、朱旺、孙村等乡秘密组织起 800 多人的农民自卫军。西乡方面派党的特派员王廷甫和程朝干到仕川，积极联络各乡，营救被拘捕的同志，支持恢复新政权。王廷甫、程朝干等在仕川秘密会商，决定 5 月 16 日拂晓（农历四月十五），联合旌德三都、二都、十五都以及西乡各地农民自卫军，一举攻下旌德城，营救被捕的同志后，立即进军绩溪并向屯溪挺进，与武汉北伐大军会师。决定由王廷甫为攻城总指挥，先潜伏在城内，相机联络各路人马；并决定程朝干负责西乡片，喻乾林、吕贡南负责东乡片，喻运火、汪守仁负责仕川片。以仕川为主力，打出"旌德第二区农民自卫军"大旗，会合一、三、四、五各区届时首先出击。经过十多天的准备，仕川农民自卫军除有土枪、步枪六七十支外，又从宁国下中川借来两门檀树土炮，以壮军威。没有枪的人则以马刀、大刀、长矛、铁尺、虎叉为武器，大家磨刀擦枪，群情激昂。

5 月 15 日晚饭后，农民自卫军在仕川喻氏支祠集合，他们提出："打土豪、分田地！拥护谭梓生再当县长！"等口号，108 人浩浩荡荡向县城出发。黎明时分，队伍到达旌德城下东门瑞市桥。由于是仓促凑成的队伍，素未训练，缺乏临阵实战经验。队伍刚到时，既未取得各方联络，又未按照原来部署寻求统一指挥，动手便鸣枪开火。其他各路自卫军因错传时间，均未能及时赶到。城里的攻城农民自卫军指挥部，由于组织不纯，泄露机密，攻城总指挥王廷甫等 7 人被捕。城里早已防备，除了本县反动武装外，还有绩溪新县长上任路过旌德，随行卫兵也参与作战。加上西、北乡 700 多名自卫军未及时接应，战斗持续一小时后，攻城失利。第二天，暴动总指挥王廷甫、朱甲、宋奎元等 13 人被害于东门外，暴动失败。

7月，旌德县公安局和三溪公安局建立。

8月，在中共安徽省临时执行委员会的领导下，中共旌德特别支部于白地洋川成立，下设7个党小组，党员32人，书记谭笑萍。

民国十七年（1928年）　7月，中共旌德特别支部在洋川召开党义研究会第一次会议，11名中共党员出席，商讨了组织发展和开展民众运动问题，成立了旌德县平民教育事业促进会，发动教育界进步师生，同反动教育局长江养吾进行斗争，以夺取教育的领导权。

8月，废芜湖道，旌德县直属安徽省。

11月18日，梅大栋、梅大梁、谭笑萍、梅树基等10余名共产党员和进步人士被县政府逮捕，教育促进会被迫解散。12月2日，梅大栋越狱逃离旌德。10日，19岁的梅大梁被杀害于城东水关门外。

同年，全县人口11824户、56401人。

民国十八年（1929年）　7月2日，旌德县公共体育场于县城东门外破土动工，500余名各界人士参加动工仪式。

8月，国民党旌德县执行监督委员会成立，江植之、李铃等人当选为负责人。

12月，湖北旅旌同乡会在旌德县城成立，会员462人。

同年，旌德早期共产党员吴越，组织进步青年、学生10余人，在县城南门吕家祠堂首次演出话剧，剧情为妇女争取婚姻自主，实行男女平等，时称"文明戏"。

民国十八—二十七年（1929—1938）　县城每年举行"双十节"（民国国庆节）提灯会，10月10日晚上，县民手擎篾扎纸糊的各式提灯上街游行，提灯造型别致，工艺精巧，形式多为人物、鸟兽之类。民国三十四年（1945年）"双十节"提灯会上的"大刀砍向鬼子""鬼子投降了"等提灯造型逼真。提灯会还伴有舞龙灯、狮子舞和踩高跷等民间游艺活动。

民国十九年（1930年）　8月，谭梓生带领谭铁肩、谭冰瓯去上海向党组织汇报工作，在四马路中华旅社被捕，旋即押解南京。9月30日，3人同时在南京雨花台遇难。

同年，创建旌德县民众教育馆。

民国二十年(1931 年)　春，皖西暴动后，一批共产党员转移到旌德
西乡。

4 月，徽州旅旌同乡会在县城成立，会员 3018 人。

10 月，国民党当局成立县"清乡局"，实行"连坐法"。

冬，中共宣城特委组织发展到旌德洪川，建立了中共旌德区委，负责
人吕大有等 3 人，下辖 5 个支部，党员 20 余人。同时建立了共青团旌德支
部。1933 年，宣城特委遭破坏后，旌德区委随之消失。

年底，共产党员方茂训从江西来到旌德东乡仕川，以做裁缝为名进行
革命活动，发展党员 28 人。1934 年 8 月，建立中共仕川支部。同年冬，方
茂训又与汪德兴在乔安（今乔亭）一带活动，建立了青龙山、乔安、米圩 3
个支部，共有党员 120 余人。随即在乔安成立了中共旌德区委，负责人方茂
训、汪德兴、杨云山，隶属中共泾旌宁宣中心县委领导，同时建立了农会。
1935 年 4 月，仕川支部遭破坏，方茂训、汪德兴离开旌德。1936 年 3 月，
杨云山叛变，区委和农会组织遭破坏。

同年，旌德各地修建积谷仓。民国二十三年（1934 年），全县有县、
区、乡积谷仓 79 所，储谷 2490 吨。民国二十九年，全县有县仓 1 所、乡
（镇）仓 18 所，储谷 900 余吨。民国三十一至三十三年（1942—1944），随
着田赋征实（缴纳实物），全县设有收纳仓、集中仓、聚点仓 79 所，积谷
3000 多吨。民国三十六年仅积谷 1100 余吨。

民国二十一年(1932 年)　3 月，中共旌德县委在西乡江村成立，谭笑
萍任书记，下辖洋川、白地、洪川、庙首、板桥、江村 6 个支部，共有党员
120 多人。同时，成立以程宝三为主席的苏维埃政府及农会等群众组织。

同月，许普澍等人合股开办的私营光明电灯碾米股份有限公司开始发
电，有德制 24 马力柴油发电机组一台，月发电 800～1000 度，县城部分店
铺和居民安装电灯 300 盏，旌德从此始有电力加工的电灯照明。

6 月，全省推行首席县长制，旌德县属宣城首席县长管辖。10 月，该
制度废除，恢复原制，旌德县改属安徽省第九行政督察区。

民国二十二年(1933 年)　2 月，成立旌德县民众教育馆，内设问字、
通俗讲演、健康、游戏、数学、阅览等 6 处。1949 年 6 月，旌德县人民政

府接管民众教育馆，改称旌德县人民教育馆。

3月3日，县保安队勾结帮会头目发动兵变，县城内外从早到晚枪声四起，百姓惊恐万状，县长陈立本惊逃。晚10时许，骚乱渐止，兵匪离城向东而去。

4月，因保安队哗变，陈立本被省府撤职查办。军人彭树煌接任县长，下令捕杀20多名无辜群众。

秋，原在泾县活动的高显潮等人来旌德大礼村、王家庄活动，以办私塾作掩护，秘密发展党员。

同年，旌德县与泾县合并成立国民党泾、旌县党部，不久又分开。

同年，全县人口56070人。

民国二十三年（1934年） 2月，中共大礼村区委成立，高显潮（太湖人）任区委书记。下辖黄山岗、留村、里塘3个支部，发展党员38人。同时成立了农抗会，对外称"土地会"，领导农民进行抗租、抗债斗争。

5月下旬，中共大礼村区委计划组织农民举行"六一"暴动，因叛徒告密而失败。10余人被捕，数人遇难，党组织遭破坏，高显潮被迫离开旌德。

夏秋间，全县大旱，11万多亩田地受灾，3万多人受饥。

11月初，寻淮洲领导的红七军与方志敏领导的红十军，在江西苏区合编为红十军团，下设十九师、二十师、二十一师，组成中国工农红军北上抗日先遣队。由方志敏、刘畴西、寻淮洲、粟裕、刘英等同志领导，方志敏同志任总指挥。11月18日，从江西玉山和德兴出发，挥师北上，挺进皖南。由寻淮洲领导的十九师约4000余人，经常山、上坊、分水、歙县、绩溪，12月5日到达旌德白沙会师。旌德县长彭树煌慌忙召集会议商量对策。他们派了十几名自卫队去白沙五里亭阻挡，又下令紧闭城门，并派卫队到城楼把守。去五里亭的自卫队还没和红军照面，就向梓山跑了。6日上午10时，红军抵达中市桥。城楼上的自卫队慌忙向城下打了一阵枪。红军立即架起机枪还击，并掩护战士迅速架起云梯。守城的自卫队见来势凶猛，立即弃城逃之夭夭。部分红军攻进城后，大开城门。大部队冲了进去，冲入县政府，释放了68名"政治犯"及无辜群众，逮捕了典狱员、贩卖人口的地保、恶霸地主及美国传教士，没收了大地主兼工商业德裕号的布匹和财物、恒丰米店的大米分给穷苦百姓。12月7日，红军在旌阳小学召开全体士兵大会。第二天从县城出发，向蔡家桥、庙首前进。12月9日，红军在庙首大街上向群众宣传抗日救国的道理，将没收土豪劣绅的东西分给劳苦大众，并处决了美国传教士。红军还在板桥和下洋镇压了作恶多端的地主。经过旌德的红军十九师，12月10日，与方志敏总部及二十师、二十一师在汤口会师。部队在汤口休整了两天，成立了以方志敏为主席、以刘畴西等5人组成的军政委员会，这是闽、浙、皖、赣及先遣队行动区域党政军领导机关。对这支红军队伍，蒋介石不断派飞机侦察，调集重兵围追堵截，企图把红军消灭在黄山脚下。12月13日，红军部队到谭家桥时，与国民党军队发生激战。15日，红军从谭家桥折回旌德。在与国民党军激战时，部分红军阵亡，寻淮洲身负重伤，几天后向泾县转移途中，不幸牺牲。牺牲的同志就葬在高家岭胡家村，群众称之为"红军坟"。

同年，国民党当局为施行反共教育，在白沙村、朱旺村、大礼村、白地村、庙首村创办5所"中山民众学校"，设儿童班、成人班、妇女班等，共有学生591人。

同年底，南京国民党特工总部派卢黄慕仁到旌德，成立"肃反"专员办事处。

同年，全县人口12744户，54337人。

民国二十四年（1935年）　1月，中共泾旌宁宣中心县委成立，书记洪维慕；同时成立中共旌德区委，负责人方茂训、汪德兴、杨云山。

3月，设立旌德县长途电话管理处。民国二十七年（1938年）旌德始办电信局，后相继改称电报收发处、电报局、电信营业处、电信代办所、乙类电信营业处等。抗日战争期间，旌德县邮局与安徽省局失去联系，民国二十七年由江西省邮政管理局暂行接管，次年转由浙江省邮政管理局办事处管辖，直至民国三十四年（1945年）12月划回安徽。

9月，旌德与皖南各县实行军事联防，大肆搜捕红军游击队。

国民政府为推行义务教育，在各联保设立短期小学，经费由省政府在义务教育专款内列支。民国二十四年（1935年），省指令旌德开办短期小学15所，当年仅办11所，各机关、学校奉命附设"短小"班10处。

同年，旌德创办各类合作社。初以信用社为主，以后逐渐发展有生产、供销、贩运、消费等合作社，经营形式有长期固定性、季节性、单一或综合经营多种。民国二十八年（1939 年），全县共有合作社 54 个，社员 2330 人，股金 8457 元（法币）。民国三十二年（1943 年），经整顿改组后，有乡镇社 11 个，保社 56 个，专营社 4 个，7696 股，股金 48887 元，并向屯溪农民银行贷款 9871 元。三溪社规模最大，有社员 50 多人。1949 年 7 月，旌德县成立县合作总社。

民国二十五年（1936 年）　1 月，皖中八县旅旌同乡会成立，会员 200 余人。

3 月，中共旌德区委负责人杨云山叛变，致使旌德区委及农会遭到破坏。

4 月，国民党中央研究院派许杰等人来旌调查地质状况。

同年，县城东门外建立公共体育场，面积约 4000 平方米，有 400 米跑道 1 条。

民国二十六年（1937 年）　4 月，旌阳高等小学堂全体师生罢课，抗议县自卫队士兵殴打该校教师。

7 月，安徽地方银行（后改称安徽省银行）在旌德建立办事处，经营存、放、汇款业务，代理省县金库，接受省内有关贸易公司的委托，收购蚕丝、桐油、烟叶，并代理屯溪中央银行收兑金银，直到解放。民国三十六年（1947 年）1 月，官商合营的旌德县银行正式开业，注册资金 1000 万元，实收股金 113.45 万元，官商各半。

11 月，广德沦陷，大批国民党军队退至旌德。

12 月 10 日，以共产党员为核心的抗日群众组织——旌德县抗日战地服务团成立，下设话剧、歌咏、墙画、讲演、报刊等 10 个组，有 400 多名青年积极参加服务团活动，编辑印发《抗战壁报》。

同年冬，新四军政治部派员到三溪举办抗战训练班，县内外不少进步青年踊跃参加训练。三溪小学师生和进步知识分子 60 余人组成"抗日救亡话剧团"，于四乡巡回公演抗日剧目。

抗日战争前夕，全县有较大商户 150 余家，总资本 14 万多元（法币），年营业额 70 多万元。抗战期间，县城有 33 个行业、167 家商店，资本在万元以上的有德裕、协成昌、刘天泰、春和顺、仁和祥、正和 6 家，百年老店有乾泰昌杂货店，有裕民、正丰、恒丰等 20 家米店，药店有石恒春、石涵春等 5 家，油坊 2 家，酱坊 3 家，布店 12 家。三溪有大小店坊近 200 家。抗战后，连年内战，通货膨胀，旌德商业每况愈下，1949 年，全县仅有商店、摊贩 320 余户。

同年，全县人口 12238 户，60254 人。

民国二十七年(1938 年)　3 月 1 日，旌德县战地服务团宣传队在县城首次公演抗日剧目，观众近千人。

同月，宁属六县联立中学由宣城迁至旌德县江村。宁属六县邑公立初级中学（1936 年改名宁属六县联立初级中学），是 1923 年由原宁国府属的 6 个县（宣城、宁国、南陵、泾县、旌德、太平）统一集资筹办的。校址设在宣城小东门十八踏上坡的晚清游击署内，即后来的府山头南边的奉公街，利用"六农"（即安徽省立第六农业学校）原有的校舍。当时校长是旌德县江村人江康世（毕业于南京中央大学政治系，曾在芜湖五中任教导主任、政治教员），学校经费主要有 6 县的津贴费、学田租息收入、学杂费收入和少量省府教育补贴费等。1937 年 11 月 26 日宣城遭日机轰炸，学校停课。次年迁往江村后，改名为"宁属联立中学旌德分校"，简称"联中"。学校利用江氏祠堂作礼堂、饭厅和宿舍。有初中 3 个班，学生 134 名，连当年增设的高一班学生共 250 名。以后班级逐年扩设，至 1940 年上半年有 17 个班、829 名学生，除本省 20 多县学子，还有苏、浙、鄂、冀、粤、京、沪等省市及华侨。

这所战时皖南最大的后方中学，辟用了 30 多幢祠堂寺庙、祖屋以及庭院作教室，还租用了私宅。体育场有 4 处，教具 6000 多件，图书 800 多册，挂图 60 种，仪器 50 件，化学药品 50 种，体育用具 106 件，卫生用具 131 件，布置用具 880 件，钢琴 1 架。首任教导主任江强世，先后任教教员有俞幼龄、陈慕平、王秉珪、吕安康（女）、陈在平（希权）、彭兹浩、茆鲁荪、苏拎云、张礼堂、刘器庵、江佩声、沈汉、林中鸟、姚星华、吴锡瑞、周崇仁、朱光纯等。

江村在泾县之南，是新四军的活动范围，共产党员翟慕颐、沈子勤夫妇及刘贻谋均在分校任教，在他们的影响下，很多青年学生和教员参加了青抗会、妇抗会。翟慕颐等还组织青年教员在泾县茂林镇创设了生活书站，发售《抗敌报》《社会发展史》等进步书刊，并兴办《联中晨报》；同时学生中设立自治会，包括话剧团、平（京）剧团、歌咏队、国乐队、西乐队等，宣传抗日，极大地鼓舞了群众。还募捐寒衣、药品等分送给前方战士和难胞，并向前方将士写了大批慰问信。此外，联中还成立了军训团，有教官1名（中校或少校衔）、助理教官1～2名（上尉或中尉衔）。军训团下设大队、中队、分队，一个班级为一个中队，分为2～3个分队。共有步枪28支、子弹千发，每周两节军训课，晴天上操，雨天授"步兵操典"，周末下午会操。男生一律剃光头、女生剪短发，穿黑制服（老布制作）、打绑腿、束皮带，胸佩有姓名的布符号，臂佩有"联中"二字的布臂章，实行严格的军事化。至1945年8月抗战胜利，联中江村8年，初中毕业生10届、高中毕业生6届，先后有学生8000人就读。

联中本部设于旌德山区，为方便宁属几县学生就近求学，抗战期间又分别在宣城、泾县、宁国办了3所分校。民国三十五年（1946年）联中复迁返宣城。

4月，全县收容难民1542人。

7月，5日、6日，县境上空发现日军飞机9架（次），居民惶恐不安。7日，县城各机关团体联合召开"七七"事变一周年纪念大会。会后，举行抗日阵亡将士、死难民众纪念碑奠基典礼和游行活动。

8月13日，县城市民近百人举行火炬游行，纪念上海"八一三"事变一周年。

9月，全县组织30多名进步青年赴泾县新四军军部培训。冬，部分受训青年回县。

11月，县赈济会用救济款购置纺车、织机在城内张氏宗祠设旌德县难民救济纺织厂（俗称"难民纺织厂"），职工29人，生产花平布、毛巾、粗细土布等。

同年冬，在下洋组织建立旌德县抗日民族解放先锋队，有队员一百多人。同时，新四军还派金荣（又名刘英）到旌德榔坑、大礼村一带开展建党等工作。

同年，县救济支会为解决入境难童就学，在县立凫山小学附设难童读书班，招生 50 余名。由于难民日增，民国二十九年（1940 年）又在县城中市桥头设难童小学 1 所，教师 2 名，学生 66 人。民国三十年改称"义童学校"，7 月 29 日学校遭日机轰炸，教师巴庆禧遇难，校长谭倩受伤。

民国二十八年(1939 年)　1 月，县妇女抗敌协会和文化抗敌协会先后成立，会员分别为 251 人与 40 人。

同月，中共旌德县工作委员会在白地洋川成立，书记谭笑萍，隶属中共皖南特委领导，下设东、西、北乡三个区委会。

2 月，旌德县农民抗敌协会成立，会员 88 人。

4 月，中共皖南特委在延岭建立旌泾边区县委，书记金荣，下辖延岭、大礼村、三溪 3 个区委会，共有党员 117 人。

5 月，旌德县商民抗敌协会成立，会员 95 人。同月，旌德县文化抗敌协会印发《抗敌五日刊》。

7 月，皖南特委在太平县建立旌太石中心县委，旌德工委改为旌德中心区委，书记戴一海，仍辖东、西、北乡 3 个区委会。

11 月，旌德县工人抗敌协会成立，会员 124 人。

民国期间，旌德鸦片烟毒流行。民国二十八年（1939 年），县内有土膏（鸦片烟）店 5 个，烟民 721 人。

同年，全县人口 13746 户，62806 人。

民国二十九年(1940 年)　1 月，中共皖南特委派胡明来旌德，恢复中共旌德县委，胡明任书记，下辖下洋、白地、板桥 3 个区委会，中心区委同时撤销。

2 月，西班牙、美国、加拿大 3 国的天主教、基督教传教士来旌德进行传教活动。

3 月，旌德诊疗所成立。次月，中医王季明办旌德县中医诊所。民国时期，全县最多时有中医 80 人，西医寥寥无几。次年春，县诊疗所改为县卫生院。民国三十七年（1948 年），县城天主教堂设诊所。1949 年，旌德县内个体行医及药铺共 37 家。

抗战时期，省政府决定每县创办 1 所省立临时小学，以解决战时失学儿童的就学困难。4 月，省立旌德临时小学在乔亭村刘氏宗祠成立，教师 6 人，事务员 1 人，学生 96 人，后增至 240 人。民国三十年（1941 年）下半年，学校奉令撤销，改为乔安乡示范中心国民学校，经费仍由省发。同月，为防避日军飞机空袭，县城进行人口疏散。

7 月，旌德县成立抗日军运代办所，配有骡子 270 头，手推车 360 部、运夫 900 名。

8 月，各乡均成立"救荒委员会"，开展抗旱救荒运动。

10 月，400 多名外地难民联名抗议旌德县政府停发供养。

11 月，旌德、绩溪两县在古道基础上，动工合修三溪至绩溪手车道，全长 50 千米。

12 月，国民党陆军第 40 师驻防旌德。同月，中共皖南特委于王家庄秘密建立泾旌太中心县委，胡明兼书记，下辖旌德、泾县、太平 3 个县委。中共旌德县委和旌泾边区委下辖 6 个区委会，17 个支部，共有党员 300 多人。

同年，私营旌德示范绸厂建成。次年改组为省营第二纺织厂，为当时县内规模最大企业，有职工 230 人，织机 40 台，缫车 12 部，扬返车 8 部，年产绸 2500 匹，营业总额 2000 万元（旧币）。

民国三十年(1941 年)　1 月 4 日，国民党陆军第 40 师进驻三溪乡。

1 月 5 日，国民党第 32 集团军前方指挥所与国民党第 62 师进驻旌德县城。是日上午，驻三溪的 40 师进攻泾县新四军，"皖南事变"爆发。

1 月 7 日，驻三溪 40 师再度向榧岭东麓新四军阵地进攻。

1 月中、下旬，"皖南事变"后，驻旌国民党军队纠集地方武装大肆搜捕新四军官兵。旌德县共产党组织遭受严重破坏，旌、泾边区县委被特务混入，遭国民党行动队破坏。旌泾太中心县委被迫转移到黄高峰狮子洞，组建了游击队，领导皖南人民开展革命武装斗争。

2 月，国民党陆军第 63 师开往三溪、榔坑、小河里一带搜捕新四军游击队。

3 月，县自卫队在王家庄捕押共产党员、群众 42 人，数人遭杀害。

4月15日，泾、旌、宁三县国民党地方武装统一行动，围捕各县新四军失散人员。同月，县当局搜剿新四军突围人员时，在西乡捕获原新四军军部副官处副官刘厚总（化名李正华）。刘为邀功，供认自己在"皖南事变"突围中枪杀了副军长项英。

5月初，中共旌泾太中心县委在泾、旌边界朱家坑组建了"皖南事变"后第一支游击队，由13人组成，队长刘奎，指导员李建春。

7月9日深夜，刘奎带领旌泾太中心县委游击队从碧云庵出发，凌晨1点，将设在吕氏宗祠内的庙首乡公所一网打尽，释放了关押在乡公所里的50名壮丁。缴获步枪7支、手榴弹10余枚、子弹200发、电话机一部，打胜了"皖南事变"后第一仗。

7月29日，上午8点40分左右，6架日军飞机，排成两个"品"字形向旌德县城实施轰炸，而后朝东北方向扬长而去。据目击者反映，旌德城内外共落炸弹12枚：中东门桥3枚（桥上1枚，河埠2枚），章永昌酱园、中东门桥东各2枚，汪金有店隔壁、陈金望澡堂后院、鲍其刚后院、国民党县政府后院右侧各1枚，还有1枚落在城外未爆炸。炸死无辜百姓43人（男24人，女11人，儿童8人），伤74人（男32人，女27人，儿童15人），炸毁民房116间。财产损失15137500元。

9月，国民党陆军第63师"围剿"王家庄，搜捕共产党员和群众36人，枪杀3人。

10月，中共旌德县委改建为旌绩县委，唐辉任书记。同月，旌泾太县委游击队智取兴隆乡公所，缴获步枪7支、子弹数百发。

11月，县政府于县城旌阳小学操场动工建造"忠烈祠"，耗资4万余元，次年竣工。民国三十二年（1943年）1月，举行抗日阵亡将士牌位入祠典礼，入祠牌位共22个。

同年，绩溪上庄胡适夫人江冬秀回旌德江村探亲时，捐银洋1000元修杨桃岭古道。

民国三十一年（1942年）　2月，国民党第三战区司令长官上官云相纠集泾、旌、太、绩、歙5县自卫队和国民党陆军第52师、144师、145师各一团共4000余人，计划"三个月彻底肃清"皖南各县中共游击队。2月底，洪林游击队缴获了敌人全部清剿计划文件，使上官云相的"剿共"计划毁于一旦。

5月1日，国民党县党部主办的《旌德导报》创刊。同月，中共旌、绩县委转移至绩溪县四都翚溪、上横路等地。

6月，旌德县度量衡检定所颁发《旌德县度量衡检定办法》，规定全县一律使用度量衡新器具。

民国三十二年（1943年）　5月，全县小学暨民众联合田径运动会开幕，参赛运动员300多人。

6月，县政府在瑞市桥跑马场建立旌德县农林场，内设农作物、园艺、畜牧3个部，置田地40亩。1946年停办。

8月，旌德县在县城下东门开办县立初级中学，设一、二年级两个班，学生88人，教职工9人。次年，增设简易师范班。民国三十四年（1945年）至解放，学校一直保持4个普通班和2个简师班。

10月，中共旌绩县委扩大为旌绩歙宁宣边县委，书记仍由唐辉担任；同时建立了旌绩宁工委，在旌德蓬川、庄里、钱山塘、唐川等地建立了党支部。

同年，全县人口13365户，63741人。

民国三十三年（1944年）　2月，县党部、县政府联合成立旌德县党政办事处，接着全县各乡镇相继建立乡民代表会。

3月，第三届县国民党党员代表大会召开，穆警予当选为县党部书记长。

8月，旌德县临时参议会成立。

10月，旌德"皖南第二纺织工厂"组织流动陈列展览团，巡回于皖南各县，展销纺织产品。

同月，恢复中共旌绩县委。

民国三十四年（1945年）　1月，宣、广、郎、繁、南、泾、旌、歙、太、绩10县国民党党政要员、调查专员、地方国民兵团正副团长，聚集旌德县城明伦堂举行皖南党政军联席会议，部署"剿共"事宜。同月，省示范农场由泾县迁至三溪，并设办事处，办理中央布置的农业实验和各项农技推广事务。

3月，全县首次发放国民身份证。同月，江苏国民党保安六团进驻三溪乡和兴仁乡。

4月，旌、绩、歙、太4县县长于白地举行联席会议，成立4县特种区署，强化"剿匪"事宜。

5月28日，县城同泰号商店失火，烧毁相邻店铺30余间，经济损失300多万元（法币）。同月，国民党陆军第52师300余人进剿王家庄、五百坦、钱山塘等村，烧毁民房20多间，逮捕群众数十人。

10月，县城数百民众举行"提灯会"，庆祝抗战胜利。

同年，全县人口10075户，54393人。

民国三十五年（1946年）　1月，三民主义青年团安徽支团旌德分团部成立，下设9个区分队，发展三青团员306人。

4月，旌德县司法处成立。同月，国民党第15师、162师联合"围剿"旌、绩、歙游击区。

6月，旌德县参议会召开首届一次会议，戴光宇当选为参议长。同月，皖南游击队60余人攻打孙村乡公所。

是年，安徽省禁烟协会旌德分会成立。

同年，县商会筹款兴修上东门至北门街道，恢复菜市场。至1949年，河东有上市街、笃祜巷、九思巷、十字街、东巷、中市街、招贤街、集贤街、殿前等9条街道，河西有南街、市心街、土街、球场街、江夏街、道府前、毛榨巷、里仁街、西街、营坎、里巷等11条街巷。其中，球场街和江夏街是商业最集中的主要老街，道路由石板铺筑，宽2米左右。

同年，县政府组织大修孔庙群。其中大成殿为歇山式屋顶，四戗脊翘起，悬以风铃，四壁赭红，殿前石砌丹墀。窗扇精镂图案，庄严古朴。两侧东西廊，完好如初。

民国三十六年（1947年）　1月1日，官商合营旌德县银行正式开业。

2—3月，皖南游击队先后攻打江村、兴隆等乡公所，缴获一批武器弹药。

3月，县长陈晓钟率保安队300多人往俞村、仕川一带清乡，捕杀群众

10 余人，烧毁民房 200 多间，抢杀耕牛 200 多头、猪 300 多头。

4 月，旌德县警察局成立。

5 月，洪林率泾、旌、太游击队再次攻打庙首乡公所，并组织百余群众打开乡公所粮库，将 3.5 万多公斤粮食分发给农民。7 月，游击队在江村击毙庙首乡乡长江端。

8 月，全县大部分乡镇群众在中共地方党组织和游击队带领下，开展抗租、抗债、抗粮、抗丁、抗税运动。

10 月，旌绩县委改为旌绩歙昌宁工委。工委以芜屯公路为界，分别建立路东和路西工委。旌德县内东南乡一带属路西工委领导，恢复建立了 9 个支部，在隐龙、上东川、杨村等地建立民兵、农会和妇女组织。同月，国民党保四团 500 余人围攻百坑村游击队，烧毁民房 40 余幢。

11 月，路西工委改为歙绩旌工委，书记吴文瑞，并成立"歙绩旌人民政府"。同月，旌德电信代办处撤销，其业务交长途电话管理处代办。1949 年，旌德有县邮局和乔亭、俞村、芳川、华坦、大礼村、江村、庙首、白地、孙村、朱旺村、三溪 11 处邮政代办所，绩溪县的浩寨、旺川、坦川、宅坦等 5 个邮政代办所也属旌德管辖。

同年，全县人口 9821 户口，50864 人。

民国三十七年（1948 年）　5 月，黄东工委建立，歙绩旌工委分别改建为歙绩、旌绩、歙太 3 个工委，隶属黄东工委领导，旌绩工委书记叶维章。同月，中国青年党安徽省旌德县党部成立，主席王鲁直，党部成员 6 人，下设 3 个支部，党员 37 人。新中国成立后，自行解体。

10 月，旌绩工委下设两个区委，进一步扩建了农会、民兵和妇女组织，同时建立了 5 个乡政府。同年冬，歙绩旌工委恢复，并建立了歙旌绩行政办事处，主任叶维章。

12 月，旅芜旌德同乡会致函县参议会、县党部及各社团，要求法办县长陈晓钟。

是年，中国民主社会党（简称"民社党"）安徽省旌德县党部成立，主任方荣森，下设 2 个支部，党员 24 人。新中国成立后解体。

民国三十八年（1949 年）　1 月，旌德县参议会召开一届七次会议，改选汪易如、王希翰为正、副参议长。

4月24日，中共旌绩工委书记叶维章与地委吴文瑞各率一连部队，会师旌德，接收国民党保五旅驻旌第15团起义，解放了旌德县城。

4月25日，国民党第192师南撤，穿县城而过。27日，国民党暂编二师2个团，驻扎县城外，其中驻城东马场的一个团于29日弃械投诚，另一个团因顽抗被击溃。同月，旌德县人民政府和中共旌德县委先后成立。

5月13日，旌德县人民政府作出县行政区划设置决定，划全县为3区、7乡、1镇。同月下旬，县人民政府接收三溪乡和兴仁乡，划为第四区。同月，旌德县划属皖南行署徽州专区。同月，中国人民解放军南下工作团进驻旌德；旌德县人民武装部成立。

6月，旌德县农民协会成立，入会农民1.8万余人。同月，旌德县公安局建立，下设旌阳、三溪、庙首3个派出所。

同年，全县人口17347户，55409人。

主要参考文献

[1]〔清〕光绪十五年（1889年），周赞纂修《仕川喻氏宗谱》。

[2]民国六年（1917年），吕朝熙编订《旌德吕氏续印宗谱》。

[3]民国十二年（1923年），汪及锋总修《凫峰汪氏宗谱》。

[4]民国十五年（1926年），江志伊主修《济阳江氏金鳌派宗谱》。

[5]民国年间修《隐龙方氏宗谱》。

[6]民国年间修《俞氏宗谱》。

[7]旌德县地名委员会编.旌德县地名录［M］.（内部资料）1986年印。

[8]〔清〕洪亮吉，凌廷堪，宣城市地方志办公室.宁国府志［M］.合肥：黄山书社，2007.

[9]旌德县地方去办公室.清嘉庆旌德县志 清道光旌德县续志［M］.合肥：黄山书社，2010.

[10]田帧葆，欧阳明德，旌德县地方志编纂委员会办公室.旌德县志［M］.合肥：黄山书社，1992年.

[11]汪忠来.旌德县志（1978—2003）［M］.合肥：合肥工业大学出版社，2015.

[12]方光华.旌德名人［M］.北京：中国文史出版社，2009.

[13]方光华.旌德古建筑［M］.合肥：合肥工业大学出版社，2012.

[14]方光华.徽州宗法文化研究——以江村为例［M］.合肥：合肥工业大学出版社，2017.

后 记

编著《说旌德》是个意外的收获。

此前，我已编过《旌德名人》《中国灵芝之乡——旌德》《旌德人文》《旌德古建筑》《旌德风物》《旌德记忆》和《美丽旌德》7 本图书，对旌德历史文化大多有所涉猎。2020 年 7 月，县政府微信公众号邀请我开一个"旌德历史"专栏，应承这件事的时候我想用过去的书稿应付一下就可以了。

真正编著本书"说旌德"部分的时候，思路变了，我想从县史、人口、城史、建筑、教育、艺术一路顺着往下介绍，这样一来就得另起炉灶写些篇目。栏目开了半年多，积累了一些以前没有写过的或者研究不深入不全面的稿件，加上近几年根据历史资料新写的一些文章，就有 20 余篇了。另外，本书还收录了钱高潮的《旌德无为移民始末》、姚小俊的《旵阳姚姓家族腊月二十六过小年的由来》2 篇文章。

"年表里的旌德史"，起因是 2019 年宣城市档案局计划编"宣城市历史大事"，县地方志办公室请我编旌德部分。我花了半年时间查找县志、宗谱以及能找到的所有历史资料，编了 5 万字的内容。市档案局的计划最终成了"水中月"，我的心血也只能在电脑里鼾睡。这次编著《说旌德》，把这份历史年表收进来，个人觉得有两点理由：一是年表涉及的内容比县志大事记丰富，比如旌德大姓迁入时间、现存建筑建造及修缮时间、历史名人在旌德的活动等等；二是以时间为线索摘记历史事件，便于有兴趣的读者比较快捷地了解旌德历史。

"旌德记" 10 篇文章是为《说旌德》特地撰写的。"宝应二年"是旌德建县之年;"栖真山"是旌德县治祖山;"舒雅"是旌德第一个也是唯一一位状元;"王祯"在旌德矗立起《农书》和改进木活字印刷术两座丰碑;"钦免养马"是旌德刻石留痕的大事件;"古桥"既写建筑又写旌德流域面积最大的徽水河;"江村""乔亭""朱旺村"是中国传统村落,当然仕川、庙首也是,后两个村的人文历史"说旌德"部分有文章涉及,没必要再浪费笔墨;"黄高峰"和梓山、凫山一样都是旌德名山,不好疏漏。所有文章均不同于《美丽旌德》中的旅游文字,这里更突出文史味道。写作这些文章的另一个目的,是想增强本书的可读性。

我自 1984 年流寓旌德,至今已跨越三十八个年头。"三十八年过去,弹指一挥间。"我是幸运的,因为旌德有可供我书写、思考和借鉴的历史宝库,而我能奉献给这块土地的,唯戋戋卮言而已。

付梓在即,谨以此书献给旌德建县 1260 年。

感谢为本书提供图片的摄影家们,感谢合肥工业大学出版社的编辑们。

编　者

图书在版编目(CIP)数据

说旌德/政协旌德县委员会编;方光华编著.—合肥:合肥工业大学出版社,2023.4
ISBN 978-7-5650-6099-1

Ⅰ.①说… Ⅱ.①政… ②方… Ⅲ.①旌德县—地方史 Ⅳ.①K295.44

中国版本图书馆 CIP 数据核字(2022)第 219526 号

说 旌 德

政协旌德县委员会 编　　方光华 编著　　责任编辑　孙南洋

出　版	合肥工业大学出版社	版　次	2023 年 4 月第 1 版
地　址	合肥市屯溪路 193 号	印　次	2023 年 4 月第 1 次印刷
邮　编	230009	开　本	787 毫米×1092 毫米　1/16
电　话	人文社科出版中心:0551-62903200	印　张	21.75
	营销与储运管理中心:0551-62903198	字　数	323 千字
网　址	www.hfutpress.com.cn	印　刷	安徽联众印刷有限公司
E-mail	hfutpress@163.com	发　行	全国新华书店

ISBN 978-7-5650-6099-1　　　　　　　　　定价: 88.00 元

如果有影响阅读的印装质量问题,请与出版社营销与储运管理中心联系调换。